重庆综合经济研究文库

分析宏观形势 · 预测区域发展 · 提供决策服务 · 建设一流智库

长江经济带上游地区高质量发展及产业空间布局优化研究

易小光
丁　瑶
余贵玲
李　权
等著

中国经济出版社
CHINA ECONOMIC PUBLISHING HOUSE
北京

图书在版编目（CIP）数据

长江经济带上游地区高质量发展及产业空间布局优化研究／易小光等著．--北京：中国经济出版社，2023.1（2023.7重印）
ISBN 978-7-5136-7187-3

Ⅰ．①长… Ⅱ．①易… Ⅲ．①长江经济带-区域经济发展-研究 Ⅳ．①F127.5

中国版本图书馆 CIP 数据核字（2022）第 237575 号

审图号：GS 京（2023）0190 号

策划编辑 姜 静
责任编辑 郑 潇
责任印制 马小宾
封面设计 久品轩

出版发行 中国经济出版社
印 刷 者 北京艾普海德印刷有限公司
经 销 者 各地新华书店
开　　本 710mm×1000mm 1/16
印　　张 19.5
字　　数 350 千字
版　　次 2023 年 1 月第 1 版
印　　次 2023 年 7 月第 2 次
定　　价 78.00 元
广告经营许可证 京西工商广字第 8179 号

中国经济出版社 **网址** www.economyph.com **社址** 北京市东城区安定门外大街 58 号 **邮编** 100011
本版图书如存在印装质量问题，请与本社销售中心联系调换（联系电话：010-57512564）

课题组成员

组　长

易小光　重庆市综合经济研究院院长、研究员

副组长

丁　瑶　重庆市综合经济研究院总经济师、研究员

技术负责人

余贵玲　重庆市综合经济研究院处长、研究员

李　权　重庆市综合经济研究院副处长、高级经济师

主　研

邓兰燕　重庆市综合经济研究院处长、研究员

罗丛生　重庆市综合经济研究院副处长、高级经济师

邹於娟　重庆市综合经济研究院副研究员

李　林　重庆市综合经济研究院副研究员

苏　凡　重庆市综合经济研究院高级工程师

王春宇　重庆市综合经济研究院博士后

赵　伦　重庆市综合经济研究院副研究员

李　霞　重庆市综合经济研究院助理研究员

邱　婧　重庆市综合经济研究院助理研究员

序 言

推动长江经济带发展是以习近平同志为核心的党中央作出的重大决策，是关系国家发展全局的重大战略，对实现“两个一百年”奋斗目标、实现中华民族伟大复兴的中国梦具有重要意义。2016 年以来，习近平总书记先后到长江上游的重庆、中游的武汉、下游的南京三座城市，三次召开长江经济带发展座谈会，对长江经济带发展提出要求，从“推动”到“深入推动”，再到“全面推动”，为长江流域整体发展导航定向。长江经济带上游地区自然资源丰富，既是长江流域重要的生态屏障，也是产业发展的重要载体，促进长江经济带上游地区高质量发展及产业空间布局优化，对全面推动长江经济带高质量发展具有举足轻重的意义。

长江经济带上游地区是长江经济带的重要组成部分。本书研究的长江经济带上游地区是指国家 2016 年正式发布的《长江经济带发展规划纲要》界定的重庆、四川、贵州、云南四省（市）。从自然地理角度，长江上游地区涵盖重庆、四川、贵州、云南、西藏、青海及湖北部分区域，因此，本书研究的空间聚焦于重庆、四川、贵州、云南四省（市），但也考虑了自然地理角度的上游地区间的相关联系。

当前，长江经济带上游地区总体处于工业化、城镇化中期阶段，正加速向中后期阶段快速推进。相关省（市）结合自身基础和特色，抢抓发展机遇，积极开展区域合作共建，现代产业体系不断完善，已初步构建起以电子信息、装备制造、能源化工等先进制造业，商贸物流、金融服务、文化旅游等现代服务业，特色种植、畜牧业等现代农业为主体的现代产业体系。在产业空间布局上，形成沿城镇群和交通轴线布局的空间格局，集聚化、集群化发展特征明显。客观来看，长江经济带上游地区产业发展也存在层级总体较低、创新能力不强、绿色转型压力大、土地利用难度大、交通物流支撑不足、对外开放水平不高、区域城乡发展不平衡等问题短板，亟待在新发展理念指导下进行产业优化布局，推动区域经济高质量发展。

为此，本书从八个方面开展深入研究，为促进长江上游地区及长江经济带高质量发展提供决策参考。一是理论基础和政策背景。梳理高质量发展、产业发展及区域经济发展相关理论，习近平总书记关于长江经济带发展指示精神，国家及相关省（市）发展战略，国内学者相关研究和论述等，为区域产业优化布局和高质量发展提供指导。二是基础条件。梳理长江经济带上游地区自然条件、经济发展、城镇建设等概况，分析各省（市）产业发展和布局现状，找准产业发展的优劣势，为系统谋划上游地区经济产业协调发展和长江经济带高质量发展提供支撑。三是面临环境。提出长江经济带上游地区拥有六大机遇和优势，同时也面临四大挑战和问题。四是战略思路和目标。提出区域产业体系构建、布局优化的总体思路及 2025 年、2035 年发展目标。五是构建现代产业体系。构建“5+6+N”现代工业集群、“5+3+N”现代服务业产业集群以及特色粮油、生态畜牧等七大特色优势农业产业体系。六是优化产业布局。依托多级城市（镇）体系及主要交通轴线，构建“一核领四极、一带联四纵、一圈拓多点”产业空间格局。七是完善产业生态体系。从基础设施、城镇体系及功能、科技创新、开放合作、营商环境等方面优化产业发展生态。八是政策建议。从提升国家层面政策创新供给水平、提升地方层面政策协同联动水平两方面提出相关建议。

在成书过程中，课题组得到了自然资源部、中国国土勘测规划院及国家相关部委领导、专家们的指导和帮助，也得到了中国宏观经济研究院王昌林院长、习近平经济思想研究中心史育龙主任、国家发展改革委国土开发与地区经济研究所原所长肖金成、四川省经济发展研究院鲁荣东院长、云南省宏观经济研究院黄云平院长、贵州省综合交通和区域经济发展中心领导和同事们的指导和无私帮助，在此一并致谢。参与本书撰写的同志们始终以严谨求实、孜孜不倦的精神开展了大量的调研，对长江经济带上游地区高质量发展进行了深度的分析和大胆的谋划，在此谨向大家的辛勤付出致以衷心的感谢。

易小光

2022 年 11 月

前 言

推动长江经济带发展是党中央作出的重大决策，是关系国家发展全局的重大战略。长江经济带产业优势突出，依托现有的产业基础条件，深刻把握未来产业发展的趋势，加快形成若干个世界级产业集群，为我国经济转型发展提供重要支撑，为我国经济可持续增长注入新动能，是新形势下赋予长江经济带发展的新使命。长江经济带横跨我国东中西三大区域，自然环境条件差异明显，资源禀赋、产业基础各不相同，地区发展水平极不平衡，这种异质特性决定了长江经济带的内部地理空间在资源利用、产业布局、战略承载等方面具有不同的角色定位。作为长江经济带地域面积最大的区域，无论是资源供给、生态支撑，还是产业经济发展，长江经济带上游地区在推进长江经济带高质量发展中均扮演着十分重要的角色。

长江经济带上游地区①高质量发展，必须体现效率、公平、安全、可持续等基本内涵。在效率方面，应充分发挥科技创新的强大驱动作用，促进资源优化配置，推动产业优化布局，提升区域整体竞争力和产出效率。在公平方面，要充分体现区域内省（市）、城乡之间发展的协调以及全体居民收入和分配的公平。在安全方面，要充分考虑经济安全、产业链供应链可靠安全，在服务和融入新发展格局中提供稳固支撑。在可持续方面，体现长江经济带上游地区作为我国重要的生态屏障，发挥生态优势，贯彻绿色发展理念，推动绿色低碳发展。现代产业体系构建是高质量发展的重要支撑，在充分体现上述内涵基础上，加快构建现代产业体系，优化区域产业布局，为区域高质量发展提供重要支撑。

当前长江经济带上游地区三次产业总体保持平稳较快增长，依托地形地貌和交通区位条件，产业布局呈现组团式分片布局特征，已初步形成了

① 长江经济带上游地区指《长江经济带发展规划纲要》提出的重庆、四川、贵州、云南四个上游省（市）。长江上游地区还包括西藏、青海及湖北一部分，本书重点研究长江经济带上游地区的重庆、四川、贵州、云南四个省（市）的产业发展及布局。

以电子信息、装备制造、能源化工等先进制造业，商贸物流、金融服务、文化旅游等现代服务业，特色种植、畜牧业等现代农业为主体的产业体系。然而，长江经济带上游地区产业布局与城镇发展布局互动不够，产业布局与土地资源、环境承载能力不协调，省际产业结构趋同等问题仍然较为突出，不利于区域经济的协调发展和长江经济带高质量发展的实现。

纾解长江经济带上游地区产业发展的制约端、难点区，围绕提升产业基础高级化、产业链现代化水平，科学引导产业合理布局和有序转移，推动产业由要素驱动向创新驱动转变，打造具有区域特色和国际水平的产业集群，增强长江经济带上游地区的产业竞争实力，是长江经济带上游地区实现高质量发展的重要前提，也是实现沿江经济社会可持续发展的重要保证，对实现长江经济带上中下游地区产业协同联动、区域协调发展具有十分重要的意义。

课题组

2022 年 11 月

目　录

第一章

理论基础和政策背景

优化长江经济带上游地区产业空间布局，必须站在国家重大战略加快实施和深入推进的背景下，以基础理论指导区域产业优化布局和高质量发展。

一、基础理论

（一）高质量发展理论

高质量发展理论是中国共产党在推动经济建设不断向高级形态迈进过程中，把握发展规律从实践认识到再实践再认识的重大理论创新，是习近平新时代中国特色社会主义思想的重要组成部分，是马克思主义政治经济学的最新成果。

高质量发展理论的形成和丰富，经历了长时间的积淀、探索与实践，凝结了几代中国共产党人的心血与智慧。从过渡时期总路线、“四个现代化”到社会主义总路线，初步奠定了促进国民经济增长、实现中国现代化发展的基础。从社会主义初级阶段、“发展才是硬道理”到“三个代表”重要思想、科学发展观，在重视发展效益的同时，强调人与自然的和谐共生，注重环境保护，聚力可持续、围绕保长远，加快夯实推动中华民族伟大复兴的物质基础和制度保障。党的十八大以来，中国特色社会主义进入新时代，社会矛盾的主要方面已转化为人民日益增长的美好生活的需要与不平衡不充分的发展之间的矛盾，经济由高速增长阶段转向高质量发展阶段。党的十九届五中全会明确将高质量发展作为“十四五”时期经济社会发展的主题和重要指导思想之一。

党的十九届六中全会进一步明确了高质量发展基本内涵，即高质量发展，就是能够很好满足人民日益增长的美好生活需要的发展，是体现新发展理念的发展，是创新成为第一动力、协调成为内生特点、绿色成为普遍形态、开放成为必由之路、共享成为根本目的的发展。这一论述提纲挈领地把握了高质量发展的本质核心，勾勒出高质量发展的外在轮廓。从外在特征看，高质量发展是高质量的供给、高质量的需求、高质量的配置、高质量的投入产出、高质量的收入分配和高质量的经济循环等领域的共同体，具有高效率增长、有效供给性增长、中高端结构增长、绿色增长、可持续增长、和谐增长等外在属性。新发展理念既是新时代发展的根本要求，也是发展质量高低的评价标准、评判准则。在实现路径上，必须始终围绕能够更好满足人民群众日益增长的美好生活需要这一根本目标，对标对表新发展理念推动制度创新，始终秉持深化改革、扩大开放，加快构建新发展格局，以深化供给侧结构性改革为主线，强化实现高质量发展的动力和保障。

产业发展水平是高质量发展的重要衡量指标，没有产业等中微观主体的高质量发展，经济的高质量发展和区域整体高质量发展就是无根之水。产业发展的质量，经济运行的效益，是推动经济高质量发展的关键所在。一是必须实现产业发展的高质量。既要充分发挥产业优势，弥补短板弱项，消除产业发展瓶颈，完善现代产业体系，做好产业链供应链战略精准设计和政策靶向供给，推动全产业链系统优化和升级，又要推动具有较强竞争力的产业“走出去”，增强国际竞争力和影响力，在关键领域和核心环节精耕细作，提升全球位势，构建开放共享的产业链供应链体系，提升产业链现代化水平，还要聚力产业基础再造和质量提升，大力发展品牌企业、品牌商品和品牌服务，增强高质量标准供给和创新能力，提升产业基础高级化水平。二是必须实现产业布局的高质量。既要发挥产业政策的引导和激励作用，最大限度地激发地区发展活力，调动地方在产业发展方面的积极性与创造力，又要站在国家全局角度，从保障各种要素在国土空间上自由流动和优化配置的角度，立足实现规模与质量协调、传统与新兴协调、生态保护与产业发展协调、区域协调、城乡协调，确保不同地区各有侧重、突出优势，打造地区间产业优势互补、合理分工、协同发展的格局。

（二）产业发展理论

产业发展理论的研究对象不但包括产业自身的规律、发展周期，也包含既有影响因素、转移动因、资源配置结构和政策支持等领域。一般来说，产业发展理论主要包括以下内容。

1. 产业结构演变理论

产业结构演变理论认为，产业的特性和内在的结构不是一成不变的，而是随着经济发展、社会进步和微观主体需求而不断变化，产业结构的优化过程是产业由低级向高级、由简单化向复杂化不断演进的过程。其主要代表是科林·克拉克于 1940 年基于威廉·配第关于国民收入与劳动力流动之间关系学说的基础上提出的配第-克拉克定理和库兹涅茨在配第-克拉克研究基础上提出的库兹涅茨法则。一是配第-克拉克定理。配第-克拉克定理表明，人均收入水平高的国家和地区，劳动力在农业中的占比较小，非农产业中的占比较高。劳动力在产业之间变化移动是由经济发展中各产业间的收入出现了相对差异所造成的。二是库兹涅茨法则。库兹涅茨法则认为，引起产业结构发生变化的原因是各产业部门在经济发展中所出现的相对国民收入的差异。一般地，现代经济增长会带来产值结构、劳动力结构的变化，即：农业产值份额和劳动力份额趋于下降，工业和服务业趋于上升，但工业在产值份额持续上升的同时，劳动力份额大体不变或略有上升；服务业在产值份额处于大体不变或略有上升的同时，劳动力份额上升幅度较大。在工业部门中制造业份额中上升最快，尤其是与现代技术密切联系的新兴产业增长最快，且在整个制造业总产值和劳动力中的占比都是上升的。三是技术升级与产业链延伸。技术的创新和应用是改造提升传统产业的主要手段，也是催生新的产业形态的基本路径。延伸产业链价值链，是推动产业结构升级的重要方式。

2. 区域分工理论

城市的发展历程是产业社会化分工的细化过程，城市产业的发展定位与区域分工息息相关。在城市或区域产业方向前，西部在系统分析城市在区域中优劣势、发展潜力的基础上，首先确立了城市在区域中的定位。区域分工理论主要包括比较优势理论、新贸易理论和产业集群理论等。一是比较优势理论。比较优势理论的形成与发展离不开城市的发展。城市规划过程中常常用该理论指导确立产业的定位。而其中绝对优势理论由亚当·斯密于 1776 年在其著作《国富论》中提出，阐释了由于分工带来了成本上的绝对优势，其收益对提高劳动生产率所产生的巨大意义。其中相对优势理论由大卫·李嘉图在 1817 年《政治经济学及赋税原理》中提出，并成为指导国家或地区参与分工的基本原则。相对优势理论表明，在国际贸易中，起决定作用的不是绝对优势，而是比较优势，应本着“两优相权取其重、两劣相权取其轻”的原则进行分工和贸易。二是新贸易理论。新贸易理论是关于国际贸易的原因、国际分工的决定因素、贸易保护主义的效果以及最优贸易政策的思想和观点。新贸易理论是 20 世纪 80 年代由保罗·克鲁格曼提出的，核心内涵是，国与国、地区与地区之间的贸易，是这些地区或国家根据收益递增原理而发展专业化的结果，跨区贸易与生产要素禀赋的差异并不存在高度相关的情况。生产技术的变化，可以改变生产要素的需求结构和收益格局。不完全竞争和收益递增的存在，为国家和地区采取战略性贸易政策、创造竞争优势提供了可能。三是产业集群理论。产业集群理论是在 20 世纪 80 年代由迈克尔·波特创立的。其含义是在特定区域的特定领域，由相互关联的产业，基于降低信息交流成本和物流成本，通过空间集聚形成的区域集聚效应、规模效应、外部效应和区域竞争力。产业集群是一种较为新颖的产业空间形式，其具有强大的市场竞争优势。多数学者认为，区域或城市在对产业进行谋划选择时，往往会高度关注其与既有落地产业的关联，是否能够促进既有产业链的延伸拓展，以及提升现有产业发展的水平和质量，能否通过集聚融合，形成更大的集群，进而增强地区或城市的产业发展潜力并提升整体的产业竞争力。

3. 发展阶段理论

发展阶段理论的出现是基于工业化过程中出现的不同特点，主要包括 H. 钱纳里的“标准结构”理论和霍夫曼定理。一是 H. 钱纳里的“标准结构”理论。美国经济学家 H. 钱纳里通过运用投入产出分析方法、一般均衡分析方法和计量经济模型，构建出一种“标准结构”，且这一“标准结构”还具有一般意义和普遍特性，即以人均 GDP 为依据，将工业经济的不发达到较为成熟这个过程，分为三个阶段六个时期，其中产业结构的转化是低阶向高阶递进的原动力。二是霍夫曼定理。20 世纪 30 年代，德国经济学家 W·霍夫曼基于 20 余个国家的工业化早期和中期的时间序列数据，经过统计分析提出了随着工业化推进，消费品部门与资本品部门的净产值之比逐渐趋于下降的“霍夫曼定理”，这一过程也是对“重工业化”的分析。同时，霍夫曼还对消费和资本两大资料工业净产值做了研究，提出“霍夫曼比例”，并依据该比例变化，把工业化过程分成四个阶段。

（三）区域经济理论

区域经济理论的研究对象是生产要素资源在特定空间的配置组合效率的学科，主要包括以下内容。

1. 平衡发展理论

平衡发展理论的基础是哈罗德-多马新古典经济增长模型，产业间和区域间的差异性、互补性和关联性是其研究和关注的重点。倡导的是各产业和各地区之间生产力的均衡布局，为区域协同发展提供基础支撑。经济空间的均衡和经济结构的均衡是两个主要领域，经济空间均衡包含区域间和区域内部两个层面的平衡，而经济结构的均衡则关注的是经济部门和各产业之间的大体平衡。

2. 不平衡发展理论

赫希曼是不平衡发展理论的主要贡献者，强调的则是部门、产业、地区之间的发展不平衡，重点着眼于部门、产业、地区之间的关联效应及资源的优化配置效应。这一理论的基础是经济非均衡发展的客观规律，重点产业、重点地区、重点部门的主观能动性是提高资源配置效率的内在原因。这一理论形成后，成为一些新的区域理论的基础。

3. 区域分工贸易理论

区域分工贸易理论是社会分工理论在空间的体现，最初用于分析国际分工与贸易，后被区域经济学广泛运用到国内不同空间尺度的区域协作。从时间线上看，包括绝对利益理论（亚当・斯密）、比较利益理论（大卫・李嘉图）、生产要素禀赋理论（伊莱・赫克歇尔与伯蒂尔・俄林）。其中，较为典型的生产要素禀赋论，从资源要素的角度扩充了比较优势来源，各区域生产要素禀赋条件存在天然差异，是各区域比较优势的基础来源，也是区域分工和跨区贸易产生和发展的根本动因。

4. 梯度转移理论

从源头看，梯度转移理论来源于弗农的工业生产生命周期阶段理论，后期的威尔斯和赫希哲等主要从实践验证、理论充实和延伸发展做了讨论。当区域经济学家将这一理论引入区域经济学中时，就产生了区域经济发展梯度转移理论。强调的是发达地区应该提速发展，首先成为更加发达的地区，然后发挥辐射带动作用，进而通过产业转移和要素辐射带动欠发达地区发展。同时认为，区域经济的发展取决于产业结构状况，创新活动是决定区域发展梯度层次的决定性因素。生产经营活动由高梯度的发达地区向低梯度的欠发达地区转移，由核心城市、中心城市、节点城市等组成的城市系统是基本载体。

5. 增长极理论

由法国经济学家佩鲁首次提出，被布代维尔、赫希曼、弗里德曼、汉森等人进一步修正和发展，其概念从最初的抽象经济空间转换成地理空间。增长极理论认为，区位条件好、发展基础强的地区或城市，通过极化和集聚优先培育形成区域经济增长极，进一步释放辐射带动和转移扩散效应，带动周边甚至空间距离更大的区域整体发展。增长极的内涵很丰富，有狭义和广义之分。狭义的经济增长极，包括产业增长极、城市增长极等；广义的增长极是指所有能促进经济增长的积极因素和增长点，包括制度创新点、对外开放度、消费热点等。

6. 新经济地理学

20 世纪 80 年代后，全球经济逐步呈现出区域化和一体化的新趋势。在此背景下，以克鲁格曼、藤田等学者为代表的新经济地理学派，以边际收益递增、不完全竞争与路径依赖为基础，进一步拓展经济活动的空间集聚与全球化等经济现象的分析和研究，形成新经济地理学。新经济地理学主要采用数学定量分析法，将现实现象高度抽象化模型化，主要包括：中心—外围模型、历史和期望模型以及区域专业化模型。新经济地理学将区域空间特征和经济发展阶段联系起来，承认资源、市场、技术和环境等的区域分布差异和中心与外围二元空间结构的客观存在。该理论主张，要缩小差距，实现区域均衡发展，必须依靠政府弥补市场机制的不足，通过“政府之手”在外围地区实施更为强劲和优惠的政策，比如大力改善外围区域的交通通信等基础设施条件、提供优惠税收政策等，促进生产要素的集聚，带动外围区域发展。

（四）理论综述评价

综合来看，高质量发展理论、产业发展理论、区域经济理论是推动长江经济带上游地区高质量发展及产业空间布局优化的重要理论基础，对于准确判断发展阶段、科学认识优势条件，立足根本、着眼未来，系统谋划产业门类和空间布局，具有重大指导价值。

1. 高质量发展理论为长江经济带上游地区高质量发展及产业空间布局优化提供了根本遵循

一是必须围绕准确把握新发展阶段要求，立足上游地区所处的历史方位，立足服务国家发展大局，通过优化产业布局，提升产业链、价值链、供应链现代化水平和高质量发展能力，努力在新的发展环境中，实现上游地区新的奋斗目标。二是充分发挥新发展理念的科学引领作用。新发展理念是对新时代高质量发展的新要求，也是对是否实现了高质量发展的评价准则。对于长江经济带上游地区来说，创新与开放理念有助于指导上游地区破解不充分的问题，促进上游地区整体融入新发展格局和全球治理体系，在开放和创新中积蓄发展新动力，加快提升经济增长质量和效率、对外开放质量和水平以及全要素生产力。协调、绿色和共享理念有助于指导上游地区破解不平衡问题，即通过区域合作、共建共享，打破传统工业化路径下资源环境约束，补齐上游地区民生短板和人民获得感不足短板，围绕区域协调、城乡融合、生态文明和服务共享，快速解决发展中出现的各类失调失衡问题。三是必须积极融入新发展格局，要促进上游地区各省（市）合力打好关键核心技术攻坚战，协力推动产业链供应链优化升级，聚力提升产业链供应链稳定性、安全性和竞争力，打破空间阻隔和制度藩篱，降低各类交易成本，畅通产业循环、市场循环、经济社会循环，切实提高统筹利用国际国内两个市场、两种资源的能力，为构建新发展格局注入强劲动力。四是必须在高质量发展理论指导下，以高效率、高效益、高品质为目标，遵循上游地区各省（市）发展规律，按照各自区域资源禀赋，因地制宜选择符合自身特点的特色发展模式和特色产业，协同形成高质量发展合力。

2. 产业发展理论是基础，为长江经济带上游地区高质量发展及产业空间布局优化提供了指导和依据

一是要遵循产业结构客观演变规律，始终把制造业高质量发展作为主攻方向，加快上游地区新型工业化进程；要始终坚持科技创新驱动，加快延伸产业链价值链，推动产业结构升级；要发挥市场资源配置功能，协调发展三次产业，加快形成以高新技术产业为先导、基础产业和制造业为支撑、服务业全面发展的产业格局。二是要遵循区域分工思维，在系统分析长江经济带上游地区的区位、生态、产业、政策比较优势基础上，扬长避短、协作共赢，协同打造长江经济带上游地区一体发展的产业链供应链创新链，加快完善产业链供应链，打造产业集群，携手融入新发展格局，在区域产业协同发展中实现区域经济高质量发展。三是要客观分析上游地区各省（市）产业发展所处的阶段，按照不同阶段呈现出的不同特点和不同需求，通过政策设计，制定产业发展方向和发展重点，科学引导三次产业协同发展，推动长江经济带上游地区产业实现高质量发展。四是必须把不同区域的产业作为一个整体，以产业链整体的视角谋划产业发展内在的关系和路径，进而促进产业整体提质增效和协同发展。

3. 区域经济理论是引导，为长江经济带上游地区高质量发展及产业空间布局优化的政策制定提供了依据

一是要科学合理、因地制宜运用平衡发展理论和不平衡发展理论，既要有所侧重，突出重点产业、重点领域、重点板块，又要协调均衡，关注不同区域、不同经济部门之间的协调，关注政治、社会、生态、文化之间的协调。二是必须始终坚守一体化发展思维，通过推动产业在空间布局上的进一步优化，从而实现在上游区域一体化发展中增强综合实力和在全国经济体系中发挥更大作用的目标。三是要正视各省（市）生产资源要素禀赋的天然差异，

依据各自比较优势，建立以外生比较优势为基础，以内生比较优势为主导的上游地区协同分工和贸易格局。四是从全国范围看，长江经济带上游地区依然属于欠发达地区和低梯度区域，有利于推动长江经济带上游地区承接下游发达地区产业转移，加快布局高新技术产业和战略性新兴产业，推动传统产业转型升级。从上游地区内部看，成渝地区、黔中地区、滇中地区属于高梯度区域，其他地区属于低梯度区域，有利于推动各地按照资源禀赋和产业发展基础，按照各自产业所处的发展阶段，因地制宜在增长极模式、点轴模式等发展模式中选择适合自身发展实际的路径，全面推动长江经济带上游地区产业优化布局。五是要在新经济地理学理论指导下，深入认识在长江上游地区产业布局中，核心—边缘结构中的核心带动作用不强的现实，因地制宜从聚集和分散的角度优化产业空间布局，着力优化集聚力、提高分散力，促进上游地区协调发展。

二、政策背景

习近平总书记对长江经济带、对产业高质量发展、对区域格局优化等方面的主要讲话精神为长江经济带上游地区高质量发展提供了明确指引和坚实保障。国家、相关区域及各省（市）出台了一系列战略规划，为促进区域产业优化布局和高质量发展提供了坚实的政策支撑。

（一）习近平总书记重要讲话精神

习近平总书记三次关于推动长江经济带高质量发展的思想精髓和精神实质，为长江经济带上游地区高质量发展和产业空间布局优化提供了政策基石。2016 年 1 月 5 日，在长江经济带发展座谈会上，面对多年来的无序利用和过度开发，长江生态环境恶化的局面，习近平总书记提出“共抓大保护，不搞大开发”，全面深刻阐述了推动长江经济带发展的重大战略思想，强调了长江经济带要走“生态优先、绿色发展”之路。2018 年 4 月 26 日，在第二次长江经济带发展座谈会上，习近平总书记强调以大保护、生态优先倒逼产业转型升级促进高质量发展，强化上中下游互动协作，推动下游地区人才、资金、技术向中上游地区流动。2020 年 11 月 14 日，在第三次长江经济带发展座谈会上，习近平总书记强调要把修复长江生态环境摆在压倒性位置，全面塑造创新驱动发展新优势，引导下游地区资金、技术、劳动密集型产业向中上游地区有序转移。

习近平总书记关于促进黄河流域生态保护和高质量发展的讲话，为区域绿色发展提供了政策指引。自黄河流域生态保护和高质量发展上升为国家战略以来，习近平总书记立足当下，谋划长远，强调黄河流域必须下大气力进行大保护、大治理，走生态保护和高质量发展的路子。长江经济带上游地区四省（市）中，四川北部 1.87 万平方千米属于黄河流域上游，具有重要战略地位，需要强化上游意识、肩负上游责任，为守护好黄河碧水蓝天和长久安澜，为促进长江流域和黄河流域协同发展作出贡献。

习近平总书记多次强调从供给侧结构性改革、产业转型、创新驱动、绿色发展等方面促进产业高质量发展，为长江经济带上游地区产业发展提供了强有力理论支撑。习近平总书记关于产业高质量发展的相关论断，作为习近平新时代中国特色社会主义经济思想的重要组成部分，不断总结催生高质量发展的新动能新优势，强调要紧紧围绕供给侧结构性改革，持续改善供给侧结构，提高经济发展质量和效益，促进经济高质量发展。强调要始终把推动产业结构转型升级作为重点，夯实实体经济发展基础。强调要聚焦主导产业，积极促进新兴产业发展，加快传统产业升级改造，推动现代服务业发展。强调自主创新是实现动能转换的要件，是推动高质量发展的必由之路，必须营造促进创新的环境，调动各方面积极性。强调绿色发展是解决污染问题的必然选择，是实现高质量现代经济体系的必由路径。

习近平总书记对京津冀、长三角、粤港澳、成渝地区双城经济圈等区域及多个省（市）产业布局作出指示，为长江经济带上游地区产业空间布局优化指明路径。习近平总书记强调要根据各地区的条件，走合理分工、优化发展的路子，落实主体功能区战略，完善空间治理，形成优势互补、高质量发展的区域经济布局。要充分发挥集中力量办大事的制度优势和超大规模的市场优势，大力促进产业基础高级化、产业链现代化。

习近平总书记对长江经济带上游地区四省（市）发表了一系列重要讲话并作出了指示批示，为四省（市）发展提供了重要指引。总书记指出，重庆是西部大开发的重要战略支点，“一带一路”和长江经济带的联接点，加快建设内陆开放高地、山清水秀美丽之地，努力推动高质量发展、创造高品质生活，要努力在推进新时代西部大开发中发挥支撑作用、在推进共建“一带一路”中发挥带动作用、在推进长江经济带绿色发展中发挥示范作用。四川要推动治蜀兴川再上新台阶总体要求，着力抓好党的十九大精神贯彻落实、着力推动经济高质量发展、着力实施乡村振兴战略、着力保障和改善民生、着力加强党的政治建设。成都市要突出公园城市特点，努力打造新的增长极，建设内陆开放经济高地。贵州要以高质量发展统揽全局，全力以赴围绕在新时代西部大开发上闯新路、在乡村振兴上开新局、在实施数字经济战略上抢新机、在生态文明建设上出新绩，抓新型工业化、新型城镇化、农业现代化、旅游产业化，奋力谱写新时代贵州高质量发展新篇章。云南要努力在建设我国民族团结进步示范区、成为生态文明建设“排头兵”、面向南亚东南亚辐射中心上不断取得新进展，谱写好中国梦的云南篇章。

（二）国家重大发展战略

《中华人民共和国国民经济和社会发展第十四个五年规划和2035年远景目标纲要》明确提出全面推动长江经济带发展，推进成渝地区双城经济圈建设，优化提升成渝等城市群，培育发展黔中、滇中等城市群。坚持生态优先、绿色发展和共抓大保护、不搞大开发，协同推动生态环境保护和经济发展。围绕生态环境突出问题，实施城镇污水垃圾处理、工业污染治理、农业面源污染治理、船舶污染治理、尾矿库污染治理等工程，实现全流域精细化分区管控，实施长江十年禁渔，推进流域生态环境保护。开展绿色发展示范，促进产业协同联动，构建绿色产业体系。疏解三峡枢纽“瓶颈”制约，加快沿江高铁和货运铁路建设，建设长江大动脉。推进成渝地区双城经济圈建设，优化提升成渝等城市群，培育发展黔中、滇中等城市群。

《关于新时代推进西部大开发形成新格局的指导意见》为新时代长江经济带上游地区所在的西部大开发指明了方向，支持重庆、四川、贵州、云南发挥综合优势，积极推动经济社会全面发展，强化开放大通道建设，构建内陆开放平台。支持渝川陕发挥综合优势，打造内陆开放高地和开发开放枢纽。支持贵州、青海深化国内外生态合作，推动绿色丝绸之路建设。提升云南与澜沧江—湄公河区域开放合作水平。积极实施中新（重庆）战略性互联互通示范项目。依托长江黄金水道，构建陆海联运、空铁联运、中欧班列等有机结合的联运服务模式和物流大通道。优化中欧班列组织运营模式，加强中欧班列枢纽节点建设。鼓励重庆、成都等加快建设国际门户枢纽城市，提高昆明等省会（首府）城市面向毗邻国家的次区域合作支撑能力。

《依托黄金水道推动长江经济带发展的指导意见》明确提出引导具有成本优势的资源加工型、劳动密集型产业和具有市场需求的资本、技术密集型产业向中上游地区转移。支持和鼓励以中上游地区国家级、省级开发区为载体，积极承接产业转移，努力完善产业转移跨区域合作机制。加强对长江中上游特别是三峡库区产业转移的引导，借鉴负面清单管理模式，防止出现污染转移和环境风险聚集，促进产业布局与资源生态环境相协调。促进成渝城市群一体化发展，推动黔中和滇中区域性城市群发展。

《主体功能区规划》明确长江通道作为我国“两横三纵”城市化战略格局中两条横轴之一，上游成渝地区属于国家级重点开发区域。构建以陆桥通道、沿长江通道为两条横轴，以沿海、京哈京广、包昆通道为三条纵轴，以国家优化开发和重点开发的城市化地区为主要支撑，以轴线上其他城市化地区为重要组成的城市化战略格局。长江经济带上游地区的成渝地区属于重点开发区域，西部人口和经济密集区，应积极探索城乡统筹路径，大力发展高新技术产业、先进制造业、现代服务业，努力打造成为综合交通枢纽、科技教育和创新中心、商贸物流中心、金融中心。

《西部陆海新通道规划》突出发挥重庆和成都双向双核作用，促进西南地区向东南亚陆海通道开放，擘画了西部地区以陆海联动带动区域协同发展的战略目标和发展路径。明确了西部陆海新通道的重庆—贵阳—南宁—北部湾出海口、重庆—怀化—柳州—北部湾出海口、成都—泸州（宜宾）—百色—北部湾出海口 3 条主通道，要求围绕主通道完善西南地区综合交通运输网络，密切贵阳、南宁、昆明、遵义、柳州等西南地区重要节点城市和物流枢纽与主通道的联系，有力支撑西南地区经济社会高质量发展。

《国家综合立体交通网规划》将长江经济带上游地区的成渝地区双城经济圈作为全国四大极[①]点之一，黔中、滇中作为 9 个组团的组成部分，按照极、组群、组团之间交通联系强度，打造由主轴、走廊、通道组成的国家综合立体交通网主骨架。要求建设长江经济带现代化综合立体交通走廊。加强京津冀、长三角、粤港澳大湾区、成渝地区双城经济圈 4 极之间联系，建设综合性、多通道、立体化、大容量、快速化的 6 条交通主轴。强化主轴与走廊之间的衔接协调，加强组群与组团之间、组团与组团之间的联系，加强资源产业集聚地、重要口岸的连接覆盖，建设绥满、京延、沿边、福银、二湛、川藏、湘桂、厦蓉等交通通道，促进内外连通、通边达海，扩大中西部和东北地区交通网络覆盖。

---

① 京津冀、长三角、粤港澳大湾区和成渝地区双城经济圈 4 个地区作为极，长江中游、山东半岛、海峡西岸、中原地区、哈长、辽中南、北部湾和关中平原 8 个地区作为组群，呼包鄂榆、黔中、滇中、山西中部、天山北坡、兰西、宁夏沿黄、拉萨和喀什 9 个地区作为组团。

在“一带一路”倡议下，长江经济带上游地区各省（市）不断加强与“一带一路”沿线相关国家的经济、贸易、人文交流，重庆、成都等城市在推动共建“一带一路”中发挥带动作用。重庆、四川、贵州、云南不断加强与“一带一路”沿线国家积极开展相互直接投资和国际产能合作，推动投资体制改革，努力提升投资自由化便利化水平，以国有企业和民营企业为主体，持续进行对外直接投资。重庆处在“一带一路”和长江经济带的联结点上，着力打造一流国际营商环境，强化国际物流通道功能，构建高质量开放型产业体系，建设高能级对外开放平台，提升国际贸易投资开放水平，打造高质量开放的国际化城市，加强科教文卫等多领域全方位合作，努力在推进共建“一带一路”中发挥带动作用。

《中国制造 2025》明确了当前我国制造业重点发展领域、战略对策及战略任务和重点，为长江经济带上游地区的产业选择和制造业发展路径作出了明确指引。《中国制造 2025》明确了当前我国制造业重点发展的十大领域、8 项战略对策以及 9 项战略任务和重点，长江经济带上游地区根据国家制造业发展整体战略，以自身资源禀赋为基础，在新一代信息技术产业、节能与新能源汽车、新材料、生物医药及高性能医疗器械等领域，选择适宜发展的产业，明确自身制造业发展的战略任务和发展重点。

《成渝地区双城经济圈建设规划纲要》是指导当前和今后一个时期成渝地区双城经济圈建设的纲领性文件，是指导长江经济带上游地区建设的重要依据。强化重庆和成都“双核”带动作用，引领带动成渝地区高效协同发展，促进人口、产业和各类生产要素合理流动和高效集聚，促进形成改革开放新高地，为加快构建国内国际双循环相互促进的新发展格局贡献成渝力量，把成渝地区打造为带动全国高质量发展的重要增长极和新的动力源。成渝地区作为长江经济带上游地区发展的重要空间承载区，要以新一轮科技革命和产业链重塑为契机，强化创新，提升产业链供应链价值链，加快构建具有竞争力的现代产业体系。

《黔中城市群发展规划》《滇中城市群发展规划》明确了城市群发展路径和战略选择，是长江经济带上游地区城市连绵带发展的指导文件。黔中城市群、滇中城市群位于长江经济带上游地区，是我国 19 个国家级城市群中的两个城市群，处于“培育发展”中，尚未真正成形。《黔中城市群发展规划》《滇中城市群发展规划》各自明确了城市群的空间发展格局、产业选择和产业体系建设、基础设施网络建设、协同发展举措等内容。

（三）相关省（市）发展战略

重庆、四川、贵州、云南四省（市）“十四五”规划建议、重点产业集群规划、城镇群规划、开放发展战略等省级层面政策文献为各省（市）区域发展、现代产业体系构建、城镇格局、开发合作等发展作出了战略谋划。长江经济带上游各省（市）“十四五”目标定位及生产力布局见表 1-1。

表 1-1　长江经济带上游各省（市）“十四五”目标定位及生产力布局

省份	发展目标定位及生产力布局
重庆	“两点”定位：西部大开发的重要战略支点，“一带一路”和长江经济带的联接点。 “两地”目标：内陆开放高地、山清水秀美丽之地。 “两高”目标：推动高质量发展，创造高品质生活。 “三个作用”：努力在推进新时代西部大开发中发挥支撑作用、在推进共建“一带一路”中发挥带动作用、在推进长江经济带绿色发展中发挥示范作用。 以建成高质量发展高品质生活新范例为统领，加快建设具有全国影响力的重要经济中心、科技创新中心、改革开放新高地、高品质生活宜居地。 生产力布局：推动“一区两群”协调发展。 “一区”：做大做强重庆主城都市区。 “两群”：做优做特渝东北三峡库区城镇群、渝东南武陵山区城镇群
四川	推动治蜀兴川再上新台阶总体要求，着力抓好党的十九大精神贯彻落实，着力推动经济高质量发展，着力实施乡村振兴战略，着力保障和改善民生，着力加强党的政治建设。成都市要突出公园城市特点，努力打造新的增长极，建设内陆开放经济高地。 生产力布局：构建“一轴两翼三带”区域经济布局。 “一轴”：做强成渝发展主轴。 “两翼”：推进南翼跨越发展——发展壮大泸州、宜宾区域中心城市，做强泸州—宜宾组团，促进内江自贡同城化，加快川南经济区一体化进程。推动北翼振兴发展——积极培育南充、达州区域中心城市，发挥广安、广元、巴中重要节点作用，做强南充—达州组团，加快阆苍南一体化进程，促进川东北经济区振兴。 “三带”：高质量构建成德绵眉乐雅广西攀经济带，培育壮大成遂南达经济带，优化提升攀乐宜泸沿江经济带
贵州	以高质量发展统揽全局。守好发展和生态两条底线。深入实施乡村振兴、大数据、大生态三大战略行动，大力推动新型工业化、新型城镇化、农业现代化、旅游产业化。统筹发展和安全，巩固拓展脱贫攻坚成果，为全面建设社会主义现代化奠定坚实基础。在新时代西部大开发上闯新路，在乡村振兴上开新局，在实施数字经济战略上抢新机，在生态文明建设上出新绩。努力开创百姓富、生态美的多彩贵州新未来。 生产力布局：“两区一带三州”。 “两区”：黔中经济区率先发展，打造西部地区新的经济增长极。黔北经济协作区加速崛起，创建国家承接产业转移示范区。 “一带”：毕水兴经济带转型发展，建设我国南方重要的战略资源支撑基地，支持毕节试验区建设贯彻新发展理念示范区。 “三州”：黔西南布依族苗族自治州、黔南布依族自治州、黔东南苗族侗族自治州，推动民族地区加快发展，打造具有国际影响力的原生态民族文化旅游目的地，建设民族团结进步繁荣发展示范区

续表

省份	发展目标定位及生产力布局
云南	我国民族团结进步示范区、生态文明建设“排头兵”、面向南亚东南亚辐射中心。 生产力布局：“滇中崛起、沿边开放、滇东北开发、滇西一体化”的空间布局。 “滇中崛起”：发挥滇中地区对全省高质量发展的核心带动作用，努力将滇中城市群建设成为面向南亚东南亚辐射中心的核心区、通达南亚东南亚及印度洋的大通道枢纽、实现高质量发展的强大引擎。 “沿边开放”：充分发挥沿边地区区位优势，努力将沿边地区建设成为我国参与“一带一路”倡议、面向南亚东南亚开放合作的核心纽带和重要支撑。 “滇东北开发”：充分发挥滇东北区位优势，以人力资源开发利用和发展特色优势产业为关键，打造云南省融入长江经济带发展、成渝地区双城经济圈建设的重要连接点。 “滇西一体化”：充分发挥滇西地区旅游资源优势，以推动滇西旅游全面转型升级和协同发展为关键，打造世界级旅游目的地

（四）政策启示

综上所述，习近平总书记的重要讲话精神为长江经济带上游地区高质量发展及产业空间布局优化提供了根本遵循，国家重大发展战略从战略层面和政策层面为该地区高质量发展注入了强大动力，各省（市）“十四五”规划确立的方向和重点为促进区域协调互补发展提供了基本路径。

1. 必须坚持生态优先、绿色发展

长江上游生态安全屏障在我国生态环境保护体系中具有战略地位，在生态资源供给、生态支撑等方面具有不可替代的重要作用。长江经济带上游地区的发展必须遵循“绿水青山就是金山银山”的理念，走生态优先、绿色发展之路，全面加强生态保护和修复，在产业选择和布局中为做好碳达峰碳中和工作打下基础，以产业优化升级促进区域经济社会发展全面绿色转型。

2. 必须推动产业结构转型升级

长江经济带上游地区资源密集型、能源密集型产业占比大，多数行业处于产业链价值链的中低端，经济投入产出效率不高。长江经济带上游地区要立足新阶段，贯彻新发展理念，通过质量变革提高产品质量和服务水平，推动产业从数量扩张向质量提高的重大转变，推动产业由加工制造向设计研发、品牌建设等价值链中高端延伸，提升劳动生产率和经济效益。加快发展先进制造、数字信息、高端研发、商务服务等高生产率行业。

3. 必须加强完善产业创新体系

创新是发展的第一动力，长江经济带上游地区创新发展是实现经济发展与生态并举的有效途径，能有效促进在发展中保护、在保护中发展。长江经济带上游地区深入实施创新驱动发展战略，要全面完善产业创新体系，强化企业创新主体地位，加快新型研发机构、产业创新平台、技术交易平台建设。围绕重点产业发展的重大科技需求，加强企业与高校院所等科研机构加强科技合作对接。全面畅通技术研发、成果转移转化、企业孵化、产业形成渠道，加快建成充满活力、富有效率的技术和产业创新体系。

4. 必须更大程度促进开放合作

长江经济带上游地区的开放合作，既要处理好区域内部各省（市）的利益协同，做好产业分工合作，也要加快构筑开放发展新优势，加强国内合作和国际协作，坚持东西开放、陆海统筹，打造新时代开放新高地。加强长江上中下游、京津冀、粤港澳大湾区的产业联动与分工合作，促进各区域资源、技术、经济优势的互补。促进长江经济带上游地区与“一带一路”、西部陆海新通道、中蒙俄国际经济走廊的融合发展。

三、国内专家学者有关论述

从陆大道院士提出中国国土开发与经济布局的“T”字形构架以来，国内学者围绕长江经济带建设开展了若干研究，其中围绕长江经济带及上游地区发展战略、产业选择及布局、生态保护、开放合作等方面不断深化研究，为长江经济带及上游地区高质量发展及产业空间布局优化提供了理论支撑。

（一）长江经济带及上游地区发展战略的研究

不少专家学者从国家战略角度论证了长江经济带建设的重要性和可行性，长江经济带上游地区各省（市）专家学者提出了四省（市）融入长江经济带建设的着力点。陆大道（2015、2018）多次强调长江经济带经济发展潜力巨大，现在是中国现代工业最集中的一个地带，未来将可以发展成为以超大能力综合运输通道为支撑的、潜力极其巨大的经济带。孙久文（2017）提出长江经济带在全国区域经济发展格局中已具有举足轻重的地位，对全国区域经济增长具有示范和引领作用，可以预见长江经济带在全国中的地位将更加突出。高国力（2018）提出长江经济带涵盖了东部的沿海发达地区，有中部相对中等发达水平的（地区），还有上游相对欠发达的（地区），新旧动能转化任重而道远，强调长江经济带发展对高质量发展的带动作用。易小光（2016）提出重庆应着力畅通对外通道，促进重庆与长江经济带沿线省（市）互联互通，加快长江航道整治，积极争取国家尽快开工建设三峡船闸新通道，加强与长江经济带沿江省（市）产业分工协作，通过重点产业上下游链条延伸与“外溢”，推动长江经济带区域产业规模升级，共同构建特色化的产业集群。李后强（2014）认为长江具有生命、文化、经济等功能和聚集、辐射、开放、滋养等效应，四川作为龙船的舵，尤其要发挥长江的生命功能和生态功能，充分利用长江经济带给四川带来的交通发展、生产力布局、基础建设等利好机遇，加快建设长江上游生态屏障，不断提高可持续发展能力。吴大华（2017）提出贵州位于长江经济带上游腹地，是长江、珠江上游重要的生态屏障。贵州提出构建长江经济带的生态文明建设先行区，并根据自身特点积极打造以交通为重点的基础设施建设，构建以大数据、山地旅游、现代山地特色高效农业、大健康养生产业为重点的产业体系，深度融入长江经济带发展。段昌群（2021）提出云南处在长江经济带的生态首发区，要平衡保护与发展的关系，成为全国生态文明建设的排头兵，以生态文明理念引领绿色发展，要抓好长江经济带、“一带一路”等发展机遇，立足区位优势、交通优势、生态优势、资源优势、文化优势，运用市场机制实现资源的优化配置，向东融入“长三角”，向南拥抱东南亚。

（二）长江经济带及上游地区产业选择及布局的研究

部分学者从产业选择、产业空间布局、产业创新等方面不断升华对长江经济带及上游地区产业发展的研究，为长江经济带上游地区产业选择和产业发展奠定了理论基础。

在产业选择研究方面，专家提出长江上游地区要立足环境承载能力，大力发展绿色清洁生产，加快传统制造业的绿色改造，建立绿色低碳循环产业体系。孙久文（2018）提出长江上游地区要大力支持绿色清洁生产，对传统制造业实行绿色改造，推动建立绿色低碳循环发展的产业体系。肖金成（2018）提出长江中上游地区承接产业转移，要借鉴负面清单管理模式，立足当地资源环境承载能力，切实防止出现污染转移和环境风险聚集。吴传清（2021）提出推动长江经济带绿色发展的关键是协同推进生态环境保护和经济建设，促进长江经济带经济社会发展和资源环境承载力相适应，做好“加减法”，推动长江经济带现代化经济体系建设。易小光（2019）提出加快推动产业生态化，促进重庆经济高质量发展，要以大数据、互联网、人工智能为引领推动重庆产业转型升级。鼓励淘汰产能落后和对环境破坏力强的产业，加快高新技术和战略性新兴制造业发展。依托重庆自然生态优势，大力发展文化旅游、大健康、养老等新兴产业。重庆市综合经济研究院研究提出要突出“成渝双核”产业集群发展战略，打造装备制造业、高技术产业等六大国家级产业基地，发展重庆经济圈产业区、成都经济圈产业区。

在产业空间布局方面，专家提出产业布局要坚持当前和长远结合，引导产业向园区、城镇集中，优化产业功能布局。张立群（2014）提出区域布局方面要坚持当前和长远相结合，要注意兼顾长远，注意科学布局。肖金成（2021）提出长江经济带要在适合发展的地方加快发展，在不适合发展的地方加强保护；提出长江经济带实现生态优先绿色发展，积极推动区域产业分工和协同发展，引导企业向园区、向城镇集中，带动农村人口向城市和城镇转移；引导产业合理布局，防止发展重点雷同、产业结构趋同，避免低水平重复建设。张学良（2021）提出都市圈建设要优化空间布局，要优化功能布局谋引领，形成空间产业分工新格局。易小光（2020）提出重庆和四川要抓紧推动生产力布局的一体化、协同化，特别是特色优势产业的协同发展，产业链、产业集群协同布局。

在产业创新发展方面，专家提出欠发达地区要增强科技创新能力，走新型工业化道路，争取实现跨越式发展。王昌林（2020）提出欠发达地区要抓住以5G、人工智能、数字经济等为代表的新一轮科技革命和产业变革蓬勃发展的机遇，加快推进传统产业的智能化、清洁化改造，积极培育发展战略性新兴产业，走出一条新型工业化道路，努力实现跨越式发展。王一鸣（2016）提出要发挥长江经济带科技水平领先、产业体系完备的综合优势，增强科技创新能力和产业发展活力，支撑我国经济向创新驱动转变、向中高端水平迈进。在现阶段，龙头企业推动形成产业链创新生态尤其重要。范恒山（2021）提出要强化科技创新对长三角区域高质量发展的核心支撑，增强科技创新能力涉及创新要素的全面集聚、已有创新要素的有效整合和所有创新要素的充分运用三个方面。易小光（2021）提出科技创新塑造发展新优势，成渝地区应推动地区内创新主体合作，共享科技创新资源，构建区域的创新共同体。

（三）其他方面的研究

在环境保护方面，学术界研究表明长江经济带建设必须把生态环境摆在压倒性位置，将长江上游打造为生态“龙头”。王一鸣（2017）强调长江经济带是第一个把生态优先、绿色发展作为首要原则的区域发展战略，是基于新发展理念的重大思路调整。范恒山（2020）提出要秉持正确思路促进长江经济带生态环境保护与修复，正确处理发展与保护的关系、眼前和长远的关系、大局和局部的关系。陈文玲（2017）提出实现长江经济带绿色发展必须坚持底线思维、红线思维、战略思维、可持续思维、创新思维五种思维，坚守长江经济带的人口承载力、土地承载力和环境承载力。在开放合作方面，长江经济带及上游地区既要加快实现内部协作，也要加强与国内、国际相关区域合作。张学良（2016）提出长江经济带有群有带，要依托城市群带动长江经济带发展，上海的作用是发挥在长三角的龙头带头作用，同时发挥向城市群的辐射作用，与重庆市首尾呼应，提升长江经济带基础设施整体协调性，要采用“群—带”结合模式，加强区际政府的合作。肖金成（2021）提出长江中上游地区应以开发区、产业园区为载体，积极承接产业转移，提高基础设施和产业配套能力，发展“飞地经济”。重庆市综合经济研究院研究提出，重庆要依托开放口岸和物流枢纽构建开放型产业贸易经济，深耕东南亚、东盟并稳步向南亚等地区扩展，提升作为国家中心城市的功能和地位，努力成为西部地区营商环境最佳城市。在体制机制方面，长江经济带及上游地区要在区域分工协作机制、生态环境联防联控机制、生态补偿机制等方面积极探索。汤继强（2016）提出长江经济带通过制度创新创建综合立体的制度体系，确保河流沿岸跨区域产业分工与协作的整体效应。范恒山（2020）指出长江经济带要探索建立基于生态保护、资源节约等的利益补偿机制，利用法律等手段强化组织协调机制，推动跨行政区域的联防联治。成长春（2021）提出长江经济带应在全国率先建立完善生态产品价值实现机制，构建调查监督与评估机制，加快构建经营开发与市场交易机制，持续完善流域生态补偿机制，加快构建推进和保障机制，使绿水青山“底色”更亮，金山银山“成色”更足。

（四）研究启示

国内及四省（市）相关学者及研究机构研究表明，长江经济带上游地区高质量发展及产业空间布局优化必须立足新时期我国所处的时代背景和区域经济格局，尊重流域经济本质和产业发展客观规律，基于自身资源禀赋条件，充分考虑产业黏性和产业链整体性，才能担当起长江经济带上游地区的时代使命。

站位和视野要高。长江经济带上游地区作为长江流域的生态基础和屏障，是整个长江流域生态环境保护最为关键的区域，其发展必须立足中国特色社会主义现代化建设进入新发展阶段，贯彻新发展理念，构建以国内大循环为主体、国内国际双循环相互促进的新发展格局。陆大道、孙久文等专家多次强调长江经济带经济发展潜力巨大，对全国区域经济增长具有示范和引领作用，对高质量发展具有带动作用。王一鸣、范恒山等专家提出长江经济带是第一个把生态优先、绿色发展作为首要原则的区域发展战略，是基于新发展理念的重大思路调整，要秉持正确思路促进长江经济带生态环境保护与修复，正确处理发展与保护的关系、眼前和长远的关系、大局和局部的关系等。因此，长江经济带上游地区发展必须坚持“把保护和修复长江生态环境摆在压倒性位置”，围绕国家总体发展战略和区域发展战略，从国家战略需求出发，谋划产业门类、引导产业布局。

要符合产业发展客观规律。长江经济带上游地区产业选择和产业布局优化，要深刻认识和把握好产业发展的内在规律，全面检视过去的发展方式、发展思路，以高度的定力推进转型升级，才能把产业发展带入新境界提到新平台。孙久文、易小光等提出长江上游地区要淘汰产能落后和对环境破坏力强的产业，推动建立绿色低碳循环发展的产业体系，加快高新技术和战略性新兴制造业发展。因此，长江经济带上游地区必须积极主动顺应新科技革命和新产业变革趋势，围绕产业升级和技术创新，聚焦于产业未来发展方向，既要推动现有产业加快发展，又要超前谋划新产业新业态，要加快先进制造业、现代服务业、现代农业协调融合发展步伐，构建现代化经济体系，形成经济发展新动能。

要紧密结合自身实际。长江经济带上游地区四省（市）内部自然资源禀赋差异大，产业发展阶段不一，在产业选择和布局时必须充分考虑其差异性。肖金成、张学良等提出长江经济带在适合发展的地方要加快发展，在不适合发展的地方要加强保护，引导产业合理布局，防止发展重点雷同、产业结构趋同，引导企业向园区、向城镇集中，带动农村人口向城市和城镇转移。孙久文提出长江上游地区要大力支持绿色清洁生产。肖金成提出长江中上游地区要立足当地资源环境承载能力，切实防止出现污染转移和环境风险聚集。长江经济带上游地区产业选择和布局必须立足自然资源本底、发展基础，发挥比较优势，明确空间开发重点，促进要素优化配置，加强区域内部合作，加快对外开放。

要充分考虑产业黏性和产业链整体性。产业集聚不是简单的汇聚，而是产业成链、集群发展，要统筹区域自身及相关区域主导产业和未来产业，要把握产业之间的黏性，从业态匹配和产业上下游关联性出发，系统谋划产业链条的整体性打造和产业集群的系统化建设，共同“做大蛋糕”“分好蛋糕”。易小光等专家提出要加强与长江经济带沿江省（市）产业分工协作，通过重点产业上下游链条延伸与“外溢”，推动长江经济带区域产业规模升级，共同构建特色化的产业集群。长江经济带上游地区的成渝地区双城经济圈、黔中城镇群、滇中城镇群需要强化区域之间的产业政策对接，发挥比较优势，突出高端切入、错位发展，联合实施产业集群配套型和关联企业集聚型招引，促进产业链整体转移和关联产业协同转移，推进产业链核心环节本土化、产业链供应链多元化，实现生产力的集中布局，促进资源集约节约利用，降低生产成本，做大产业规模、做强产业链条。

第二章

基础条件

长江经济带上游地区地处我国西南内陆，历史上行政区划版图历经数次调整，区域内各省份政治经济文化联系紧密，交往历史源远流长。近年来，上游地区保持强劲发展势头，初步建立了以电子信息、装备制造、能源化工等先进制造业，商贸物流、金融服务、文化旅游等现代服务业，特色种植、畜牧业等现代农业为主体的产业体系。通过明确长江经济带上游地区自然条件、经济发展、城镇建设等概况，梳理各省（市）产业发展和布局现状，找准产业发展的优势劣势，以期为系统谋划上游地区经济产业协调发展和长江经济带高质量发展提供重要支撑。2020 年长江经济带上游地区基本情况见表 2-1。

表 2-1　2020 年长江经济带上游地区基本情况

区域	土地面积（万平方千米）	年末总人口（万人）	人口密度（人/平方千米）	地区生产总值（万亿元）	地区产业总值密度（万元/平方千米）	人均国内生产总值（万元）
长江经济带上游地区	113.8	20150	177.1	11.6	1019.3	5.76
长江经济带	205.2	60610	295.4	47.2	2297.9	7.79
比较（长江经济带=100）	55.5	33.2	60.0	24.6	44.36	73.9
全国	960	141178	147.1	101.6	1058.3	7.19
比较（全国=100）	11.8	14.3	120.4	11.4	96.3	80.1

一、长江经济带上游地区概况

一直以来，川渝滇黔四省（市）山水相连、人文相亲、习俗相近，具有深厚的历史渊源和紧密的交流合作，为长江经济带上游地区产业优化布局和高质量发展奠定了扎实基础。具体来看，历史上重庆和四川本是一家，川渝地域相邻、自然地理相似、风俗习惯相近、历史渊源悠久、社会文化交往频繁，产业关联性和互补性强，两地人民有着极其密切的亲情联系和经济往来；贵州与成渝地区山水紧密相连，具有较好的历史、文化贴近性与社会经济合作基础；云南的滇东北地处滇川黔渝交界、长江经济带上游、陆海新通道和紧邻成渝地区双城经济圈，是重要的区域性交通枢纽，与成渝地区经济社会等全方面联系紧密。长江上游地区地形地貌复杂，自然资源丰富，特别是矿产资源、水资源和水能资源、温泉资源、人文历史资源、生物资源等优势明显，是新时代西部大开发的主要战略支撑，具有连接东亚与东南亚、南亚的独特优势，成为推进实施“一带一路”愿景、长江经济带建设、西部陆海新通道、成渝地区双城经济圈等重大战略的核心承载区域，在国家总体战略和区域发展格局中的战略地位不断提升。长江经济带上游地区区位示意图见图2-1。

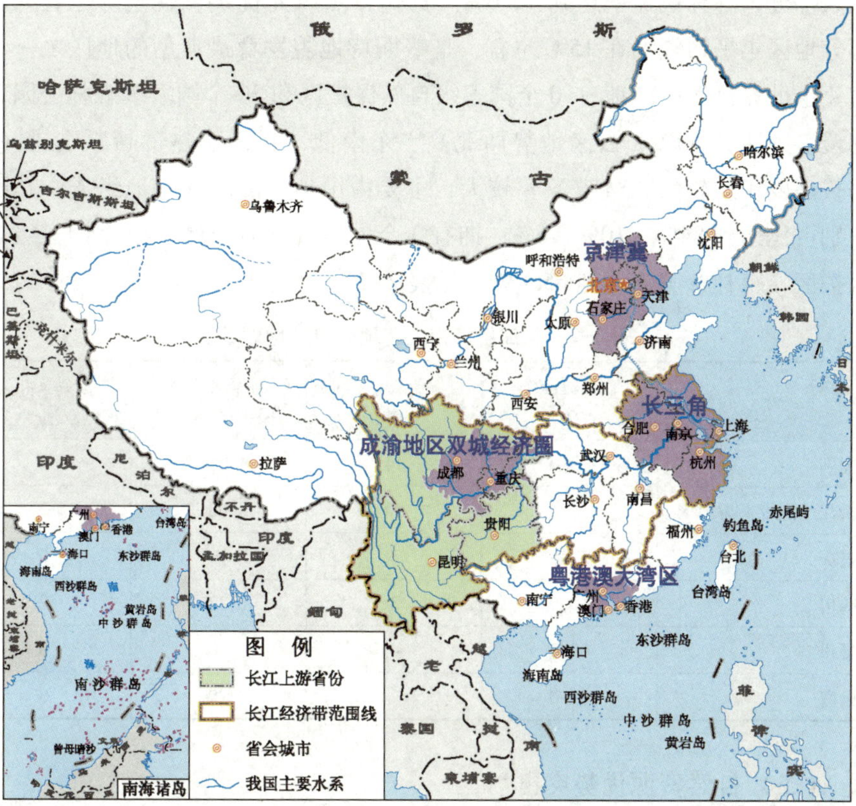

图2-1 长江经济带上游地区区位示意图

（一）自然地理环境独特

长江经济带上游地区位于我国第一阶梯向第二阶梯、第二阶梯向第三阶梯的过渡地带，地势西高东低，境内地形地貌复杂，自然景观奇特，分布有四川盆地、云贵高原等，海拔1000~2000米，大部分地区年降水量在800~1600毫米。2020年，区域拥有世界自然遗产地、世界文化与自然双遗产、国家级自然保护区分别为10个、2个、68个，占全国比重分别为71.4%、50%、14.4%。具体来看，重庆属于亚热带季风性湿润气候，地貌以丘陵、山地为主，其中山地占76%，境内长江自西南向东北横贯市境，流程691千米，与嘉陵江、乌江等河流交汇，拥有 3 个世界自然遗产地和 6 个国家级自然保护区，森林覆盖率达到 52.5%。四川地貌东西差异大，位于第一级阶梯和第二级阶梯的过渡带，西部为高原、山地，海拔多在 4000 米以上；东部为盆地、丘陵，海拔多在 1000~3000 米，可分为四川盆地、川西北高原和川西南山地三大部分，森林覆盖率达到 40.0%。贵州自然风光优美，气候舒适宜人，大部分地区年平均气温在 15℃左右，是喀斯特地貌发育最典型的地区之一，拥有 4 个世界自然遗产地、10 个国家级自然保护区和 30 个国家级森林公园，森林覆盖率达到 60%。云南地势西北高、东南低，属于亚热带高原季风气候，海拔高度相差较大，昼夜温差较大，主要由山地、高原和盆地组成，其面积分别占比达到 84%、10%、6%；拥有 2 个世界自然遗产地、20 个国家级自然保护区，森林覆盖率达到 65.0%（见表 2-2）。

表 2-2　长江经济带上游地区自然地理情况

地区	森林覆盖率（%）	世界自然遗产地（个）	国家级自然保护区（个）	世界文化与自然双遗产（个）
全国	23.0	14	474	4
长江经济带上游地区	—	10	68	2
重庆	52.5	3	6	0
四川	40.0	3	32	2
贵州	60.0	4	10	0
云南	65.0	2	20	0

（二）自然资源优势突出

一是矿产资源储量丰富、种类齐全。长江经济带上游地区矿产资源禀赋优越，天然气、石油、煤炭、铁、磷、稀有金属等矿产资源品种齐全、储量相对丰富，特别是铝土矿、锰矿、金矿、铅锌矿、锌矿、钒钛矿、铁矿储量占长江经济带比重均达到 100%，具有较大开发潜力和市场空间，为能源化工、建材等产业发展提供了良好的资源条件支撑。具体来看，重庆已探明储量矿产资源 70 种，拥有页岩气、锶、铁、盐、锰、铝土、毒重石等优势矿产资源，特别是有亚洲第一大锶矿床、全球除北美之外最大页岩气田，2020 年石油、天然气、页岩气等保有资源储量分别为 239.9 万吨、2491.6 亿立方米、1193.6 亿立方米。四川已探明储量矿产资源有 86 种，其中天然气、钒、钛、锂、硫铁、芒硝、盐等矿产资源全国排名第一，是西部乃至全国的矿物原材料生产加工大省，2020 年煤炭保有量为 122.7 亿吨、天然气储量为 7 万多亿立方米，占全国比重近 20%。贵州已探明储量矿产资源有 76 种，其中煤、磷、汞、铝土、锰等 42 种矿产保有储量排名全国前十位，2020 年煤炭保有储量为 530 亿吨，远景储量为 2419 亿吨，居全国第五位。云南已探明储量矿产资源有 86 种，拥有丰富的铜、锡、钛等金属矿产和煤、磷、岩盐、钾盐、石膏等非金属矿产，有 61 个矿种的保有储量居全国前十位（其中铅、锌、锡、磷、铜、银等 25 种矿产含量居全国前三位），是我国有色金属的重要生产基地、西南地区最大的无烟煤和褐煤基地（见表 2-3）。

表 2-3　长江经济带上游地区矿产资源情况

地区	矿产资源类别和储量
长江经济带上游地区	铝土矿、锰矿、金矿、铅锌矿、锌矿、钒钛矿、铁矿储量占长江经济带比重均达到 100%，锡矿、磷矿占比分别达到 84.1%、43.6%
重庆	已探明储量的有 70 种，大部分为沉积型矿产，总体呈现“分带明显、分布相对集中，能源矿产非金属矿产多、金属矿产少”的特征，具有查明储量的战略性矿产资源 15 种，约占全市发现矿种的 31%，包括石油、天然气、页岩气、煤炭、煤层气等 5 种能源矿产类；铁矿、锰矿、钒矿、铜矿、铝土矿、钼矿、镓矿等 7 种有色金属矿产类；普通萤石、钾盐、磷等 3 种非金属矿产类
四川	已探明储量的有 86 种，其中有 35 种矿产排位进入全国同类矿产查明资源储量的前三位，天然气等 15 种矿产在全国查明资源储量中排第一位，铁、石棉、天然沥青、页岩气等 10 种矿产排第二位。大型或特大型矿床分布集中，主要分布在川西南（攀西）、川南、川西北 3 个区，区域特色明显，有利于形成综合性的矿物原料基地
贵州	已探明储量的有 76 种，煤炭保有储量为 507 亿吨，远景储量为 2419 亿吨，居全国第五位；铝土矿居全国第二位，矿石质量优良；磷矿石品位高，其中一级品富磷矿为 5 亿吨，居全国首位；汞矿、重晶石保有储量均居全国首位；稀土和镓保有储量居全国第二位，锰矿等保有储量居全国第三位
云南	已探明储量的有 86 种，主要有铅、锌、磷、锡、铂、银、钾盐、硅灰石、水泥配料用砂岩、硅藻土、铜、镍、盐等矿，有色金属矿遍及 108 个县（市），是我国储量大、种类多的主要金属矿，尤其以个旧锡矿、东川铜矿和储量在全国拥有重要地位。铜矿已探明储量为 155.64 万吨，煤炭探明储量为 240 亿吨，居全国第九位

二是水资源和水能资源丰富、水环境质量较好。长江经济带上游地区的金沙江、雅砻江、大渡河、岷江、嘉陵江、沱江、乌江等组成了长江上游水系网，区域水流落差大，水资源、水能资源丰富，可开发潜力巨大，拥有的平均径流总量、水资源总量、水电装机容量分别占长江经济带比重的 46%、48%、72%，水环境质量总体保持优良。具体来看，2020 年重庆水资源总量为 766.9 亿立方米，其中理论水能资源蕴藏总量为 1440 万千瓦；长江干流重庆段总体水质为优，15 个监测断面水质均达到Ⅱ类；Ⅰ~

Ⅲ类、Ⅳ类和Ⅴ类水质的断面比例分别为94.4%、4.6%和1.0%。四川水资源总量为3237.3亿立方米，总供水量为236.8亿立方米；水能资源理论蕴藏量为1.4亿千瓦，占全国比重为21.2%，其中技术可开发量占全国比重为27.2%，经济可开发量占比为31.9%，均居全国首位，是我国最大的水电开发和西电东送基地；在153个国省控监测断面中，有146个达到优良水质，占95.4%；Ⅰ～Ⅲ类、Ⅳ类水质的断面比例分别为95.4%、4.6%。贵州水资源总量为1328.6亿立方米，年降水量为2496.8亿立方米，水能资源蕴藏量为1874.5万千瓦，排名全国第六位，可开发量占全国比重4.4%；主要河流监测断面水质优良比例为99.3%（达到Ⅲ类及以上水质类别）。云南水资源总量为1799亿立方米，人均水资源量为4569立方米，比全国平均水平高一倍以上；水能资源蕴藏量为1.04亿千瓦，居全国第三位；可开发装机容量约为0.9亿千瓦，居全国第二位；主要河流监测断面水质优良率达到86.4%，主要出境、跨界河流断面水质达标率为100%（见表2-4）。

表2-4　长江经济带上游地区水资源情况

地区	降水量		水资源量		蓄水量		供水量（立方米）
	年降水量（亿立方米）	年平均降水量（毫米）	水资源总量（亿立方米）	其中地表水资源量（亿立方米）	蓄水总量（亿立方米）	大中型水库（座）	
长江经济带上游地区	13223.9	5065.1	7131.8	7131.8	917.8	788	553.1
重庆	1183.0	1435.6	766.9	766.9	56.7	124	70.1
四川	5109.1	1055.0	3237.3	3237.3	529.1	268	236.8
贵州	2496.8	1417.3	1328.6	1328.6	277.2	115	90.1
云南	4435.0	1157.2	1799.0	1799.0	54.8	281	156.0

三是人文历史资源深厚。长江经济带上游地区人文历史资源丰富，拥有巴渝文化、巴蜀文化、民族民俗文化等文化资源，拥有世界文化遗产、世界文化与自然双遗产地、国家级风景名胜区、国家AAAAA级旅游景区分别为4个、2个、51个、41个，占全国比重分别达到11.8%、50.0%、24.5%、13.6%，为区域文旅产业转型发展提供了有力支撑。具体来看，重庆文化旅游资源丰富，有巴渝文化、陪都文化、红岩革命文化等历史文化资源，以及长江三峡、大足石刻、武隆喀斯特和南川金佛山等自然景观，2020年重庆有世界文化遗产1个、国家级风景名胜区7个、国家AAAAA级旅游景区10个、

国家级地质公园7个。四川是我国重要的文化旅游资源大省，拥有四川方言、戏曲文化、茶文化、酒文化、饮食文化、织锦文化、盐文化等巴蜀文化，有国家级非物质文化遗产名录139项、省级非物质文化遗产名录522项，以及国家级风景名胜区14个、国家AAAAA级旅游景区15个。贵州民族民俗文化保护较为完整，侗族大歌、苗族飞歌享誉海内外，阳明文化、夜郎文化、屯堡文化、土司文化独树一帜，也是全国重要的红色文化热土，2020年有国家级风景名胜区18个、国家AAAAA级旅游景区7个。云南文化资源丰富，有独特的高原风光、热带和亚热带边疆风物和民族风情，拥有丽江古城等世界文化遗产2个，丽江纳西东巴古籍文献被列入世界记忆遗产名录，有国家级风景名胜区12个、国家AAAAA级旅游景区9个（见表2-5）。

表2-5 长江经济带上游地区人文资源情况

地区	世界文化遗产（个）	世界文化景观（个）	世界文化与自然双遗产（个）	国家级风景名胜区（个）	国家AAAAA级旅游景区（个）	国家级地质公园（个）
全国	34	4	4	208	302	281
长江经济带上游地区	4	1	2	51	41	35
重庆	1	0	0	7	10	7
四川	1	0	2	14	15	16
贵州	0	0	0	18	7	8
云南	2	1	0	12	9	4

四是温泉资源相对丰富。长江经济带上游地区温泉资源丰富，温泉旅游产品主要以休闲旅游型为主，有重庆融汇温泉旅游景区、云南腾冲热海温泉等7个国家AAAAA级温泉，占全国比重达18.0%，为区域发展以温泉为主的休闲旅游业提供了资源基础条件。具体来看，重庆温泉是世界级旅游资源，被誉为“温泉之都”，已经探明的温泉分布区域有1万平方千米、温泉水储量为5.6亿吨，日可开采温泉资源量为121万吨，呈现“山山有温泉、峡峡有热水”的鲜明特点；温泉水温25.0℃~63.5℃，属于中低温地热水资源，水质类型多、医疗价值高，拥有统景温泉、融汇温泉、大足龙水湖温泉3个国家AAAAA级温泉。四川温泉资源丰富，在全省范围内开采出的可供使用的温泉资源有近百处，主要有螺髻九十九里瀑布温泉、海螺沟贡嘎神汤温泉酒店、成都市花水湾温泉度假旅游区、泸州市纳溪区云溪温泉旅游景区等。贵州有

温泉旅游资源237处，其温泉的元素含量均符合我国生活饮用水标准，有百里杜鹃温泉康养旅游度假区、习水县桑木温泉田园康养度假区、乌当区相思河温泉旅游景区、剑河县温泉小镇等温泉项目。云南是我国温泉资源最丰富的省份，所有市、县均有温泉分布，其中水温在25℃以上的温泉有近千处，位列全国第一，有腾冲热海温泉、腾冲悦椿温泉村、云南柏联SPA温泉、云南华侨城温泉水公园等国家AAAAA级温泉4个（见表2-6）。

表2-6 长江经济带上游地区温泉资源情况

地区	国家AAAAA级温泉（个）	代表温泉
长江经济带上游地区	7	重庆融汇温泉旅游景区、云南腾冲热海温泉、云南腾冲悦椿温泉村、云南柏联SPA温泉、四川海螺沟贡嘎神汤温泉酒店等
重庆	3	融汇温泉、大足龙水湖温泉、统景温泉等
四川	0	螺髻九十九里瀑布温泉、海螺沟贡嘎神汤温泉酒店、成都市花水湾温泉度假旅游区、泸州市纳溪区云溪温泉旅游景区、四川鱼凫国都温泉大酒店、四川文锦江温泉大酒店等
贵州	0	百里杜鹃温泉康养旅游度假区、习水县桑木温泉田园康养度假区、乌当区相思河温泉旅游景区等
云南	4	腾冲热海温泉、腾冲悦椿温泉村、云南柏联SPA温泉、云南华侨城温泉水公园、弥勒湖泉温泉酒店、大理凤凰温泉度假村等

五是生物资源较为丰富。长江经济带上游地区是全国生物物种较为丰富的区域之一，动植物资源种类多样、数量较大，占据整个长江经济带近60%的物种数量及47.3%的生态服务价值，拥有大熊猫、金丝猴、黑叶猴、绿孔雀等国家重点保护动物和崖柏、银杉、红豆杉、冷杉等国家重点保护植物，为生态旅游、生物制药等产业发展提供了良好的资源基础。具体来看，重庆是全球34个生物多样性关键地区之一，共设立各级各类自然保护地218个，总面积为重庆市面积的15.4%，拥有陆生野生脊椎动物800余种、野生维管植物6000余种。四川是中国乃至世界重要的生物基因宝库，生物资源种类排全国第二位，有野生脊椎动物近1300种；国家重点保护野生动物145种，占全国的39.6%；可供经济利用的动物种类占50%以上。有高等植物1万余种，占全国总数的1/3；有各类野生经济植物5500余种，是全国最大的中药材基地、最大的芳香油产地。贵州生物资源种类繁多，有脊椎动物1053种，维管束植物9982种；药用植物约有4419种，占全国

中草药品种的80%，是全国中药材四大产区之一。云南是我国生物多样性最丰富的省份，有脊椎动物2273种，占全国的51.4%，其中药用生物资源有6559种，占比为51.2%，是近100种动物的起源地和分化中心，绿孔雀、怒江金丝猴等均属全国仅云南有分布的物种；高等植物19333种，约占全国的50.1%，其中苔藓、蕨类、裸子植物、被子植物分别占全国比重为68.2%、57.7%、37.0%、50.0%（见表2-7）。

表2-7 长江经济带上游地区生物资源情况

地区	生物资源情况
长江经济带上游地区	长江经济带上游地区动植物资源丰富，拥有野生脊椎动物上千种，高等植物上万种，有大熊猫、金丝猴、黑叶猴、绿孔雀等国家重点保护动物
重庆	设立各级各类自然保护地218个，总面积约126.9万公顷，占重庆市面积的15.4%
四川	有野生脊椎动物近1300种，约占全国总数的45%以上，兽类和鸟类约占全国的53%。国家重点保护野生动物有145种，占全国的39.6%，居各省（市）区之冠。据第四次全国大熊猫调查，四川省野生大熊猫种群数量为1387只，占全国野生大熊猫总数的74.4%，其种群数量居全国第一位。雉科鸟类20种，占全国雉科总数的40%；全省动物中可供经济利用的种类占50%以上。 有高等植物1万余种，占全国总数的1/3，仅次于云南。其中，被列入国家珍稀濒危保护植物的有84种，占全国的21.6%。有各类野生经济植物5500余种，其中药用植物有4600余种，所产中药材占全国药材总产量的1/3，是全国最大的中药材基地；芳香及芳香类植物有300余种，是全国最大的芳香油产地；野生果类植物有100余种，其中以猕猴桃资源最为丰富，居全国之首；野生菌类资源有1291种，占全国的95%
贵州	有脊椎动物1053种，维管束植物9982种；有药用植物4419种、药用动物301种，已开发利用的中草药资源有350余种
云南	有各类自然保护地362处，自然保护地面积549.58万公顷，约占云南省面积的14.32%，初步形成了类型丰富、功能多样的自然保护地体系。 大生物类群物种数均接近或超过全国的一半，被誉为“动物王国”“植物王国”“世界花园”“物种基因库”。全省共有高等植物19333种、原生脊椎动物2242种，分布有全球近1/3花卉的野生种和近缘种，绿孔雀、怒江金丝猴等均属全国仅云南有分布的物种

（三）综合经济实力不断增强

一是经济总量规模持续扩大。长江经济带上游地区综合经济实力持续增强，产业结构加快升级，产业集聚能力不断增强，初步形成了以电子信息、装备制造、能源化工、新材料、消费品等先进制造业为主体，战略性新兴产业和现代服务业加快发展的基本格局。2020年，长江经济带上游地区经济总量为11.6万亿元，占全国比重为11.4%，三次产业结构为11.6：36.3：52.1[①]；其中，重庆、四川、贵州、云南的GDP分别为25002.8亿元、48598.8亿元、17826.6亿元、24500.0亿元，同比增速分别为3.9%、3.8%、4.5%、4.0%。

二是产业创新资源加快集聚。随着科技创新驱动发展战略加快实施，长江经济带上游地区产业创新资源加快集聚，创新主体培育成效明显，高质量发展动能逐渐增强，2020年区域R&D经费支出、R&D人员、高新技术企业数量、有效发明专利数量占全国比重分别为7.5%、7.5%、5.0%、6.0%。创新平台加快建设，长江经济带上游地区拥有科学城2个、国家级科技城1个、国家级新区4个、国家级高新区12个，建成国家重点实验室、国家工程技术研究中心、国家工程研究中心等上百个国家级创新载体。具体来看，重庆研发投入水平相对较高，2020年R&D经费投入526.8亿元，R&D经费投入强度为2.1%，企业R&D经费支出占比为79.1%。四川研发投入水平在西部领先，2020年R&D经费投入1055.3亿元，R&D经费投入强度为2.2%，企业R&D经费支出占比为51.9%。贵州科技创新综合实力相对较弱，2020年R&D经费投入161.7亿元，R&D经费投入强度为0.9%，企业R&D经费支出占比为76.6%（见表2-8）。

表2-8　2020年长江经济带上游地区产业发展情况

地区	国内生产总值（GDP）		R&D经费投入强度（%）	R&D经费投入		R&D经费支出 总额（亿元）/占比（%）		
	总额（亿元）	增速（%）		总额（亿元）	增速（%）	企业	政府属研究机构	高等学校
全国	1015986.0	2.3	2.4	24393.1	10.2	18673.8/76.6	3408.8/14.0	882.5/7.7
长江经济带上游地区	115928.2	—	—	1989.8	—	—	—	—
重庆	25002.8	3.9	2.1	526.8	12.2	416.5/79.1	61.66/11.7	48.6/9.2
四川	48598.8	3.8	2.2	1055.3	21.2	547.4/51.9	416.6/39.5	8.4/8.1
贵州	17826.6	4.5	0.9	161.7	11.8	123.9/76.6	17.1/10.5	18.0/11.1
云南	24500.0	4.0	1.0	246.0	—	—	—	—

① 长江经济带上游地区三次产业结构根据各省（市）2020年统计公报数据计算所得。

（四）保持人口合理增长和人口分布合理演化

长江经济带上游地区人口规模和全国占比保持合理增长，人口质量水平稍低于全国平均水平，人口分布呈现规律性和特色化的合理演化趋势。

一是人口数量和质量稳中有升。第七次全国人口普查数据显示，2010—2020年长江经济带上游地区常住人口由19860.6万人增加至20150.0万人，占全国人口比重由14.1%提高到2020年的14.3%。其中，2020年重庆、四川、贵州、云南①四省（市）人口分别为3205.4万人、8367.5万人、3856.2万人、4720.9万人，较2010年分别增长11.1%、4.1%、11.0%、0.3%。此外，长江经济带上游地区人口平均寿命、平均受教育年限分别为72.8岁、9.2年，分别低于全国平均水平2岁、0.7年；高等学校数量为360个，占全国比重约为12.0%（见表2-9）。

表2-9　2020年长江经济带上游地区人口情况

地区	人口（万人）	增速（%）		占比（%）	平均寿命（岁）	平均受教育年限（年）	高等学校（个）
		较2010年增长	2010—2020年年均增长率				
全国	141178.0	5.4	0.5	100	74.8	9.9	3012
长江经济带上游地区	20150.0	—	—	14.3	72.8	9.2	360
重庆	3205.4	11.1	1.1	2.3	75.7	9.8	69
四川	8367.5	4.1	0.4	5.9	74.8	9.2	134
贵州	3856.2	11.0	1.1	2.7	71.1	8.8	75
云南	4720.9	0.3	—	3.3	69.5	8.8	82

资料来源：第七次全国人口普查数据。

二是区域人口主要集中于四大中心城市。长江经济带上游地区人口主要分布于沿江、骨干交通、槽谷地带，其中重庆、成都、贵阳、昆明等特大城市以及四川盆地、云贵高原部分核心城市是人口主要集聚地。具体来看，人口呈现向中心城区聚集趋势，但区域内人口分布差异性明显。2020年，重庆常住人口中主城都市区占65.90%，其中中心城区人口占32.27%、主城新区人口占33.63%；渝东北三峡库区城镇群人口占25.16%、渝东南武陵山区城

① 云南增速指标是通过公布的云南2020年常住人口与2010年常住人口计算所得，重庆、四川、贵州增速指标来自第七次全国人口普查公布数据。

镇群人口占 8.94%。成都市常住人口 2093.8 万人，占四川省比重达 25.0%，其余市（州）常住人口都在 600 万人以下；云南省人口居前三位的昆明市、曲靖市、昭通市合计人口占全省总人口比重为 40.9%，其中昆明占云南比重达 17.9%；贵州省常住人口超过 500 万人的有毕节市、遵义市、贵阳市三地，常住人口合计占全省比重为 50.6%。

（五）基础设施互联互通水平稳步提高

长江经济带上游地区综合交通网络加快完善，基本建成“水陆空铁”综合立体交通网络体系，信息、能源、水利、市政等基础设施建设加快，发展支撑能力明显提升。

一是区域综合交通网络骨架基本形成。以干线铁路、高速公路和长江黄金水道为主体的多向对外联系通道，内畅外达的综合交通网络初步形成。2020 年，长江经济带上游地区铁路运营里程为 15806 千米、公路总里程为 107.6 万千米、民航机场有 45 个，占全国比重分别约为 10.8%、20.7%、18.3%，其中公路路网密度高于全国平均水平 1.7 倍。

二是协同联动的体制机制初见成效。综合交通网平均密度及公路网、铁路网、内河航运密度均居西部第一，初步建立了横向联动、纵深推进的协同工作机制，川渝电网一体化以及跨区域重大蓄水、提水、调水、防洪工程建设等重点领域合作持续深化。

2020 年长江经济带上游地区基础设施发展情况和现状示意图分别见表 2-10、图 2-2。

表 2-10　2020 年长江经济带上游地区基础设施发展情况

地区	铁路		公路		水路		机场
	运营里程（千米）	路网密度（千米/万平方千米）	总里程（万千米）	路网密度（百千米/万平方千米）	内河航道（千米）	港口/码头泊位（个）	民航（个）
全国	146000	152.3	519.8	54.2	12.8	—/22142	241
长江经济带上游地区	15806	138.9	107.6	94.6	24077	—	45
重庆	2394	292.0	18.5	219.0	4472	—	4
四川	5312	109.3	39.4	80.9	10540	18/1548	15
贵州	3867	219.5	20.7	117.5	3957	—	11
云南	4233	107.41	29	73.6	5108	—	15

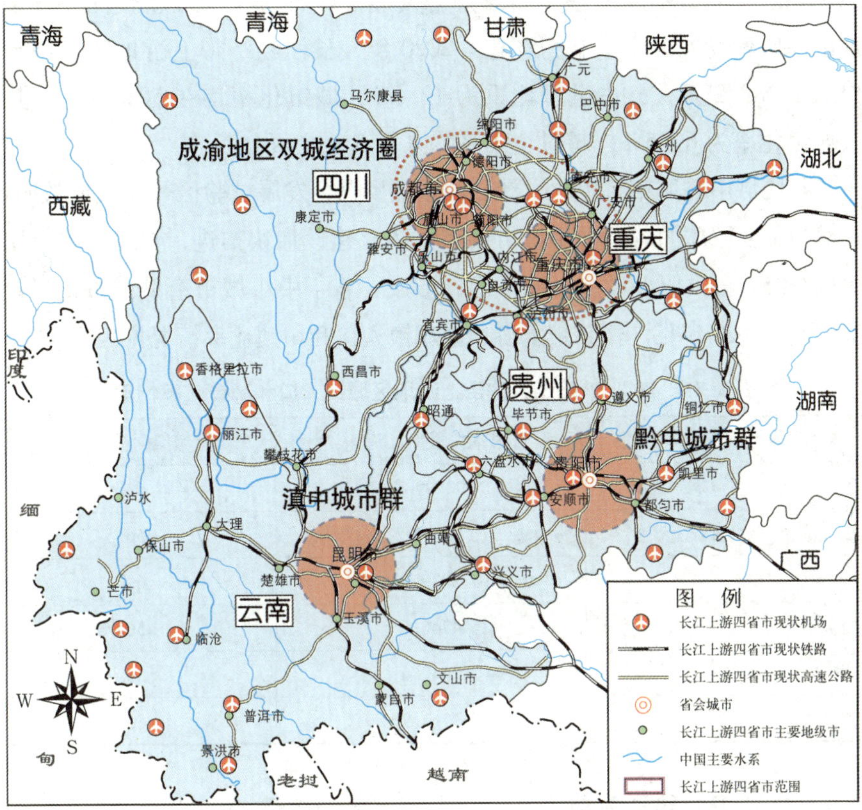

图 2-2 长江经济带上游地区交通基础设施现状示意图

（六）现代城镇体系加快完善

以国家中心城市为引领、区域中心城市和若干中小城市协同联动发展的现代城镇体系的加快构建，有利于促进长江经济带上游地区大中小城市和小城镇协调发展。

一是现代城镇空间格局持续优化。长江经济带上游地区加快建设以成渝地区双城经济圈（重庆都市圈、成都都市圈）、黔中城市群、滇中城市群为引领，成渝两大国家中心城市、一批大城市、多个区域中心（节点）城市和若干中小城市等为核心的多中心多层级多节点的网络型现代城镇体系，正加快形成由超大城市引领发展、大中小城市和小城镇协调联动的网络城镇群格局。

二是国家中心城市引领带动能力增强。随着以促进人的城镇化为核心、提高质量为导向的新型城镇化战略加快实施，以重庆、成都为核心的国家中心城市和以昆明、贵阳为核心的大城市能级大幅提升，区域综合承载能力、资源优化配置能力不断增强，城乡融合发展加快推进，为推动长江经济带上游地区高质量发展提供了有力支撑。2020 年，长江经济带上游地区城镇常住人口为 11389. 2 万人，占全国比重为 12. 6%，城镇化率均在 50%以上，其中重庆城镇化率为 69. 5%，超过全国平均水平 5. 6 个百分点。

三是区域中心城市特色化发展。国家城乡融合发展试验区等建设成效明显，以县城为重要载体的若干中小城市新型城镇化建设加快推进，促进市政公用设施提档升级、公共服务设施提标扩面，形成了若干中小城市新型城市化建设的示范试点。2020 年长江经济带上游地区城镇人口和城镇化率情况见表 2-11。

表 2-11　2020 年长江经济带上游地区城镇人口和城镇化率情况

地区	城镇常住人口（万人）	城镇化率（%）
全国	90199. 1	63. 9
长江经济带上游地区	11389. 2	56. 5
重庆	2229. 1	69. 5
四川	4746. 6	56. 7
贵州	2049. 6	53. 2
云南	2363. 9	50. 1

（七）处于西部开放前沿

长江经济带上游地区是打造以国内大循环为主体、国内国际双循环的重要节点枢纽，正加快融入共建“一带一路”以及长江经济带发展和西部大开发等国家开发开放战略，开放平台体系不断完善，开放型经济稳步发展，处于西部开放前沿。

一是开放平台体系更加健全。长江经济带上游地区的开放通道体系基本形成，西部陆海新通道、中欧班列等对外贸易大通道和自由贸易试验区、中新互联互通示范项目、综合保税区等开放平台建设成效明显，区域对外经贸合作不断向纵深推进，内陆开放水平位居西部前列。截至 2020 年底，长江经济带上游地区有国家级新区 4 个、国家级高新区 17 个、国家级经开区 20 个、自由贸易试验区 3 个、综合保税区 17 个、保税港区 1 个、一类口岸 23 个、边境经济合作区 4 个，占全国比重分别为 21. 1%、10. 1%、8. 7%、14. 29%、11. 6%、7. 1%、9. 1%、23. 5%，拥有建设国家消费中心城市、服务业扩大开放综合试点区、国家级公园城市、长江上游航运中心、面向南亚东南亚辐射中心等功能（见表 2-12）。

表 2-12 2020 年长江经济带上游地区开发开放平台情况

地区	国家级新区（个）	国家级高新区（个）	国家级经开区（个）	自由贸易试验区（个）	综合保税区（个）	保税港区（个）	一类口岸（个）	边境经济合作区（个）
全国	19	169	230	21	147	14	253	17
长江经济带上游地区	4	17	20	3	17	1	23	4
重庆	1	4	3	1	6	1	4	0
四川	1	8	10	1	6	0	2	0
贵州	1	2	2	0	3	0	1	0
云南	1	3	5	1	2	0	16	4

二是开放型经济稳步发展。长江经济带上游地区开放型经济保持稳定较快发展，2020 年货物进出口总额累计超过 17822. 2 亿元，实际利用外资 215. 3 亿美元以上。具体来看，“十三五”期间重庆货物进出口总额累计超过 2. 6 万亿元，年均增长 7. 1%。四川外贸规模再创历史新高，2020 年货物贸易进出口总值为 8081. 9 亿元，同比增长 19. 0%，增速列全国第二位（见表 2-13）。

表 2-13 2020 年长江经济带上游地区对外贸易经济情况

地区	货物进出口		实际利用外资	
	总额（亿元）	增速（%）	总额（亿美元）	增速（%）
全国	321557	1. 9	1444	4. 5
长江经济带上游地区	17822. 2	—	215. 3	—
重庆	6513. 4	12. 5	102. 7	-0. 4
四川	8081. 9	19. 0	100. 6	-19. 4
贵州	546. 5	20. 6	4. 4	—
云南	2680. 4 *	15. 4	7. 6	5. 0

注：基于数据可得性，云南货物进出口总额为外贸进出口总额数据。

二、产业发展和布局现状

（一）发展阶段判断

现阶段长江经济带上游地区总体处于工业化、城镇化中期阶段，正加速向中后期阶段快速推进。2020 年长江经济带上游地区人均 GDP 达到 5. 8

万元人民币（约折合6674美元①）。第一产业就业比重为39.9%②，城镇化率达到56.5%，位于Northam S曲线的城市化中期阶段（30%~70%），工业化、城镇化仍将保持较快推进进程（见图2-3）。从内部看，长江经济带上游地区各省（市）发展较不平衡，重庆人均GDP达到7.8万元，而四川、贵州、云南人均GDP分别只有5.8万元、4.6万元、5.2万元；在城镇化率方面，重庆达到69.5%，高于全国平均水平5.6个百分点，而四川、贵州、云南分别只有56.7%、53.2%、50.1%，仍低于全国城镇化平均发展水平（见表2-14）。

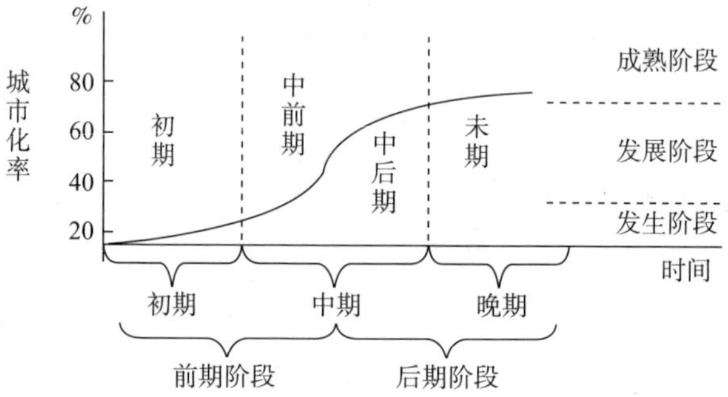

图2-3 诺瑟姆城市化进程图

表2-14 2020年长江经济带上游地区发展阶段判断

判断指标	参考标准	发展阶段		发展水平
人均GDP（2010年美元）	1570~3150以下	工业化实现阶段	工业化初期	6674
	3150~6300以下		工业化中期	
	6300~11810以下		工业化后期	
	11810美元及以上	后工业化阶段		
第一产业就业比重（就业结构）	45%~60%以下	工业化实现阶段	工业化初期	39.9%
	30%~45%以下		工业化中期	
	10%~30%以下		工业化后期	
	10%以下	后工业化阶段		

① 折算成2010年不变价美元。

② 国家统计局2019年数据。重庆、四川、贵州、云南四省（市）第一产业从业人员数量分别为451.06万人、1716万人、1074.91万人、1394.83万人，从业人员总量分别为1704.54万人、4889万人、2049.4万人、2990.38万人。

续表

<table>
<tr><th>判断指标</th><th>参考标准</th><th colspan="2">发展阶段</th><th>发展水平</th></tr>
<tr><td rowspan="4">城镇化率（空间结构）</td><td>30%~50%以下</td><td rowspan="3">工业化实现阶段</td><td>工业化初期</td><td rowspan="4">56.5%</td></tr>
<tr><td>50%~60%以下</td><td>工业化中期</td></tr>
<tr><td>60%~75%以下</td><td>工业化后期</td></tr>
<tr><td>75%以上</td><td colspan="2">后工业化阶段</td></tr>
</table>

注：1. 人均 GDP 与发展阶段判断依据钱纳里人均经济总量与经济发展阶段关系；

2. 产业就业结构与发展阶段判断依据配第-克拉克定理；

3. 城镇化率与发展阶段判断依据钱纳里城市化率与经济发展阶段关系。

（二）产业结构概况

2020 年，长江经济带上游地区三次产业结构为 11.6∶36.3∶52.1，三次产业增加值分别达到 1.3 万亿元、4.2 万亿元、6 万亿元，经济发展主要由第二、第三产业带动，其中第一产业增加值比重大幅高于全国平均水平，第二、第三产业增加值比重略低于全国平均水平。从区域内部看，相较于贵州和云南，重庆、四川两省（市）的第二产业和第三产业规模更大。从各省（市）产业结构来看，除重庆市外，四川、贵州、云南三省第一产业增加值比重均大幅高于全国平均水平，同时重庆市第二产业增加值比重在全国平均水平之上，在长江经济带上游地区各省（市）中，重庆市产业结构更趋合理（见表 2-15）。

表 2-15　2020 年长江经济带上游地区产业结构

地区	第一产业增加值（万亿元）	第二产业增加值（万亿元）	第三产业增加值（万亿元）	三次产业结构
全国	7.8	38.4	55.4	7.7∶37.8∶54.5
长江经济带上游地区	1.3	4.2	6.0	11.6∶36.3∶52.1
重庆	0.2	1.0	1.3	7.2∶40.0∶52.8
四川	0.6	1.8	2.5	11.4∶36.2∶52.4
贵州	0.3	0.6	0.9	14.2∶34.8∶50.9[①]
云南	0.4	0.8	1.3	14.7∶33.8∶51.5

（三）重点产业概况

长江经济带上游地区工业门类齐全，战略性新兴产业加速成长，重点行业

① 由于四舍五入的原因，书中个别合计数不等于 100%。下同。

表现突出（见专栏 2-1）。其中，计算机、通信和电子设备制造业占全国的 10.1%，铁路、船舶、航空航天和其他运输设备制造业占全国的 13.5%，汽车制造业占全国的 7.7%，非金属矿采选业占全国的 18.6%，医药制造业占全国的 10.9%，酒、饮料和精制茶制造业占全国的 34.5%，烟草制品业占全国的 23%。

当前长江经济带上游地区初步形成了电子信息、汽车摩托车、装备制造、消费品、材料等支柱产业多点支撑的现代工业体系。装备制造、消费品、材料等产业营业收入规模均超过 1 万亿元，电子信息产业营业收入规模超过 2 万亿元。新一代信息技术、新能源汽车、新材料、高端装备、生物技术、节能环保等战略性新兴产业加速培育。金融服务、商贸物流、文化旅游、健康服务等现代服务业加速发展，其中旅游总收入超过 3 万亿元①。数字服务、科技信息服务、节能与环保服务等未来服务业逐步培育。分省（市）看，长江经济带上游地区各省（市）产业发展各具特色：重庆、四川电子信息、汽车摩托车产业规模较大，约占工业总产值的 50%左右；贵州大数据、优质烟酒、清洁高效电力产业较为突出，其中清洁高效电力产业达到 1866.4 亿元；云南水电清洁能源、烟草业优势明显，绿色电力发电量占比近 90%，高于全国平均水平 60 个百分点，烟叶产量占全国比重 45%（见表 2-16）。

表 2-16　长江经济带上游地区各省（市）行业规模占全国比重

行业	长江经济带上游地区（%）	重庆（%）	四川（%）	贵州（%）	云南（%）
煤炭开采和洗选业	8.8	0.6	2.5	4.1	1.6
石油和天然气开采业	10.3	1.2	9.2	0.0	0.0
黑色金属矿采选业	12.1	0.3	7.7	0.5	3.5
有色金属矿采选业	16.6	0.1	5.0	2.5	9.1
非金属矿采选业	18.6	3.4	8.8	3.3	3.2
农副食品加工业	9.2	1.8	5.1	0.5	1.8
食品制造业	9.3	1.3	5.8	0.7	1.5
酒、饮料和精制茶制造业	34.5	1.5	22.3	8.1	2.7
烟草制品业	23.0	1.6	2.7	3.8	14.9
纺织业	3.1	0.3	2.6	0.1	0.1

① 旅游收入数据为 2019 年数据。

续表

行业	长江经济带上游地区（%）	重庆（%）	四川（%）	贵州（%）	云南（%）
纺织服装、服饰业	2.4	0.4	1.8	0.2	0.1
皮革、毛皮、羽毛及其制品和制鞋业	3.5	1.0	2.0	0.3	0.1
木材加工和木、竹、藤、棕、草制品业	7.0	1.7	3.8	0.7	0.7
家具制造业	8.0	1.5	5.9	0.6	0.1
造纸和纸制品业	8.0	2.5	4.4	0.6	0.6
印刷和记录媒介复制业	10.4	2.8	6.0	0.5	1.1
文教、工美、体育和娱乐用品制造业	2.8	0.7	1.0	0.2	0.8
石油加工、炼焦和核燃料加工业	4.0	0.1	2.0	0.3	1.7
化学原料和化学制品制造业	7.2	1.2	3.7	0.9	1.4
医药制造业	10.9	2.3	5.9	1.2	1.5
化学纤维制造业	3.8	0.4	3.3	—	0.2
橡胶和塑料制品业	6.8	1.7	3.7	0.8	0.5
非金属矿物制品业	13.1	2.6	7.1	1.8	1.6
黑色金属冶炼和压延加工业	6.9	1.0	3.5	0.6	1.9
有色金属冶炼和压延加工业	8.2	1.4	1.6	0.9	4.2
金属制品业	7.4	1.6	4.7	0.5	0.6
通用设备制造业	6.2	2.1	3.8	0.2	0.1
专用设备制造业	5.9	1.5	3.9	0.2	0.2
汽车制造业	7.7	4.3	2.8	0.2	0.3
铁路、船舶、航空航天和其他运输设备制造业	13.5	6.0	5.9	1.3	0.3
电气机械和器材制造业	4.4	1.6	2.2	0.4	0.2
计算机、通信和其他电子设备制造业	10.1	4.4	4.8	0.5	0.4
仪器仪表制造业	5.8	2.2	2.9	0.2	0.6
其他制造业	7.6	4.6	1.5	1.4	0.1
废弃资源综合利用业	5.7	1.2	2.7	0.2	1.5
金属制品、机械和设备修理业	6.8	0.3	6.5	—	0.1
电力、热力生产和供应业	9.0	1.2	3.5	1.9	2.4
燃气生产和供应业	10.6	3.2	5.7	0.7	1.0
水的生产和供应业	11.9	2.4	6.9	1.2	1.3

专栏2-1 2020年长江经济带上游地区各省（市）重点产业

一、重庆市

渝中区。地区生产总值为1533.16亿元，三次产业结构为0.5：36.2：63.3。产业发展以现代服务业为主，包括金融业、商贸业、专业服务业、健康疗养业、文化旅游业、物联网信息产业等。

大渡口区。地区生产总值为266.46亿元，三次产业结构为0.4：43.2：56.3。产业发展以现代服务业为主，大数据智能化产业、生态环保产业、大健康生物医药产业、文化休闲旅游产业为四大支柱产业。

江北区。地区生产总值为1325.4亿元，三次产业结构为0.1：21.4：78.5，主导产业为电子信息、汽车、金融、商贸、信息服务、技术服务业等。

沙坪坝区。地区生产总值为1013.9亿元，三次产业结构为0.4：31.8：67.8，主导产业主要为电子信息、装备制造、物流、商贸服务、文化旅游等产业。

九龙坡区。地区生产总值为1533.16亿元，三次产业结构均为0.5：36.2：63.3，主导产业主要为电子信息、汽摩、有色金属冶炼加工、装备制造业等，新材料、大数据、新能源汽车、生物医药等战略性新兴产业加速培育。

南岸区。地区生产总值为813.25亿元，三次产业结构为0.5：37.5：62，主导产业主要为电子信息、汽摩、装备制造、消费品工业、能源工业、医药、材料、金融、大数据、文化旅游等。

北碚区。地区生产总值为636.41亿元，三次产业结构为2.8：49.1：48.1，主导产业包括电子信息、汽摩、装备制造业、化医、材料、消费品、能源工业。

渝北区。地区生产总值为2009.52亿元，三次产业结构为1.4：32.6：66，主导产业主要为电子信息、汽车、金融业、商贸服务、物流业等，大数据、智能终端、软件信息等新兴产业不断培育壮大。

巴南区。地区生产总值为865.48亿元，三次产业结构为5.9：40.9：53.2，主导产业为汽摩、装备、电子信息、医药、轻工服装业等。

二、四川省

成都市。地区生产总值为17716.7亿元，三次产业结构为3.7：30.6：

65.7，主导产业主要为电子信息、装备制造、先进材料、食品饮料、能源化工、医药健康、轻工纺织业、金融服务、现代物流、商贸服务、文化旅游等，人工智能、生物工程、智能网联汽车等战略性新兴产业加速培育。

德阳市。地区生产总值为2404.1亿元，三次产业结构为11.3∶46.9∶41.8，主导产业主要为电子信息、装备制造、医药食品、先进材料、航空、数字经济等。

眉山市。地区生产总值为1423.74亿元，三次产业结构为15.7∶37.1∶47.2，主导产业主要为农副产品及食品加工、新能源、新材料等。

资阳市。地区生产总值为807.5亿元，三次产业结构为20.9∶28.3∶50.8，主导产业为电子信息、装备制造、食品饮料、数字经济、医药健康等。

南充市。地区生产总值为2401.08亿元，三次产业结构为19.2∶37.9∶42.9，主导产业主要为电子信息、汽车、新材料、油气化工、生物医药、丝纺服装等。

泸州市。地区生产总值为2157.2亿元，三次产业结构为11.9∶48.1∶40.0，主导产业主要为白酒、电子信息、能源化工、装备制造、现代医药、航空航天等。

宜宾市。地区生产总值为2808.12亿元，三次产业结构为12.2∶48.2∶39.6，主导产业主要为智能终端、轨道交通、汽车、通用航空、新材料、节能环保、医药器械、页岩气、绿色食品加工业、竹产业。

自贡市。地区生产总值为1458.44亿元，三次产业结构为15.9∶38.9∶45.2，主导产业为电子信息、装备制造、新材料、节能环保、生物医药产业。

内江市。地区生产总值为1465.88亿元，三次产业结构为18.4∶32.7∶48.9，主导产业为装备制造、生物医药产业、新能源、新材料、大数据产业。

三、贵州省

贵阳市。地区生产总值为4311.65亿元，三次产业结构为4.1∶36∶59.9，主导产业为电子信息、装备制造、精细磷化工、特色农产品加工、中药与民族药、大数据产业等。

遵义市。地区生产总值为3720.05亿元，三次产业结构为13.2∶43.4∶43.4，主导产业为白酒、基础材料、装备制造、特色农产品加工产业。

毕节市。地区生产总值为2020.39亿元，三次产业结构为24.1∶26.4∶49.5，主导产业为装备制造、现代能源、特色农产品加工、新型建材、文化旅游等。

六盘水市。地区生产总值为1339.62亿元，三次产业结构为12.7∶44.8∶42.5，主导产业为特色农产品加工、新型建材、新型能源化工、旅游装备、现代物流等。

四、云南省

昆明市。地区生产总值为6733.79亿元，三次产业结构为4.6∶31.2∶64.2，主导产业为化工、冶金、非烟轻工业、烟草及配套产业、装备制造、生物医药、新材料、电子信息、金融服务、商贸物流、文化旅游等。

曲靖市。地区生产总值为2959.35亿元，三次产业结构为18.7∶37∶44.3，主导产业为高原特色农业、生物资源加工、有色金属和液态金属、军民融合现代装备制造、精细化工、现代商贸物流、文化旅游和高原体育产业。

红河州。地区生产总值为2417.47亿元，三次产业结构为14.3∶38.9∶46.8，主导产业为烟草、有色及黑色冶金、能源、化工、冶金、电子信息、食品加工、生物医药等。

玉溪市。地区生产总值为2058.1亿元，三次产业结构为10.1∶42∶47.9，主导产业为高原特色现代农业、矿冶、大健康、文化旅游等。

大理市。地区生产总值为1484亿元，三次产业结构为22.8∶27.4∶49.8，主导产业为农产品加工、电子信息、生物制药、文化旅游、健康服务等。

楚雄州。地区生产总值为1372.16亿元，三次产业结构为19.1∶39.8∶41.1，主导产业为烟草、冶金、生物医药、健康服务、旅游文化、装备制造、绿色能源、高原特色现代农业等。

（四）重点产业布局

从经济规模看，产业主要集聚在成渝地区双城经济圈和黔中、滇中城市群。2020年成渝地区双城经济圈GDP为6.6万亿元，占长江经济带上游地区的57.3%，占长江经济带经济总量的14.1%。重庆都市圈、成都都市圈、黔中城市群、滇中城市群四个区域性经济中心GDP分别占长江经济带上游地区经济总量的17.5%、19.3%、11.9%、13%。其他产业集聚区如重庆的万州、开州、黔江分别占长江经济带上游地区经济总量的0.8%、0.5%、0.2%，四川的宜宾、泸州、绵阳、南充、达州分别占2.4%、1.9%、2.6%、2.1%、1.8%，贵州的六盘水、铜仁分别占1.2%、1.1%，云南的大理、昭通分别占1.3%、1.1%。

长江经济带上游地区产业主要沿城镇群和交通轴线布局。重庆都市圈形成电子信息、汽车摩托车、装备制造、消费品等产业集群，成都都市圈集聚电子信息、汽车、装备制造、航空航天、生物医药、先进材料等产业，黔中城市群汇集大数据、电子信息、优质烟酒、生物制药、新型建材等产业集群，滇中城市群构建先进装备制造、烟草、冶金、生物医药、新材料等产业集群。以都市圈、城市群为中心，依托高速公路、铁路、长江干线组成的交通轴线系统是产业布局的重要地区。重庆都市圈—成都都市圈沿交通干线分布着遂宁、内江、宜宾临港经开区，自贡、德阳、泸州、乐山高新区等国家级园区，主要集聚电子信息、装备制造、生物医药、新材料等产业。成都都市圈—滇中城市群沿高速公路、长江干线，分布着攀枝花钒钛国家级高新区、昭通省级开发区，主要有钒钛、化工、钢铁、绿色建材、绿色食品加工等产业（见专栏2-2）。

长江经济带上游地区重点产业发展平台体系和平台布局示意图分别见表2-17、图2-4。

表2-17　长江经济带上游地区重点产业发展平台体系

类别	名称
4个国家级新区	重庆两江新区、四川天府新区、贵州贵安新区、云南滇中新区
3个自由贸易试验区	中国（重庆）自由贸易试验区、中国（四川）自由贸易试验区、中国（云南）自由贸易试验区
18个保税（港）区	两路寸滩保税港区、西永综合保税区、江津综合保税区、涪陵综合保税区、万州综合保税区、成都国际铁路港综合保税区、泸州综合保税区、宜宾综合保税区、成都高新综合保税区、成都高新西园综合保税区、绵阳综合保税区、自贡综合保税区、昆明综合保税区、红河综合保税区、贵阳综合保税区、贵安综合保税区、遵义综合保税区、拉萨综合保税区
18个国家级高新区	重庆高新区、璧山高新区、永川高新区、荣昌高新区、成都高新区、德阳高新区、绵阳高新区、泸州高新区、自贡高新区、乐山高新区、内江高新区、攀枝花高新区、昆明高新区、玉溪高新区、楚雄高新区、贵阳高新区、安顺高新区、青海高新区

续表

类别	名称
21 个国家级经开区	重庆经开区、长寿经开区、万州经开区、成都经开区、遂宁经开区、宜宾临港经开区、广安经开区、绵阳经开区、广元经开区、德阳经开区、内江经开区、昆明经开区、曲靖经开区、嵩明杨林经开区、蒙自经开区、大理经开区、贵阳经开区、遵义经开区、西宁经开区、格尔木昆仑经开区、拉萨经开区
7 个国家物流枢纽	重庆港口型国家物流枢纽、重庆陆港型国家物流枢纽、成都陆港型国家物流枢纽、遂宁陆港型国家物流枢纽、昆明商贸服务型国家物流枢纽、贵阳陆港型国家物流枢纽、格尔木陆港型国家物流枢纽
其他国家开发区	重庆自主创新示范区、成都国家自主创新示范区、瑞丽边境合作区、畹町边境合作区、河口边境合作区、临沧边境合作区、昆明滇池国家旅游度假区等

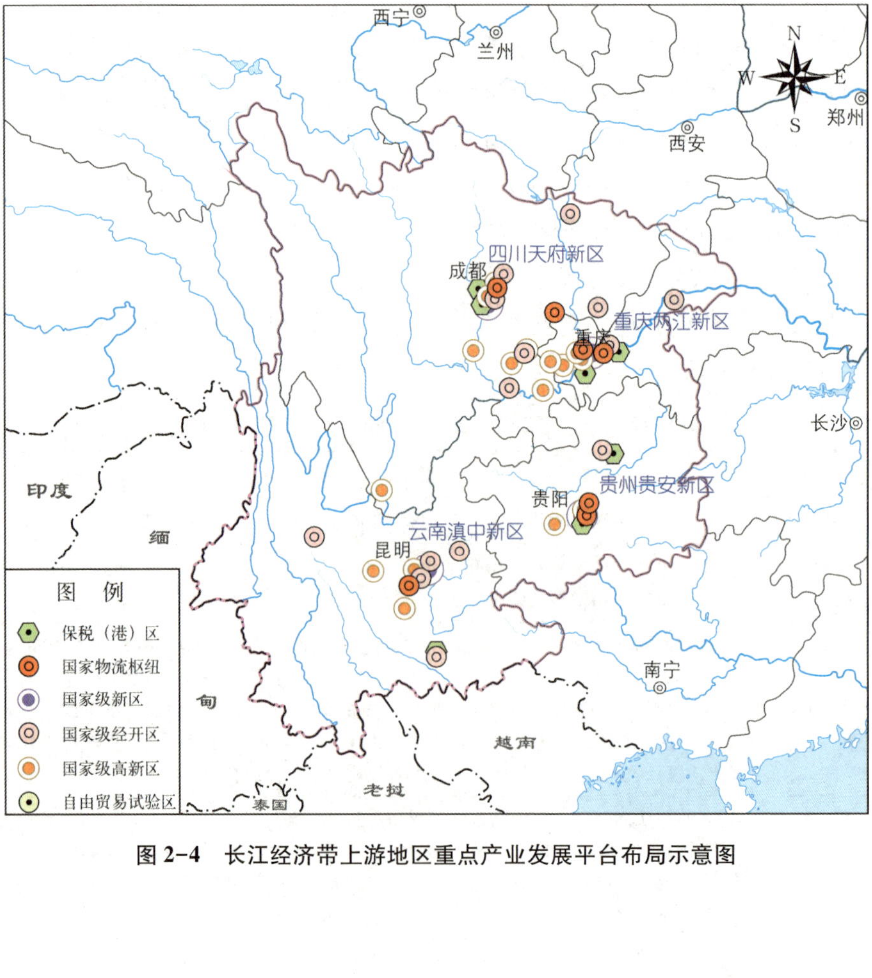

图 2-4　长江经济带上游地区重点产业发展平台布局示意图

专栏 2-2　长江经济带上游地区各省（市）重点产业布局

一、重庆市

以“一区两群”区域协调发展格局为引领进行产业布局，主城都市区集聚了电子信息、汽车摩托车、装备制造、材料产业、消费品工业、生物医药等先进制造业，金融服务、现代物流、软件与信息服务、文化旅游、大健康、研发设计、电子商务、商贸流通等现代服务业，渝东北三峡库区城镇群、渝东南武陵山区城镇群重点发展绿色制造业、现代服务业和山地生态特色农业。

二、四川省

以“一干多支、五区协同”区域发展格局进行产业布局。成都重点打造新一代信息技术产业集群，环成都经济圈重点与成都形成产业协同配套，构建电子信息、高端装备制造产业集群，以及轨道交通装备、清洁发电设备、生物医药、核技术应用、新能源新材料等产业集群。川南经济区重点打造世界级白酒产业集群，智能终端、节能环保装备、工程机械、轨道交通、信息安全、食品饮料、精细化工、通用航空和航空发动机研发制造、新材料等产业集群。川东北经济区重点打造机械汽配、油气化工、建材家居、绿色食品、丝纺服装、旅游康养等产业集群；攀西经济区重点培育阳光康养、钒钛材料等产业集群。川西北生态示范区及大小凉山地区重点发展全域旅游、清洁能源、特色农牧业、民族工艺、生态经济等，有效发挥了生态屏障功能。

三、贵州省

以黔中地区为核心，黔北地区、毕水兴地区、“三州”等民族地区协同发展进行产业布局。黔中地区包括贵阳市全部和遵义市、毕节市、安顺市、黔东南州、黔南州部分地区，重点产业包括大数据电子信息、先进装备制造、生物制药、现代化工等。黔北地区主要包括桐梓、正安、道真，重点产业包括优质烟酒、先进装备制造、基础材料、生态特色食品等。毕水兴地区主要包括毕节市、六盘水市、兴义市，重点产业包括基础能源、清洁高效电力、新型煤化工、基础材料和新型建材等。“三州”等民族地区主要包括黔西南、黔南、黔东南“三州”少数民族地区，重点产业包括民族医药、生态特色食品、民族特色轻工和基础材料等。

四、云南省

围绕“滇中崛起、沿边开放、滇东北开发、滇西一体化”区域协调发展格局，以滇中城市群昆明市、曲靖市、玉溪市、楚雄州为载体，主要发展电子信息、新材料、生物医药、先进装备制造、绿色食品加工、卷烟及配套、电子商务、现代物流、健康服务等产业；以位于沿边州市（保山市、普洱市、临沧市、红河州、文山州、西双版纳州、德宏州、怒江州）为支撑，主要发展进出口贸易加工、消费品制造、国际旅游等；以昭通市、大理州工业基础较好州市为引领，丽江市、迪庆州等为支撑，主要以绿色硅、绿色铝为重点的新材料产业以及生物医药、化工、绿色食品加工、电子信息等产业进行布局；滇中地区各州、市政府所在地现代农业建设区、滇东北、滇东南、滇西、滇西北、滇西南发展现代农业。

三、存在的主要问题

（一）产业层级总体较低

相比而言，长江经济带上游地区产业处于全国产业链、价值链中低端，产业结构有待进一步优化，主导产业中战略性新兴产业发展相对滞后。一是三次产业结构不优。长江经济带上游地区2020年三次产业比重为11.6∶36.3∶52.1，同期全国为7.7∶37.8∶54.5，长江经济带下游四省（市）三次产业比重为4.22∶40.84∶54.94。对比而言，长江经济带上游地区农业占比偏高，制造业实力不强，服务业规模不大。二是价值链相对低端。长江经济带上游地区产业层次普遍偏低，无论四川、重庆，还是贵州、云南，工业中的资源粗加工占比较大，农业仍以传统经营为主，服务业中的低层次生活服务业比重高，缺乏在全国具有领先优势的先进制造业和具有引领作用的现代服务业。甚至，电子信息、汽车制造等主导产业也呈现“高端产业低端化”的特点，在价值链上分享到的经济效益普遍不高。三是产业结构和布局还不合理。川渝滇黔都有各自的特色产业，也有同类优势产业，例如，四省（市）的医药、烟草和茶产业在国内都具有比较优势，川渝两地的集成电路和新型显示，川渝黔三地的汽车制造、航空装备以及玻璃、白酒、调味品，也都颇具规模。但由于产业空间布局相对“自发”“散乱”，上游地区未能形成具有全球影响力的特色优势产业链或产业集群，产业发展在区域协调上没有发挥出较好的作用。

（二）科技创新能力不强

科技创新能力是产业综合竞争力的重要支撑，但长江经济带上游地区的科创能力尚不及全国平均水平，与京津冀、长三角、大湾区等还存在较大差距。一方面，研发投入强度还不高。四省（市）科学研究与试验发展（R&D）经费投入占GDP比重均达不到全国平均水平。2020年，仅四川R&D投入超过千亿元，研发投入强度相对较高的四川（2.17%）、重庆（2.11%）仍低于全国平均水平（2.40%）[①]，远低于北京（6.44%）、上海（4.17%）、广东（3.14%）等地，贵州（0.91%）和云南（1.00%）研发投入强度不及全国一半。另一方面，创新综合实力还不强。中国科学院大学中国创新创业管理研究中心发布的《2020年全国区域创新能力评价报告》依据综合研发投入、有效发明专利、高新技术企业数量等方面情况编制的全国创新能力指数榜中，广东（62.14）、北京（55.5）、江苏（49.59）高居榜三，而重庆（29.38）、四川（28.5）居于全国中游，贵州（23.24）、云南（20.92）处于全国中下游水平。

（三）人力资源水平不高

人才是第一资源。人力资源水平不仅决定了一个区域的科技创新能力和产业发展效率，在某种程度上也代表着一个区域未来的发展潜力。但长江经济带上游地区人力资源水平与沿海地区差距巨大，也未达到全国平均水平。一方面，高层次人才数量较少。高层次人才是区域产业发展的核心要素，发挥着重要的引领和支撑作用。根据青塔网的统计[②]，2013—2017年，在中国大陆31个省份当选的两院院士、“长江学者”特聘教授、海内外资深教授获得者、国家青年高层次人才入选者、国家优青获得者等五类高层次人才中，四川以224人排全国第九位，重庆、贵州、云南分别有58人、34人、14人，四省（市）合计占全国比重仅5.2%，远低于11.8%、14.3%的面积和人口占比。另一方面，劳动生产率相对不高。根据四省（市）的GDP产出和从业人员数量测算，长江经济带上游地区的劳动产出水平不高，反映人力资源水平

① 数据来源：《2020年全国科技经费投入统计公报》。

② 高层次顶尖人才，各省差距到底有多大？［N/OL］.（2017-09-19）. https：//www.cingta.com/detail/3814.

有待提升。有学者①对我国省域劳动生产率的时空差异进行了分析，2018 年重庆、四川、贵州、云南的劳动生产率分别为 10.36 万元/（人·年）、7.03 万元/（人·年）、6.17 万元/（人·年）、5.56 万元/（人·年），分列全国第 8 位、第 17 位、第 23 位、第 28 位。除重庆外，其余三省份均处于全国中下游水平。

（四）绿色转型压力较大

长江经济带上游地区生态环境敏感脆弱与产业绿色化程度不高的矛盾较为突出，生态环境保护压力较大。一方面，生态环境保护任务艰巨。长江是中华民族的母亲河，也是中华民族发展的重要支撑。川渝黔滇地处长江经济带上游地区和三峡库区腹地，是我国西部地区重要的生态屏障，是长江流域生态环境保护最为关键的区域，生态地位十分重要，同时又是生态环境比较脆弱敏感的地区，保护生态环境的"上游责任"十分重大。另一方面，当前产业发展绿色化程度不高。尽管近年来各地大力加强环境污染防治，水体和大气污染有了根本性好转，但长江经济带上游地区工业污染物排放仍然相对较高，环境保护任务依旧繁重。例如，根据生态环境部公布的《2020 年全国大中城市固体废物污染环境防治年报》，四川、云南、贵州和重庆工业固废产生量分别居全国第 5 位、第 12 位、第 15 位、第 16 位，其中，四川固废产生量超过 10000 亿吨，约占全国 8%；四川和云南的工业危废产生量居全国第 5 位、第 16 位，四川排放量约为 360 万吨，约占全国 8%。与此同时，四省（市）的煤炭、锰、钒钛等矿产资源开采和粗加工产业体量较大，但资源利用率普遍不高，精深加工能力总体偏弱。相对沿海发达省（市），发展方式仍然较为粗放，绿色环保产业发展不足。

（五）土地利用难度较大

复杂的自然地理条件造成长江经济带上游地区可利用土地较少，且利用难度较大。在地形上，从海拔 4000 米以上的青藏高原向东南和东边分别降到 2000 米以下的云贵高原、500 米以下的四川盆地。在地貌上，区域内有高原、山地、丘陵、盆地和平原，沟壑纵横、水系繁多，还有一些岩溶、火山等特殊地貌，除四川盆地和云贵高原的中心部分较为平坦外，其他区域地势高差

---

① 武义青，张旭．我国省域经济绿色发展评价：基于绿色全要素生产率的视角［J］．河北经贸大学学报，2022，43（1）：67-81．

大、土地破碎。例如，重庆和贵州的山地丘陵面积占比分别达到90.9%、92.5%。因此，四省（市）虽然地域广阔，但可利用的土地较少，适于工业化、城镇化发展的连片平坦的土地更少，并且基础设施建设难度大、建设成本相对更高，对产业集聚发展和城镇群带建设造成了一定客观限制。

（六）交通物流支撑不足

西部大开发以来，长江经济带上游地区交通条件显著改善，公路里程和民航机场数量大幅增长，居民出行便利化程度显著提高，但作为产业经济发展重要支撑的交通物流网络还有待完善，尤其是对于大宗商品运输最为重要的、物流成本最低的铁路运输和水运两大短板急需突破。一是铁路密度较低。四省（市）以全国11.8%的土地和14.3%的人口，仅拥有全国8.8%的铁路里程，铁路密度仅为全国平均水平的74.2%。二是水路通航能力较弱。长江干线航道运输船舶平均吨位不高，乌江、岷江等长江重要支流航道建设滞后，通航能力较弱，长江上游总体可通航性亟待提升。

（七）对外开放水平不高

长江经济带上游地区深居内陆，在开放观念、体制机制、服务环境等方面与沿海地区还有一定差距。一是开放平台相对较少。四省（市）拥有国家自贸试验区、综合保税区、保税港区、一类口岸的数量在全国的占比分别为9.5%、11.6%、7.1%、9.1%，均不及国土面积和人口在全国的占比。其中，保税港区仅重庆有1个，贵州、云南尚无自贸试验区。二是外贸经济规模不大。四省（市）货物进出口总额占全国比重不足3.7%，根据《中国海关》杂志发布的“2020中国外贸百强城市榜单”，重庆、成都、昆明、资阳分别排名第12位、第14位、第35位、第83位，贵州没有城市上榜。三是营商环境有待改善。根据全国工商联调查①，2021年全国营商环境十佳省份，长江经济带上游地区仅四川上榜，居第七位；根据北京大学与武汉大学共同发布的《中国省份营商环境评价》报告，四川、重庆、贵州、云南分别为A、A^-、B^+、B等级，属于7个等级的中间等级。四是开放意识不强。少数基层政府党员干部眼界不够开阔，对外交流合作主动性差；部分民众仍习惯于传统的生计方式和思维方式，接受新鲜事物和“走出去谋发展”能力弱。

① 2021年11月，全国工商联发布2021年“万家民营企业评营商环境”报告。报告对全国31个省（自治区、直辖市）的近7万家大中小微民营企业进行调研，从要素、法治、政务、市场、创新5个维度进行权重计算。

（八）区域、城乡发展不平衡

区域、城乡发展不平衡、不充分的矛盾在长江经济带上游地区也较为突出，阻碍了生产要素和资源的有效配置，不利于区域经济持续增长和产业高质量发展。一是高能级的大中城市数量较少。当前重庆都市圈、成都都市圈建设已具雏形，但黔中城市群、滇中城市群发育程度尚且不高。华顿经济研究院对外发布的"2021 年中国百强城市排行榜"[①] 显示，四省份仅有 7 座城市上榜，除重庆（第 11 位）、成都（第 8 位）、贵阳（第 37 位）、昆明（第 25 位）4 座省会城市外，绵阳（第 83 位）、遵义（第 84 位）、宜宾（第 94 位）排名靠后。二是城市化水平总体不高。四省（市）中仅重庆城镇化率超过全国平均水平，其中贵州、云南与全国有较大差距，尚处于城市化中前期。尤其是川西、川西北、黔东南、黔西南、滇西、滇西北等地区，城市建设滞后、发育不足，人均收入偏低。三是区域支持发展政策不鲜明。西部地区尽管资源能源丰富但受限于碳指标分配，无法利用自身优势发展相应产业。同时，在承接产业转移、实施内陆开放、巩固脱贫攻坚成果等方面也需要更多政策支持，仅靠自身能力难以缩小区域城乡发展差距。

---

① 华顿经济研究院连续七年组织编制年度"中国百强城市排行榜"。榜单以 GDP 总量排名前 110 位的地级及以上城市作为年度入围城市，按照其硬经济指标（权重 0.618）和软经济指标（权重 0.382）综合得分进行排序，取前 100 位作为年度上榜百强城市。硬经济指标由 GDP、储蓄和财政组成，软经济指标由环境、科教、文化和卫生组成。

第三章

面临环境

一、机遇和优势

（一）科技革命和产业变革加速，推动长江经济带上游地区高端要素集聚和产业转型升级

当前以人工智能、生物技术等为代表的新一轮科技革命和产业变革加速推进，对全球产业链重构、国际产业分工格局产生重要影响，全球产业新领域、新业态、新模式加速兴起，新技术革命带动传统产业加快改造升级，改变传统生产、生活和商业模式。党的十九届五中全会明确提出要把科技创新作为我国发展的战略支撑，面向世界科技前沿、面向经济主战场、面向国家重大需求、面向人民生命健康，全面塑造发展新优势。一是国家将进一步加大短缺产品和重大关键技术创新布局。国家将针对电子、计算机、通信、化工、核电和航空航天等美国出口管制清单行业（见表 3-1），以及新一代信息技术、高端装备制造、新材料、生物医药、仪器仪表等我国短缺产品，加大“卡脖子”技术集中攻关布局。二是长江经济带上游地区具备开展科技创新的产业基础优势。长江经济带上游地区的重庆、四川科技创新能力在西部领先、居全国中游水平，形成了以成渝为代表的电子信息、汽车摩托车、装备制造、消费品、材料等完备的产业体系，具备较高的产业竞争能力和经济发展韧性。三是长江经济带上游地区正加快布局重大科技创新平台。成渝地区双城经济圈作为我国战略大后方，正在合力打造西部科学城，谋划布局大科学装置、高端研发机构、新型研发机构等创新平台；贵州高质量建设国家大数据综合试验区、推进贵州科学中心建设；云南以滇中地区为引领建设中国面向南亚东南亚的科技创新中心。这为长江经济带上游地区立足自身产业发展基础和优势，引进承接和争取布局生物技术、通信计算机、医疗设备、精密仪器、新材料等高技术产业，提高自主创新能力，加快构建具有国际竞争力的现代产业体系提供了有利的机遇。

表 3-1　中美经贸摩擦中受禁中国实体（企业或机构）

中美经贸摩擦中受禁实体领域	数量	代表性企业或机构
计算机、通信及电子设备制造业	54	华为、中兴通讯、海康威视、海能达、大华科技等
科学研究和技术服务业	20	中国运载火箭技术研究院、中国电子科技集团第七研究所、中国电子科技集团第三十研究所等
国家行政机构	19	新疆维吾尔自治区人民政府公安厅及其下属 19 个机构
电信业	12	中国联通集团、中国移动集团、中国电子信息产业集团等
软件和信息技术服务业	8	腾讯（微信）、字节跳动（Tiktok）、科大讯飞、旷视科技、商汤科技等

续表

中美经贸摩擦中受禁实体领域	数量	代表性企业或机构
建筑业	7	中国交通建设公司、中国建筑集团有限公司等
批发和零售业	7	深圳市顺金鑫进出口有限公司、保定市世贸通企业服务有限公司等
教育业	6	新疆罗布县第四职业技能教育和培训中心、广东工业大学、中国人民大学等
交通运输、仓储和邮政业	5	东方物流集团、中能航运香港有限公司等
纺织业	4	新疆伊犁卓万服装制造有限公司、南京协同纺织有限公司等
电气机械和器材制造业	3	中国 TCL 集团、海信集团、合肥美菱
航空、航天器及设备制造	2	中国东方红卫星股份有限公司，中国航天科工股份有限公司第二院 283、284、699 工厂
化学原料和化学制品制造业	2	中国化工集团、中化集团
科技推广和应用服务业	2	新疆丝路华大基因科技有限公司、北京六合华大基因科技有限公司
日用杂品制造	2	罗布县发制品工业园区、和田浩林发饰品有限公司
石油、煤炭及其他燃料加工业	2	中国核工业建设股份有限公司、中广核集团
仪器仪表制造业	2	河北省高碑店开拓精密仪器制造有限公司、中国华腾工业有限公司
专用设备制造业	2	上海凯波水下工程有限公司、天津广播器材有限公司
电力、热力生产和供应业	1	中国长江三峡集团
房地产业	1	优联集团
铁路运输设备制造	1	今创集团
智能消费设备制造	1	深圳市大疆创新科技有限公司

（二）全球经济地理格局深度调整，推动长江经济带上游地区由开放的后方转向开放的前沿

世界正进入地缘政治大变动时代，逆全球化思潮、保护主义加剧，国际力量对比和全球经济版图、国际投资经贸规则、全球产业分工与竞争格局加速重构。全球产业链正在发生结构性变化，区域产业链分工体系正加速替代全球产业链分工体系，世界多极化有所加强。全球经济的中心逐步东移，以我国为代表的发展中国家正逐渐替代发达经济体成为全球市场需求的主导力量，需求地理格局变化将重塑产业链的空间布局，而面向欧美的沿海地区开放正逐步拓展到面向欧亚的内陆地区开放。一是东南亚将成为全球经济最活跃的区域之一。中美大国博弈背景下，东南亚国家借助于低廉的劳动力、稳定的政治环境和持

续的经济发展等优势，将引来大量的外来投资和产业转移，尤其是一些“市场指向型”产业和企业正向东南亚地区转移。目前，东南亚人口超过6.2亿人，东盟五国工业占GDP比重为35%，正处于工业化进程加速阶段，有望成为全球发展最为迅速的板块之一。二是长江经济带上游地区开展的国际贸易和投资合作将迎来新的机遇。随着国家共建“一带一路”深入推进、《区域全面经济伙伴关系协定》（Regional Comprehensive Economic Partnership，RCEP）等落地实施，国家加快构建陆海内外联动、东西双向互济的开放格局，加之长江经济带上游地区四省（市）已构建了以长江黄金水道、中欧班列、西部陆海新通道、空中通道等为代表的国际物流大通道，广泛连接南亚、东南亚、欧洲、“一带一路”沿线国家及全球，我国内陆地区远离国际市场的区位劣势将转化为紧邻东南亚和国内市场的地理优势。三是长江经济带上游地区依托的强大的国内市场有利于支撑其参与全球产业链、供应链、价值链网络体系。当前，长江经济带上游地区常住人口达到2亿人，占全国人口比例接近1/7，巨大的需求市场空间、稳定的大宗商品和原料供给、较低的要素成本均有利于长江经济带上游地区充分发挥靠近消费市场的优势，加快向产业链两端延伸，承接国际产业转移，融入全球分工体系，进而吸引全球优质要素资源集聚，提升其在全球网络体系中的地位和作用。全球短缺性产品和主要供应国情况见表3-2。

表3-2　全球短缺性产品和主要供应国情况

领域		产品（303个）	世界主要供应国
供应链安全	矿产资源	20个，主要为大理石、铁矿砂、锰矿砂、铜矿砂、镍矿砂、铝矿砂、锌矿砂等	主要为巴西、南非、玻利维亚、印度尼西亚等非发达国家
	能源	9个，主要为煤炭、石油、天然气等	发达国家与非发达国家比例相当。发达国家主要为澳大利亚、美国等，非发达国家主要为伊朗、印度尼西亚、俄罗斯等
	金属冶炼加工原料	28个，主要为银粉、镍铁、合金钢粉末、未锻轧的铜等有色、黑色金属冶炼及加工用的原材料	主要来自美国、澳大利亚、德国、加拿大等发达国家
	化工原料	84个，主要为氨、苯、醇类，以及各种催化剂、添加剂等化学原料产品	主要为美国、加拿大、法国、德国、意大利、日本、韩国等发达国家
	消费品工业	56个，主要为皮革、纺织用未精梳单纱、木材，以及造纸用木浆等原料产品	主要为美国、新西兰、澳大利亚、加拿大、德国、日本等发达国家

续表

领域		产品（303个）	世界主要供应国
高新技术“卡脖子”	新一代信息技术	7个，主要为集成电路、雷达设备、非易失性存储器件、半导体晶片测试装置、制半导体器件时检验用光学仪器等	主要为美国、新加坡、德国、日本等发达国家
	高端装备制造	24个，主要为制造单晶柱或晶圆用的机器、光导纤维制造机器等重大成套设备，数控车床、磨床、铣床等智能测控装备，飞机、涡轮喷气发动机等航空器装备，铁道、轨道机车等城市轨道装备，以及船舶用发动机、燃气轮机等海洋工程装备等	全部为美国、德国、意大利、日本、韩国、英国、新加坡等发达国家
	新材料	17个，主要为高温合金制造、热轧钢材、锌合金等先进钢铁材料和高温合金制造，以及贵金属催化材料、生物基合成材料、生物医用材料等	主要为美国、德国、日本、法国、韩国等发达国家
	生物医药	11个，主要为疫苗、免疫制品等生物药品、基因工程、化学药品等	除了印度外，其他均为发达国家，主要为美国、德国、日本、意大利等
	生物医学工程	10个，主要为X射线应用设备等先进医疗设备，心脏起搏器、人造关节、弥补生理缺陷植入人体的植介入生物医用材料等	除了印度和哥斯达黎加，其他均为发达国家，主要为美国、德国、荷兰、爱尔兰、韩国等
	仪器仪表设备	10个，主要为检测液体或其他变化量的仪器、色谱仪和电泳仪、光学射线涉嫌的分光仪、离子射线的测量和检测仪等	主要为美国、德国、日本、新加坡等发达国家
	其他	27个，其中1个未辐照燃料元件（释热元件）的新能源产品，2个新能源汽车产品，4个以集中供暖用的热水锅炉、幻灯及投影设备、照相机及器材为主的节能环保产品，20个产品主要集中在牵引车、燃油汽车和货车、机动车变速箱、机动车底盘等交通运输设备制造业	主要为美国、德国、日本等发达国家

（三）国家加快构建新发展格局，拓展长江经济带上游地区承接产业转移的发展空间

当前，全球正面临着第四次国际产业大转移，在逆全球化和国际贸易保护主义冲击下，数字经济、智能经济和绿色经济等新经济业态和模式成为承接产业转移的争夺领域和增长点，以中国为主要输出地的部分劳动密集型产业制造环节和部分具有比较优势的高端产业逐步从东部沿海向中西部转移，部分低端产业则逐步向南亚、东南亚转移，同时部分技术密集型产业制造环节也呈现向美国、日本、欧洲等发达经济体回流的趋势。一是东部沿海地区部分劳动密集型产业、中高端制造业及高耗能产业向中西部地区转移的动力和意愿不断增加。我国已进入高质量发展阶段，国家能耗控制加快向碳排放控制转变，不断鼓励长三角、粤港澳、环渤海等东部沿海发达地区由要素推动型经济增长方式向技术创新推动型增长方式转变，引导其产业加快向中西部地区梯度转移，与此同时，受劳动力成本以及土地、资源、环保等综合性成本上升的影响，加之国家坚定实施扩大内需战略，东部沿海发达地区部分产业向中西部转移的内生动力也较强。二是长江经济带上游地区加快建设全国高质量发展的重要增长极和新的动力源将集聚形成更多世界级产业集群。长江经济带上游地区作为我国战略大后方，在国内国际双循环新格局背景下，是维护国家产业链、供应链安全的重要板块。国家将加大支持力度促进区域协调发展，从根本上缓解东西、南北差距。长江经济带上游地区已初步形成了一批在全球、全国范围具有一定竞争力和影响力的制造业产业集群，工业总量超过 9 万亿元，未来将在电子信息、汽车、装备制造、材料、食品等领域形成更多世界级产业集群。三是长江经济带上游地区具备承接东部沿海产业转移的基础和条件。长江经济带上游地区四省（市）矿产资源、水能资源、生物资源以及劳动力、土地等要素丰富，开发利用潜力较大，产业基础和互补性较强。四川在集成电路封装测试、软件等细分领域具有相对优势，重庆是全球最大笔记本电脑制造基地、全国第二大手机制造基地、晶圆制造产能居全国第四，云南和贵州资源型产业优势突出，产业生态体系完整，在承接产业转移、扩大有效投资规模、促进产业结构优化升级、形成更多新的增长点等方面具备比较优势。

（四）国家重大开发开放战略叠加，推动长江经济带上游地区释放发展新潜力、激发新动力

改革开放以来，我国相继经历了从设立 4 个经济特区、14 个沿海开放城市到沿江沿边开放，再到内陆开放、全方位开放的发展历程。国家不断加强对改革开放的整体谋划与顶层设计引领，陆续推出了诸如自贸区试验、“一带

一路”倡议、强化“走出去”、与多国签订双边自贸协定等一系列开放举措，长江经济带上游地区对外开放逐步实现了从“借道而行”到“拼船出海”，再到“驾船出海”的成功转变。一是长江经济带上游地区在国家总体战略和区域发展格局中的战略地位不断提升。党的十八大以来，国家战略进一步聚焦于西部地区尤其是长江经济带上游地区，成为国家共建“一带一路”和长江经济带发展、新时代西部大开发、西部陆海新通道、成渝地区双城经济圈等重大战略的重点承载区域。近年来，重庆、四川无论是进出口、实际利用外资规模还是落户“世界500强”企业数量均位居西部前列、全国中游水平。二是长江经济带上游地区重大开发开放平台体系不断完善。长江经济带上游地区四省（市）已搭建起以重庆两江新区、四川天府新区、贵州贵安新区、云南滇中新区4个国家级新区为引领，四川、重庆、云南3个自由贸易试验区，18个保税（港）区、18个国家级高新区、21个国家级经开区、7个国家物流枢纽为主体的开发开放平台体系。重庆是中新（重庆）战略性互联互通示范项目的运营中心，云南是我国面向南亚东南亚和环印度洋地区开放的大通道和桥头堡。重大开发开放战略的实施有助于通道经济、口岸经济、枢纽经济的发展。三是重大开发开放政策举措不断创新。从高新区、加工贸易区“优惠政策和资源要素支持”到国家级新区“优惠政策+制度改革与创新”，再到自由贸易试验区“开放制度创新”，以及综合保税区、开放口岸、服务业扩大开放等推出的大量支持政策和配套措施，以产业导向为特点的外贸政策体系不断完善，对外经贸合作的软硬环境不断改善，长江经济带上游地区依托大通道、大平台、大枢纽、大口岸，通过通道带物流、物流带经贸、经贸带产业，构建开放型经济体系，将进一步激发开放经济发展潜力和活力。

（五）重大交通基础设施格局嬗变，推动长江经济带上游地区生产要素高效流动循环

从第七次全国人口普查数据来看，长江经济带上游地区是我国人口和经济聚集的新流向。顺应要素流动的基本特征，国家加快建设交通强国，《国家综合立体交通网规划纲要》明确将成渝地区双城经济圈作为继京津冀、长三角、粤港澳大湾区之后的第四极，以中欧班列、陆海新通道、长江水运等为主的交通基础设施格局正在发生重大改变，未来全国将形成以京津冀—长三角主轴、京津冀—粤港澳主轴、京津冀—成渝主轴、长三角—粤港澳主轴、长三角—成渝主轴、粤港澳—成渝主轴为重点的6条主轴，以及以京哈走廊、

京藏走廊、大陆桥走廊、西部陆海走廊、沪昆走廊、成渝昆走廊、广昆走廊为重点的7条走廊。一是长江经济带上游地区骨干型交通体系将加快变革。重庆加快构建“米”字形高铁网，融入国家“八纵八横”高铁主通道，建设“三环十八射多连线”高速公路网、“一干两支六线”高等级航道骨架和双枢纽机场；四川加快建设“四向八廊”战略大通道和双枢纽机场；云南以中老泰通道、中缅通道为重点畅通西部陆海新通道；贵州积极参与西部陆海新通道建设，提升“北上长江、南下珠江”水运大通道。长江经济带上游地区将形成四通八达、覆盖全球的立体交通运输网络。二是长江经济带上游地区国家/国际枢纽功能将进一步释放。重庆是西部地区唯一拥有陆港型、水港型、空港型三大国家物流枢纽的省份，成渝地区双城经济圈正加快建设西部国际综合交通枢纽和国际门户枢纽，云南正加快建设连接印度洋与太平洋陆海联运体系的国际战略纽带和面向南亚东南亚的国际枢纽，而贵州正加快建设西部物流枢纽，依托枢纽建设能够更好地参与全球产业链供应链循环体系，尤其是发挥与东南亚地区的产业互补性优势，扩展市场空间，加快产业升级，提高经济循环效率，降低物流成本，保障经济安全。

（六）国家逐步进入高收入阶段，推动长江经济带上游地区丰富的自然人文资源价值加快显现

我国人均GDP已连续两年超过1万美元，总体上已进入向工业化后期、城镇化优化提质期、高收入国家迈进的阶段，产业结构将进入精深加工、技术密集型产业和知识密集型服务业主导的时期。与此同时，强大国内市场逐步形成，人民需求层次不断提升，对美好生活的向往总体上从“有没有”转向“好不好”。一是居民消费结构持续升级将催生新的产业业态。居民消费理念不断转变，更加看重生态自然资源和厚重的人文历史资源价值，人口老龄化和追求高品质健康生活促使以文旅、健康、生态为代表的服务消费持续扩张，进而促进定制化、网络化、高端化消费品工业以及大健康、文创、旅游等新产业新业态加快发展。二是要素禀赋驱动力升级促进工业发展模式由量的扩张向质的提升转变。2020年，重庆、四川、云南、贵州人均GDP分别为80027元、58029元、50474元、49206元，分别居全国第8位、第16位、第23位、第25位，工业化、城镇化进程具有一定的发展梯度。其中，重庆和四川已逐步进入依靠技术、人力资本和制度创新驱动的新发展阶段，工业产业的生产函数改变将加速高技术产业、战略性新兴产业布局和发展。三是生态

资源和新能源价值加快转化和实现将促进产业升级。长江上游是我国重要的生态屏障，拥有独特的喀斯特地貌，森林植被丰富、水系网络纵横，宜人的山区气候、优美的生态环境、有机生态的特色农产品、丰富多样的旅游资源形成了“金山银山”，生态产品价值加快实现将促进新能源新产业的快速发展。

二、挑战和问题

（一）国际新冠肺炎疫情背景下全球产业链供应链分工面临冲击，长江经济带上游地区承接产业转移面临“回流”和“外迁”双重风险

从全球范围来看，新冠肺炎疫情导致全球产业链供应链受到严重冲击，加速了西方发达国家制造业回流的趋势，回流的产业也从高端装备制造扩大到关键原材料和现代制造业。与此同时，受要素成本升高、产业结构升级、土地空间受限、生态红线趋紧等诸多因素影响，加之在美国掀起“中美产业链局部脱钩”新一轮冲击下，我国长三角、粤港澳、环渤海等东部沿海地区企业尤其是外资企业、外向型企业纷纷出现向东南亚、南亚产业外迁趋势。一是从长期来看，“回流”和“外迁”双重趋势不可逆转。尽管我国疫情得到有效控制，一定程度上延缓了近年来我国部分劳动密集型产业制造环节向东南亚、南亚地区转移，部分技术密集型产业制造环节向发达国家“回流”的趋势，甚至部分“外迁”产业链转回国内生产，但从长期来看“回流”和“外迁”仍将持续存在。二是与东南亚等区域相比，长江经济带上游地区承接产业转移面临较大竞争压力。尽管长江经济带上游地区产业链、供应链与东南亚存在一定的配套性和互补性，但整体上高新技术、战略性新兴产业发展仍不足，汽车、电子、装备制造等产业的低价值链环节占比仍然较高。长江上游资源禀赋和要素成本与东南亚相比不具备明显优势，在招商引资和承接产业转移等方面仍面临较大的竞争压力。

（二）国际贸易保护主义不断强化，长江经济带上游地区产业发展同时面临出口市场受限和沿海地区出口转内销带来的国内市场挤压

全球经济仍处于深度衰退调整阶段，美国从科技、资本等领域加紧对华“脱钩”，对中国输入美国的通信产品和设备实施严格审查，对电子信息、化工、服装等行业加征关税，加码高科技出口管制，限制中国企业赴美投资，美国单边贸易保护主义给全球供应链带来极大不确定性，国际投资贸易保护

主义壁垒更加突出，加之近期西方发达国家陆续对中国等发展中国家取消贸易“普惠制”待遇，我国汽车、电子信息、装备制造、新材料等出口市场面临较大风险。一是长江经济带上游地区传统优势产业出口市场受到较大制约。长江经济带上游地区电子信息、化工、服装等传统优势产业均在加征关税和进口审查范围内，贸易争端将进一步降低长江经济带上游地区的出口竞争力。同时，由于长江经济带上游地区产业结构较单一、综合竞争力不强、科技创新能力较弱，在全球市场中的可替代性较高，长江经济带上游四省（市）仅有26家本土企业上榜“中国500强”，没有一家进入“世界500强”行列，受进出口政策的影响制约较大。二是沿海地区货物出口转内销对国内市场供给产生较大压力。受中美经贸摩擦等影响，电子信息、车辆及零部件、机械、光学仪器及医疗设备、纺织服装、家居家具等行业沿海出口贸易受挫。国务院办公厅印发的《关于支持出口产品转内销的实施意见》明确提出：支持出口产品转内销，帮助外贸企业纾困，确保产业链供应链畅通运转，稳住外贸外资基本盘。在此背景下，由于长江经济带上游地区该类产业大多处于产业链、价值链中低端，竞争力不强，沿海地区大量货物出口转内销，短期内将挤压长江经济带上游地区本地产业的国内市场，增大竞争压力和市场风险。美国对中国加征关税情况见表3-3。

表3-3 美国对中国加征关税情况

时间	规模（亿美元）	关税税率（%）	主要领域
2018年3月	—	25、10	对进口中国的钢铁、铝产品全面征税，税率分别为25%、10%
2018年7月	500	25	主要集中在航空航天、信息技术、汽车零件等高科技领域
2018年8月	2000	25	主要集中在劳动密集型行业，包括纺织品、服装、鞋帽、农产品、家具产品、普通工具设备等
2019年9月	1200	7.5	主要集中在电子信息、化工、服装等行业

（三）碳达峰碳中和硬约束加大，长江经济带上游地区资源要素利用空间受限且产业转型压力不断加大

我国已开启生态文明建设新时代，习近平总书记明确提出全国二氧化碳排放力争于2030年前达到峰值，努力争取2060年前实现碳中和，实质上是要求能耗强度降低和化石能源消费达到上限，对节能降耗提出了更高要求。一是长江经济带上游地区资源要素利用空间受到较大限制。随着碳达峰、碳

中和工作的深入推进，传统的高耗能、高污染、高排放的粗放发展模式难以为继，长江经济带上游地区作为全国重要的生态屏障，必须坚持生态优先战略：一方面，高污染高排放产业布局受到限制；另一方面，生态保护和产业结构调整压力较大。二是长江经济带上游地区产业转型和技术市场资金压力较大。随着国家实行高碳企业清单管理，严格新建项目准入，长江经济带上游地区火电、钢铁、水泥、有色、化工等高能耗行业节能减排和转型升级的压力将进一步增大，同时风电、光伏发电、地热发电、生物质发电等可再生能源产业以及氢能、零碳、储能等先进技术发展滞后，减碳降碳技术成本偏高，资源要素使用压力大，加之转型过程中技术市场资金等支撑较弱，传统产业绿色转型任重道远。

（四）区域间资源要素流动分化，区域竞争更加激烈

当前各类社会风险和矛盾加快凸显，对政府新型治理体系建设和社会治理能力提高提出了新的要求，长江经济带上游地区四省（市）经济发展水平与东部沿海地区、长江中游地区仍有较大差距，内部协同效应尚未有效建立，在加快构建具有国际竞争力的产业集群、建设具有全国影响力的连绵城市群、布局重大功能性基础设施和新型基础设施方面仍面临较大区域竞争。一是长江经济带上游地区内部合作意识有待加强。长江经济带各省（市）均出台了系列招商引资、民营经济和人才引进政策，对人才、资金、技术、管理等要素的竞争和争夺较为激烈，依托政策优势获取增量转移资源的可能性逐步降低。二是长江上游与长江下游、沿海地区相比存在明显的竞争短板。长江中游、下游超大城市和特大城市对长江上游要素和产业项目均有较强的吸引效应，尤其是高铁的快速发展，推动了各区域生产要素加速流动，将对长江上游产业发展布局形成较大竞争压力。三是长江经济带上游地区国际化市场化营商环境有待进一步改善。在开展国际合作中，长江经济带上游地区的行政服务效率和配套环境均有待优化，特别是对标国内国际先进水平和国际通行规则，长江经济带上游地区在最大限度减环节、减材料、减时间、减成本等领域仍有较大提升空间，企业和市场反映的准入门槛高、办理事项多、流程复杂、耗时过长等问题亟须改善。

第四章

战略思路和目标

一、发展思路

以习近平新时代中国特色社会主义思想为指导，全面贯彻党的二十大精神，弘扬伟大建党精神，按照党中央、国务院决策部署，坚持稳中求进工作总基调，统筹推进“五位一体”总体布局，协调推进“四个全面”战略布局，立足新发展阶段，完整、准确、全面贯彻新发展理念，构建新发展格局，推动高质量发展，坚持以人民为中心的发展思想，守好发展和生态两条底线，统筹发展和安全，以供给侧结构性改革为主线，以改革开放创新为动力，以成渝地区双城经济圈建设为引领，带动黔中城市群、滇中城市群等重要平台建设，加快构建现代化经济体系，遵循梯度布局、反梯度布局并重，构建现代产业体系，发展现代产业集群，优化区域产业布局，重点发展“6+6+N”现代工业集群①、“4+2+2+2”现代服务业产业集群②以及特色粮油、生态畜牧等七大特色优势农业产业，提升产业基础高级化、产业链现代化水平，支撑长江经济带上游地区实现高质量发展。着力建设成渝地区双城经济圈产业集聚核心，构建重庆都市圈、成都都市圈、黔中城市群、滇中城市群四大产业增长极；发展沿长江主干产业带，联动沿西部陆海新通道中、东、西线以及渝昆高铁线产业发展四纵；打造成渝贵昆文旅产业发展圈，串接宜宾、泸州、绵阳、万州、黔江、遵义、曲靖等10多个产业空间接续节点，整体形成与长江中下游产业发展相呼应的“一核领四极，一带联四纵，一圈拓多点”的产业空间格局，努力在推进新时代西部大开发中发挥支撑作用、在推进共建“一带一路”中发挥带动作用、在推进长江经济带绿色发展中发挥示范作用（以下简称“三个作用”），成为构建“双循环”的重要支撑、全国高质量发展的动力源泉。

二、发展原则

（一）坚持立足供给，适应需求

立足当前供给结构不适应需求变化的矛盾，坚定不移推进供给侧结构性

---

① 在“6+6+N”现代工业集群中，第一个“6”指电子信息、汽车摩托车、装备制造、先进材料、特色消费品、能源化工六大先进制造业，第二个“6”指新一代信息技术、新能源汽车、高端装备、新材料、生物技术、节能环保六大战略性新兴产业。

② 在“4+2+2+2”现代服务业产业集群中，“4”指以金融、数字服务、科技研发服务、节能环保服务为主导的生产性服务业产业集群，第一个“2”指以现代物流、商贸服务为主导的流通服务业产业集群，第二个“2”指以养老、社区服务为主导的社会服务业产业集群，第三个“2”指以文化旅游、健康服务为主导的个人服务业产业集群。

改革，坚决摒弃先污染后治理以及边污染边治理的老思路，着力提高土地、矿产等能源资源的集约利用水平，积极发展新技术、新产业、新模式、新业态，构建优质高效且多样化的供给体系，促进长江经济带上游地区产业分工向“微笑曲线”的两端延伸。

（二）坚持发挥优势，做长长板

拉长长板是提升区域竞争力，促进高质量发展的重要战略路径。应着眼于长江经济带上游地区在区位、交通、产业、生态、体制等方面的突出优势，挖掘潜力，从突出产业特色、做大产业规模、创新产业生态等方面着力，构建优势突出的现代产业体系。

（三）坚持数智引领，绿色低碳

抓住全球信息技术引领科技革命和产业变革机遇，落实国家“双碳”目标要求，以数字化、智能化为引领，推进低碳发展改革创新、制度重塑，创新区域碳达峰碳中和数字化应用场景，引导和约束各地按照碳承载力谋划经济产业发展，强化碳生产力布局，实现“数智”控碳和绿色低碳发展。

（四）坚持集聚高效，全域均衡

清楚认识产业集聚是生产力空间布局优化，是一种高效的产业组织形式。结合区域资源环境、产业发展、城市发展等基础条件，推动产业集聚发展，重点突出成渝地区双城经济圈、黔中城市群、滇中城市群等极核的集聚、带动、辐射和服务功能。同时，着眼于区域整体竞争力提升，明确四省（市）产业发展特色定位，形成产业互补联动、城乡要素融合的全域协同发展格局。

（五）坚持市场主导，政府引导

遵循产业发展和布局规律，充分发挥市场配置资源的决定性作用；注重政府发展战略规划顶层设计引导与区域协同联动，发挥其在空间开发管制、基础设施布局、体制机制创新等方面的作用，打破行政壁垒，发挥开放通道平台等优势，营造开放环境，促进资源要素充分流动和高效配置，有效推进长江经济带上游地区产业布局优化，实现高质量发展。

三、发展目标

（一）中期目标

到 2025 年，长江经济带上游地区经济发展质量效益明显提升，以成渝地区双城经济圈为引领，带动黔中城市群、滇中城市群发展成效显著；“一核领四极，一带联四纵，一圈拓多点”的产业空间格局初具雏形，现代化产业体系初步形成，产业发展生态明显改善，与中下游协同联动发展态势良好，发挥好“三个作用”，促进新发展格局加快构建，高质量发展取得新进展。

发展质效明显提升。更加注重质量与效益，经济发展的效率和获利能力明显提升，区域竞争力进一步增强，高质量发展稳步推进。到2025年，地区生产总值达到17.5万亿元左右，占全国的比重由2020年的11.4%提高到13.0%；人均GDP达到8.6万元左右；全员劳动生产率约为16.0万元/（人·年）（2015年价）。其中，重庆、四川、贵州、云南人均GDP分别达到11.5万元、8.5万元、7.0万元、8.0万元左右。

产业布局更为合理。“一核领四极，一带联四纵，一圈拓多点”的产业空间格局逐步形成，区域内产业分工格局重构成形。成渝地区双城经济圈以创新研发型、智能制造型、数字服务型为主要特征的产业，以及黔中城市群和滇中城市群以研发转化型、资源加工型、配套服务型为主要特征的产业加快集聚，协调互补的产业分工体系基本形成，其中成渝地区双城经济圈核心引领作用显现。

产业结构持续优化。“6+6+N”现代工业产业集群、“4+2+2+2”现代服务业产业集群以及七大特色优势农业发展取得新成效。数字经济迅速增长，金融、物流等现代服务业加快发展，中高端制造业、知识密集型服务业比重明显提升，文化旅游、健康服务等新兴服务业支撑作用逐步增强。到2025年，战略性新兴产业增加值占规模以上工业增加值比重超过25%；三次产业结构由2020年的11.6∶36.3∶52.1调整为10.0∶36.6∶53.4。

协同创新环境改善。区域内创新要素加快集聚，科技资源共享服务平台、科技政策异地共享机制逐步形成，新兴技术原创能力和科技成果转化能力明显提升。西部科学城、国家级高新区等一批产业创新载体加快建成，集聚一批具有较强自主创新能力和技术引领作用的骨干企业。到2025年，具有全国影响力的科技创新中心基本形成，R&D占GDP比重达到2.0%左右；其中重庆、四川均达到2.5%左右。

（二）远景目标

到2035年，长江经济带上游地区高质量发展水平进一步提高，成渝地区双城经济圈核心引领作用显著，黔中城市群、滇中城市群等支撑带动作用增强；“一核领四极，一带联四纵，一圈拓多点”的空间发展格局构建成形，以“6+6+N”现代工业体系、“4+2+2+2”现代服务业体系为主体的现代产业体系基本形成，区域开放型经济体系构建完善，产业发展生态良好，与中下游协调联动发展政策机制不断完善与丰富，发挥“三个作用”助力新发展格局构建成功，成为全国经济社会高质量发展重要增长极和动力源泉。

第五章

构建现代产业体系

长江经济带上游地区要成为长江经济带绿色发展的重要战略支撑、全国高质量发展的重要增长极和新的动力源，必须要科学合理选择发展产业，构建以高效特色现代农业、现代制造业和现代服务业为重点的现代产业体系，推动区域经济实现高质量发展。

一、产业选择的有关准则

目前，长江经济带上游地区各省（市）的资源禀赋条件、产业发展基础、经济发展阶段不尽相同，亟须抓住科技革命和产业变革机遇，科学合理选择重点产业，加快构建现代产业体系。长江经济带上游地区应按以下要求选择重点产业：

（一）符合产业发展规律，紧跟国内外产业发展趋势和全球产业技术发展方向

当前及未来一段时间，新一轮科技革命和产业变革风起云涌，全球产业链体系加速重构，产业融合变革持续提速，产业基础设施内涵延伸，产业技术进步明显加快。数字化、网络化、智能化成为技术引领方向，数字经济、生物技术、人工智能等发展加快，新能源、新材料等领域将取得新突破。传统制造业增长趋缓，战略性新兴产业等产业增长速度迅猛，产业集群发展呈现产业链集群化、供应链系统化、价值链枢纽化新特点。智能装备、智能工厂等智能制造正在引领制造方式变革；网络众包、协同设计、大规模个性化定制、精准供应链管理、全生命周期管理、电子商务等正在重塑产业价值链体系；可穿戴智能产品、智能家电、智能汽车等智能终端产品不断拓展制造业新领域。为此，长江经济带上游地区应重点围绕以大数据、智能化为引领的战略性新兴产业进行产业选择。

（二）符合国家战略布局和产业发展导向，选择适合长江经济带上游地区发展的产业

《中国制造 2025》把新一代信息技术、高档数控机床和机器人、航空航天装备、海洋工程装备及高技术船舶、先进轨道交通装备、节能与新能源汽车、电力装备、农机装备、新材料、生物医药及高性能医疗器械等作为重点产业领域，提出要强化核心基础零部件（元器件）、先进基础工艺、关键基础材料和产业技术基础。《“十三五”国家战略性新兴产业发展规划》提出，加快发展壮大网络经济、高端制造、生物经济、绿色低碳和数字创意等五大领

域，超前布局空天海洋、信息网络、生物技术和核技术领域一批战略性产业。《中华人民共和国国民经济和社会发展第十四个五年规划和2035年远景目标纲要》提出，深入实施制造强国战略，推动集成电路、航空航天、船舶与海洋工程装备、机器人、先进轨道交通装备、先进电力装备、工程机械、高端数控机床、医药及医疗设备等产业创新发展。《长江经济带发展规划纲要》提出，积极推动钢铁、石化、有色金属、建材、船舶等产业改造升级，联合打造电子信息、高端装备、汽车、家电、纺织服装等世界级制造业集群。《成渝地区双城经济圈建设规划纲要》提出，提升重庆、成都产业创新发展能力，打造制造业高质量发展双引擎，聚焦于电子信息、汽车、装备制造、航空航天、轨道交通、能源装备、工业机器人、仪器仪表、数控机床等领域，培育世界级装备制造产业集群。为此，长江经济带上游地区应围绕先进制造业、战略性新兴产业、未来产业进行产业选择。

（三）考虑资源禀赋条件，充分发挥长江经济带上游地区比较优势

从区位条件看，长江经济带上游地区在我国具有承东启西、连接南北的区位交通条件，是国家西部大开发重要的战略支点，也是“一带一路”建设和长江经济带、西部陆海新通道等重大战略的主要承载区。从资源条件看，长江经济带上游地区矿产、水能等资源优势突出，人文历史资源丰富，适宜发展能源矿产、文化旅游等相关资源型依赖产业。从产业基础看，成渝地区双城经济圈、滇中城市群、黔中城市群是我国重要的工业基地，产业门类比较齐全，产业基础总体雄厚，其中制造业的实力尤为突出，旅游业、现代服务业、山地高效农业等也有较大优势。从政策条件看，区域建设叠加共建“一带一路”，以及长江经济带发展、新时代西部大开发、成渝地区双城经济圈建设、中国（重庆）自贸区、中新（重庆）互联互通示范项目等重大战略聚集效应，为产业发展和持续转型升级提供了显著的制度保障优势。为此，长江经济带上游地区产业选择必须要立足区位条件、资源条件、产业基础和政策条件，选择发展外向型产业、资源型产业和优势支柱产业等。

（四）以市场需求为导向，从产品和服务市场辐射范围进行科学选择

产业发展要围绕市场需求来考虑。当前，产业分工全球化，产品市场服务范围不断扩大，要以更加开放的视野来考虑产业的市场需求。同时，要结合每个产业的特点，特别是每一种或一类产品的市场辐射半径确定发展重点。

针对“一带一路”沿线国家及全球市场，应重点选择发展电子信息产品及一些具备全球影响力的产业。针对国内市场，要重点选择汽车、装备等在国内有优势的产业。针对西部地区的市场需求，要重点发展新材料、消费品工业等产业。针对长江经济带上游及周边地区的市场需求，应重点发展文化旅游、大健康、生产性服务业等产业。

（五）从提升产业链、供应链、价值链现代化水平出发，选择效率与安全协调以提升产业自主权

聚焦于兼顾效率与安全，加快构建长江经济带上游地区产业链，着力补齐产业链相关薄弱环节，进一步巩固在全球产业链的地位，提升在国内国际双循环发展格局中的产业链安全、价值链地位以及市场话语权，全面增强在全球供需循环的统筹整合能力。结合产业基础，长江经济带上游地区应聚焦于电子、装备、材料等产业，加快延链补链强链，完善关键核心环节和配套环节，进一步完善产业链。同时，要瞄准价值链中高端环节，补齐前端研发创新和后端售后服务等环节；并且，为保证产业供应链安全，应在产品设计、采购、生产、销售、服务等供应链环节加快融合创新，培育一批重点供应链服务平台企业，切实提升长江经济带上游地区重点产业的供应链竞争力。

（六）符合经济发展阶段，选择与区域经济发展阶段相适应的产业

总体看，长江经济带上游地区处于工业化城镇化加速向中后期迈进阶段，但是四个省（市）发展阶段也略有差异，贵州、云南的发展阶段总体要落后于重庆和四川两地。为此，长江经济带上游地区选择发展产业要符合工业化中后期发展阶段的特点，既要充分发挥资源优势，在保护好环境的前提下，重点发展清洁能源、优势矿产等产业，更要重点提升产业发展技术水平，加快发展高新产业和新兴产业，推动产业加快转型升级；同时，要大力发展生产性服务业等现代服务业，满足产业转型升级需求，加快推动向工业化后期迈进。

（七）坚持绿色低碳循环发展，选择发展生态型产业

从生态条件看，区域内具有山水林田湖草等各种生态要素，水资源、森林资源等十分丰富，是长江经济带重要的生态屏障，生态地位尤为重要，生态作用十分关键。区域内拥有大量的自然遗产和自然保护区，也是国家重点生态功能区重要承载地，承担着国家生态安全重任。三峡库区大部分也位于

此区域，保护和守护“一江清水”对于长江中下游地区十分重要。为此，长江经济带上游地区必须坚持共抓大保护、不搞大开发的宗旨，强化上游意识，担好上游责任，在产业选择时必须按照产业生态化、生态产业化要求，积极推动产业绿色转型发展，推动生态价值转化，加快培育生态旅游、生态农业等生态型产业，为长江经济带绿色发展做好表率作用。

二、建设高效特色现代农业体系

长江经济带上游地区农业要实现高质量发展，发展导向上要突出绿色生态、良种优品，发展方式上要注重创新驱动、绿色高效，产业选择上要坚持粮食安全、特色彰显，统筹考虑农业基础优势现状、自然地理气候特点、居民消费升级趋势、关联产业链条延伸潜力等因素，构建高效特色现代农业体系。总体来看，宜选择特色粮油、生态畜牧、特色经济林、调味品、中药材、柑橘和柠檬、茶叶等七大产业作为特色优势主导产业。分省（市）来看，重庆宜发展粮油、畜牧、淡水鱼、调味品、柑橘和柠檬、李子、茶叶、榨菜、蜂蜜等特色优势农业产业；四川宜发展粮油、畜禽、调味品、淡水鱼、柑橘和柠檬、中药材、蚕茧、核桃、茶叶、薯类、蜂蜜、竹材、苗木等特色优势农业产业；贵州宜发展油菜籽、烟叶、畜牧、茶叶、中药材、刺梨、调味品、笋竹等特色优势农业产业；云南宜发展畜牧、烟叶、中药材、橡胶、核桃、茶叶、甘蔗、木材、咖啡、花卉等特色优势农业产业。长江经济带上游地区农业选择分析见专栏5-1。

专栏5-1　长江经济带上游地区农业选择分析

一、比较优势分析

现有农业产业基础往往是经过几百上千年的筛选、沉淀而形成的，通常具有较好的自然条件契合度、较高的技术溢出效应以及较强的本地消费需求支撑。对优势产业而言，其产业规模和经济效益还在区域经济中占据突出的地位，甚至在国内国际同领域位居前列。因此，在重点产业选择上要注重因势利导，尊重传统、立足现状、发挥优势，推动集中连片生产，助推产业比较优势、规模效益和综合竞争力的进一步提升。

（一）基于部门产值的区位熵计算

区域经济学研究中通常用区位熵来判断一个产业是否构成地区专业化部门。农、林、牧、渔作为农业中的四大部门，计算其区位熵，有助于找出长江经济带上游地区有哪些农业部门在全国具有比较优势。

农业部门产值区位熵计算公式为

$$L_i=\frac{e_i/e_t}{E_i/E_t} \quad i，t=1，2，3，\cdots，n$$

其中：L_i 为某地区 i 部门的区位熵；e_i 为某地区 i 部门产值；e_t 为某地区农林牧渔总产值；E_i 为全国 i 部门产值；E_t 为全国农林牧渔总产值。分子表示某产业部门在该地区农业产值中的比重，分母表示参照地区该经济部门的全国占比。

2020 年长江经济带各省市农林牧渔业产值和区位熵分别见专栏表 5-1 和专栏表 5-2。

专栏表 5-1　2020 年长江经济带各省（市）农林牧渔业产值

区域	总产值（亿元）				
	农林牧渔业	农业	林业	牧业	渔业
全国	137782.2	71748.2	5961.6	40266.7	12775.9
长江经济带	58291.1	28888.8	3035.3	17275.6	6165.9
长江经济带上游地区	22244.6	11982.0	1229.0	7820.1	559.9
重庆	2749.1	1596.1	126.0	871.9	107.3
四川	9216.4	4701.9	379.8	3613.8	287.5
贵州	4358.6	2781.8	293.7	1019.0	61.1
云南	5920.5	2902.2	429.5	2315.4	104.0
江西	3820.7	1689.9	367.8	1125.4	473.5
湖北	7303.6	3492.5	245.4	1864.8	1156.8
湖南	7512.0	3364.8	428.0	2721.6	477.5
上海	279.8	138.0	15.2	55.1	51.0
江苏	7952.6	4102.2	172.8	1315.8	1774.0
浙江	3496.9	1594.0	189.6	472.6	1130.6
安徽	5680.9	2525.4	387.5	1900.2	542.6

专栏表 5-2　2020 年长江经济带各省（市）农林牧渔业区位熵

地区	农业区位熵	林业区位熵	牧业区位熵	渔业区位熵
长江经济带	0.95	1.20	1.01	1.14
长江经济带上游地区	1.03	1.28	1.20	0.27
重庆	1.11	1.06	1.09	0.42
四川	0.98	0.95	1.34	0.34
贵州	1.23	1.56	0.80	0.15
云南	0.94	1.68	1.34	0.19
江西	0.85	2.22	1.01	1.34
湖北	0.92	0.78	0.87	1.71
湖南	0.86	1.32	1.24	0.69
上海	0.95	1.26	0.67	1.97
江苏	0.99	0.50	0.57	2.41
浙江	0.88	1.25	0.46	3.49
安徽	0.85	1.58	1.14	1.03

根据计算结果，长江经济带上游地区的林业和牧业比较优势较为突出，农业基本达到全国平均水平，渔业发展不足。分省（市）来看，重庆在农、林、牧三个部门均具有一定的比较优势，但都不明显；四川牧业比较优势突出，农、林接近平均水平；贵州的林业和农业比较优势较为突出；云南林业和牧业比较优势最为明显。因此，长江经济带上游地区在保障粮食、蔬菜、猪肉等重要农产品供给的基础上，可以着重发挥林业、牧业比较优势，在生态保护前提下利用水资源优势补齐淡水鱼虾养殖短板。

（二）基于农产品产量的区位熵计算

农产品产量比重能够直观地反映该品类在一定区域范围的规模地位。如果超过参照比重，则代表在生产规模上具有一定比较优势。鉴于农业生产高度依赖土地，因此将长江经济带上游地区四省（市）与全国土地面积之比作为参照比重，进而判定各农业产业在全国是否具有一定比较优势。

农产品产量区位熵计算公式为

$$L_i = \frac{e_i/E_i}{e_t/E_t} \quad i, t=1, 2, 3, \cdots, n$$

其中：L_i 为某地区 i 产品的区位熵；e_i 为某地区 i 产品产量；E_i 为全国 i 产品产量；e_t 为某地区土地面积；E_t 为全国土地面积。分子表示某地区某类产品产量在全国同类产品中的比重，分母表示该地区土地面积在全国的比重。

2020 年长江经济带上游四省（市）部分农产品产量占全国比重情况和产量区位熵计算分别见专栏表 5-3 和专栏表 5-4。

专栏表 5-3　2020 年长江经济带上游四省（市）部分农产品产量占全国比重情况

类别	长江经济带上游地区占全国比重（%）	重庆占全国比重（%）	四川占全国比重（%）	贵州占全国比重（%）	云南占全国比重（%）
土地面积	11.86	0.86	5.06	1.84	4.11
谷物	9.54	1.22	4.60	1.14	2.57
豆类	14.75	1.81	6.07	1.47	5.39
薯类	44.94	9.58	18.47	10.69	6.19
油菜籽	35.52	3.66	22.58	5.42	3.86
甘蔗	15.76	0.08	0.35	0.57	14.77
烟叶	60.12	2.48	7.59	10.54	39.50
蚕茧	18.91	1.52	12.69	0.38	4.31
茶叶	36.36	1.64	11.73	7.20	15.79
水果	11.31	1.79	4.26	1.91	3.35
木材	14.02	0.49	2.17	3.11	8.25
橡胶	57.12	0.00	0.00	0.00	57.12
竹材	11.91	1.73	5.25	0.62	4.32
核桃	46.46	0.65	12.64	1.83	31.34
猪肉	22.89	2.65	9.60	3.56	7.09
牛肉	16.12	1.10	5.50	3.44	6.08
羊肉	12.17	1.38	5.55	1.02	4.23
禽蛋	8.12	1.32	4.84	0.76	1.20
蜂蜜	22.05	5.24	13.76	0.87	2.18
淡水鱼	10.82	1.88	5.70	0.89	2.35

专栏表 5-4　2020 年长江经济带上游四省（市）部分农产品产量区位熵计算

类别	长江经济带上游地区产量区位熵	重庆产量区位熵	四川产量区位熵	贵州产量区位熵	云南产量区位熵
谷物	0.80	1.42	0.91	0.62	0.63
豆类	1.24	2.11	1.20	0.80	1.31
薯类	3.79	11.17	3.65	5.83	1.51
油菜籽	2.99	4.26	4.46	2.96	0.94
甘蔗	1.33	0.09	0.07	0.31	3.60
烟叶	5.07	2.89	1.50	5.75	9.62
蚕茧	1.59	1.77	2.51	0.21	1.05
茶叶	3.07	1.91	2.32	3.92	3.85
水果	0.95	2.09	0.84	1.04	0.82
木材	1.18	0.57	0.43	1.69	2.01
橡胶	4.82	0.00	0.00	0.00	13.92
竹材	1.00	2.01	1.04	0.34	1.05
核桃	3.92	0.75	2.50	1.00	7.63
猪肉	1.93	3.08	1.90	1.94	1.73
牛肉	1.36	1.28	1.09	1.87	1.48
羊肉	1.03	1.61	1.10	0.55	1.03
禽蛋	0.68	1.54	0.96	0.41	0.29
蜂蜜	1.86	6.11	2.72	0.48	0.53
淡水鱼	0.91	2.19	1.13	0.49	0.57

根据计算结果，在《中国统计年鉴》所列有产量统计的农产品品类中，长江经济带上游地区的烟叶、橡胶、核桃、薯类、茶叶、油菜籽比较优势突出，猪肉、蜂蜜、牛肉、羊肉、豆类、甘蔗、蚕茧、木材也具有一定比较优势。分省（市）来看，重庆农产品产量区位熵达到 2 以上的品类有薯类、蜂蜜、油菜籽、猪肉、烟叶、淡水鱼、豆类、水果、竹材；四川农产品产量区位熵达到 2 以上的品类有油菜籽、薯类、蜂蜜、蚕茧、核桃、茶叶；贵州农产品产量区位熵达到 2 以上的品类有薯类、烟叶、茶叶、油菜籽；云南农产品产量区位熵达到 2 以上的品类有橡胶、烟叶、核桃、茶叶、甘蔗、木材。

单就产量占比而言，长江经济带上游地区的烟叶、橡胶占全国比重超过一半，核桃、薯类接近一半，茶叶、油菜籽占比超过三成。四省（市）横向对比，四川在长江经济带上游地区的农产品“单品冠军”最多，其油菜籽、薯类、蜂蜜、蚕茧在全国占比分别约为22.6%、18.5%、13.8%、12.7%，谷物、豆类、水果、竹材、猪肉、羊肉、禽蛋、蜂蜜、淡水鱼均位列上游地区第一；云南也具有多个“单品冠军”，其橡胶、烟叶、核桃在全国占比分别约达到57.1%、39.5%、31.3%，茶叶、甘蔗、木材、牛肉产量也排在上游地区第一。

因此，从比较优势角度，长江经济带上游地区在保障重要农产品供给的同时，应着重发挥林业和牧业比较优势，弥补渔业发展不足。从品类上看，烟叶、橡胶、核桃、薯类、茶叶、油菜籽比较优势最为突出。

二、其他重要考量因素分析

农业产业选择和布局影响因素众多，于长江经济带上游地区而言，除了立足现有农业产业发展基础，充分发挥比较优势以外，还需重点考虑：一是要充分利用当地自然条件，遵循客观自然规律；二是要紧密对接消费需求，选择的产业须具有广阔的市场前景；三是要具有广泛的产业关联性，有利于支撑区域经济社会发展。

（一）基于自然地理气候特点的产业选择分析

影响农业发展和产业布局的首要因素即为自然条件，包括水、热、光、土等。“橘生淮南则为橘，生于淮北则为枳”，地理和气候特点在很大程度上决定了农产品的生产区域、安全质量和效益水平。长江经济带上游地区从西到东涵盖了青藏高原、横断山脉、云贵高原、四川盆地、秦巴山脉等，山地多平地少、地形复杂、地貌多样、海拔高差大、立体气候明显、物种资源丰富，大部分地区在粮油种植上难以实现规模效益，适宜发展畜牧、果树、中药材、茶叶、笋竹等特色农业产业。

长江经济带上游地区特色优势小众农产品

《中国统计年鉴》中的农产品品类有限，尚不能涵盖咖啡、花卉、笋竹、柑橘、中药材等长江经济带上游地区具有特色优势但品类小众的农产品。

重庆：莼菜种植面积和产量居全国第一，青菜头种植面积和产值均占全国总量的50%以上。

四川：油菜籽产量居全国第一，茶产业综合实力居全国第二，形成全国最大的晚熟柑橘产业带，川芎、川贝母等大宗药材人工种植面积居全国第一，竹林面积居全国第一。安岳柠檬产量占到全国80%。

贵州：茶园、辣椒、李子、刺梨、蓝莓种植规模均居全国第一。猕猴桃、薏仁、太子参等产业规模进入全国前三。

云南：鲜切花生产面积、产量位居全球第一，天然橡胶、咖啡、烤烟、核桃、中药材种植面积和产量连年保持全国第一，甘蔗、茶叶面积和产量稳居全国第二。

（二）基于居民消费升级趋势的产业选择分析

我国人均GDP已于2019年突破万亿美元大关，城乡居民消费升级加速，更加追求高品质生活，部分体现在：谷物摄入占比下降，肉类蛋白摄入明显增加；不再单纯追求吃饱或味蕾体验，更注重食品的安全质量、丰富程度和健康水平，营养价值较高、具有特定功能的食品、药品、保健品消费显著提高；饮食的文化属性和社交功能得到加强，城乡居民茶余饭后的休闲旅游需求日益强烈，审美情趣也在不断提升。未来，畜禽水产、水果蔬菜、中药材、茶叶、咖啡、花卉、苗木等农产品消费将持续扩大。

（三）基于产业链条延伸潜力的产业选择分析

农业重点产业需要具有更加广泛的关联度，通过聚集经济与乘数效应的作用带动区域内相关产业发展和城乡居民就业，进而为整个区域发展作出更大贡献。一方面，产业链条较长，可以向育种研发、农产品加工和流通等前后延伸；另一方面，能形成配套产业集群，如与乡村旅游、康养休闲、户外运动等其他产业配套发展。因此，畜禽、林果、中药材、调味品、茶叶等关联产业多、“接二连三”能力强的农业产业，以及农产品加工、农产品电商、乡村旅游等新业态理应成为长江经济带上游地区优先发展的重点产业。

因此，除考虑比较优势以外，长江经济带上游地区未来宜重点发展畜禽、林果、中药材、调味品、茶叶、花卉、苗木等经济效益较高、发展前景较好的农业产业。

（一）特色粮油

按照“基本自给、绝对安全”要求，建设优质粮油保障基地，保障长江经济带上游地区粮食安全。坚持市场导向和绿色导向，保障谷物稳产增收，逐步扩大油料、杂粮、薯类等种植规模，强化粮油种质资源保护利用、创新攻关，深入推进粮油作物结构调整，开展绿色高产高效示范，大力推广智能化装备应用和数字农业发展，逐步提升粮油加工营销能力，加快提升粮油品质和市场效益，将特色粮油逐步推广到全国市场。

（二）生态畜牧

强化现代要素集成运用，健全草食性畜产业技术体系。发挥山地和高原地理气候特色和生态环境优势，推动畜牧产业绿色转型。大力推进肉类加工智能化、品牌化和可追溯性，增强生态畜牧业发展后劲和动能。在满足本地肉类需求基础上，将特色生态畜牧产品拓展到全国市场。

（三）特色经济林

充分发挥林木资源丰富的优势，坚持生态优先、兴林惠民，以服务高品质生活为导向，以各类核桃、笋竹、花卉、苗木为重点，推动经济林种植、生态保护、休闲观光、精深加工等融合发展，协同推进林下经济发展，不断提高经济林附加值，助力农民收入持续稳定增长。

（四）调味品

发挥长江经济带上游地区美食丰富的特色，扩大辣椒、榨菜、花椒、生姜、大蒜等调味品种植规模，连片打造一批全国优质调味品生产基地。强化加工型新优品种研发，推广集约化育苗和绿色高产技术。着力培育龙头企业，推动调味品产业链由初级加工向精深加工延伸。

（五）中药材

立足长江经济带上游地区地貌丰富、中药材资源丰富优势，建设一批规范化中药材GAP（Good Agricultural Practice）种植基地，打造全国重要的中医药加工基地。整合技术和品种资源，加大良种繁育和规范化生产技术研究。推进原产地认证，建设道地药材、大宗药材和濒危药材种植大基地。

（六）柑橘和柠檬

进一步扩大规模优势，推动柑橘和柠檬连片集聚发展。构建良种繁育体系，分区域发展优势品种，有序推动优良品种迭代更新。全域推进标准果园建设，加快果园智慧农业机械应用，建设一批山地智慧果园。强化冷链物流体系建设和果品精深加工，加快区域公用品牌塑造。

（七）茶叶

唱响“量”的优势，补齐“质”的短板，大力推动茶叶标准化种植、精品化加工、品牌化提升，打造长江经济带上游地区茶叶产业高质量发展集群，积极开拓国内外高端市场。加强古树茶种质资源调查、保护和利用，推动渝川黔滇分区域发展优势特色茶叶品种。加快培育公共品牌、壮大区域品牌、复兴传统品牌。

三、建设具有国际竞争力的现代制造业体系

根据产业选择原则，通过测算分析长江经济带上游地区 41 个工业经济门类的区位熵（见专栏 5-2），构建战略性新兴产业选择指标体系（见专栏 5-3），进行支柱产业占比和产业链供应链关联度分析（见专栏 5-4），从分析测算的结果，我们不难看出当前长江经济带上游地区整体上具备发展现代制造业体系的比较优势和基础条件，当然四省（市）各自具备不同的比较优势，未来四省（市）应将协同推进电子信息、汽车摩托车、装备制造、消费品、材料、能源化工等六大支柱产业提质增效，加快培育壮大新一代信息技术、新能源汽车、高端装备、新材料、生物医药、节能环保等六大战略性新兴产业，推动数字经济和实体经济深度融合，打造一批世界级的现代工业集群作为重要战略任务。同时，根据各省（市）特色禀赋和地理区位，重庆重点推动新一代信息技术、新能源及智能网联汽车、高端装备、新材料、生物医药、节能环保等战略性新兴产业加快壮大和电子信息、材料、特色消费品等支柱产业转型升级；四川重点推动新一代信息技术、新能源汽车、高端装备、先进材料、生物医药、节能环保等战略性新兴产业和电子信息、消费品、能源化工等支柱产业发展；贵州重点推动大数据电子信息、新能源汽车、高端装备、新能源、新材料、健康医药、节能环保等战略性新兴产业和优质烟酒、生态特色食品、能源化工、材料、特色轻工等支柱产业发展；云南重点推动先进制造、新材料、生物医药、节能环保等战略性新兴产业和烟草、绿色能源、有色金属、绿色食品等支柱产业发展。

专栏 5-2　长江经济带上游地区工业选择分析

根据产业选择原则，结合长江经济带上游地区工业体系特点，对41个工业经济门类营业收入的区位熵进行比较优势分析，大致筛选出区域具有比较优势的重点产业。如专栏表 5-5 所示，通过区位熵计算结果可以看出，长江经济带上游地区综合区位熵大于1的行业有：酒、饮料和精制茶制造业（4.11），烟草制品业（2.74），非金属矿采选业（2.22），有色金属矿采选业（1.98），开采辅助活动（1.77），铁路、船舶、航空航天和其他运输设备制造业（1.61），非金属矿物制品业（1.56），黑色金属矿采选业（1.44），医药制造业（1.30），石油和天然气开采业（1.23），计算机、通信和其他电子设备制造业（1.20），食品制造业（1.10），煤炭开采和洗选业（1.05）等。其中：

重庆区位熵大于1的行业有：铁路、船舶、航空航天和其他运输设备制造业（2.98），其他制造业（2.29），计算机、通信和其他电子设备制造业（2.20），汽车制造业（2.16），非金属矿采选业（1.68），燃气生产和供应业（1.59），印刷和记录媒介复制业（1.40），造纸和纸制品业（1.23），医药制造业（1.17），仪器仪表制造业（1.07），通用设备制造业（1.02）等。

四川区位熵大于1的行业有：酒、饮料和精制茶制造业（5.40），开采辅助活动（3.60），石油和天然气开采业（2.22），非金属矿采选业（2.12），黑色金属矿采选业（1.86），医药制造业（1.44），铁路、船舶、航空航天和其他运输设备制造业（1.43），农副食品加工业（1.24），有色金属矿采选业（1.21），计算机、通信和其他电子设备制造业（1.16）等。

贵州区位熵大于1的行业有：酒、饮料和精制茶制造业（8.95），煤炭开采和洗选业（4.58），烟草制品业（4.20），非金属矿采选业（3.63），有色金属矿采选业（2.78），电力、热力生产和供应业（2.14），非金属矿物制品业（2.05），其他制造业（1.59），铁路、船舶、航空航天和其他运输设备制造业（1.41），医药制造业（1.30），化学原料和化学制品制造业（1.03）等。

云南区位熵大于1的行业有：烟草制品业（11.11），有色金属矿采选业（6.76），有色金属冶炼和压延加工业（3.11），黑色金属矿采选业（2.59），非金属矿采选业（2.36），酒、饮料和精制茶制造业（1.99），石油加工、炼焦和核燃料加工业（1.26），煤炭开采和洗选业（1.22），废弃资源综合利用业（1.14），医药制造业（1.09），化学原料和化学制品制造业（1.02）等。

综上，根据长江经济带上游地区总的区位熵大于1的优势产业，同时结合重庆、四川、贵州、云南四省（市）各自区位熵大于1的优势产业和特色产业，认为计算机、通信和其他电子设备制造业等大数据电子信息产业，铁路、船舶、航空航天和其他运输设备制造业等装备制造产业，汽车制造业、通用设备制造业等汽车产业，烟、酒、茶及饮料等消费品工业，煤炭开采和洗选业、金属与非金属开采及其他辅助活动等能源化工产业，医药制造业等生物医药，电力、热力生产和供应业等产业具有明显比较优势。

专栏表 5-5　长江经济带上游地区工业区位熵计算结果

行业	长江经济带上游地区	重庆	四川	贵州	云南
煤炭开采和洗选业	1.05	0.28	0.59	4.58	1.22
石油和天然气开采业	1.23	0.59	2.22	—	0.00
黑色金属矿采选业	1.44	0.17	1.86	0.60	2.59
有色金属矿采选业	1.98	0.03	1.21	2.78	6.76
非金属矿采选业	2.22	1.68	2.12	3.63	2.36
开采辅助活动	1.77	—	3.60	—	0.01
其他采矿业	0.33	—	0.22	—	1.36
农副食品加工业	1.10	0.90	1.24	0.56	1.30
食品制造业	1.10	0.67	1.40	0.72	1.12
酒、饮料和精制茶制造业	4.11	0.73	5.40	8.95	1.99
烟草制品业	2.74	0.80	0.66	4.20	11.11
纺织业	0.36	0.14	0.63	0.08	0.09
纺织服装、服饰业	0.29	0.19	0.43	0.17	0.09

续表

行业	长江经济带上游地区	重庆	四川	贵州	云南
皮革、毛皮、羽毛及其制品和制鞋业	0.42	0.51	0.49	0.37	0.07
木材加工和木、竹、藤、棕、草制品业	0.83	0.86	0.93	0.76	0.56
家具制造业	0.96	0.74	1.42	0.64	0.06
造纸和纸制品业	0.96	1.23	1.06	0.64	0.45
印刷和记录媒介复制业	1.24	1.40	1.44	0.55	0.83
文教、工美、体育和娱乐用品制造业	0.33	0.35	0.25	0.25	0.61
石油加工、炼焦和核燃料加工业	0.48	0.03	0.48	0.29	1.26
化学原料和化学制品制造业	0.86	0.58	0.90	1.03	1.02
医药制造业	1.30	1.17	1.44	1.30	1.09
化学纤维制造业	0.46	0.18	0.79	—	0.13
橡胶和塑料制品业	0.81	0.85	0.90	0.91	0.37
非金属矿物制品业	1.56	1.27	1.72	2.05	1.21
黑色金属冶炼和压延加工业	0.83	0.48	0.84	0.67	1.40
有色金属冶炼和压延加工业	0.97	0.71	0.39	1.05	3.11
金属制品业	0.88	0.77	1.15	0.61	0.42
通用设备制造业	0.74	1.02	0.92	0.24	0.11
专用设备制造业	0.70	0.76	0.94	0.27	0.17
汽车制造业	0.91	2.16	0.68	0.19	0.23
铁路、船舶、航空航天和其他运输设备制造业	1.61	2.98	1.43	1.41	0.20
电气机械和器材制造业	0.52	0.78	0.53	0.42	0.18
计算机、通信和其他电子设备制造业	1.20	2.20	1.16	0.54	0.31
仪器仪表制造业	0.69	1.07	0.69	0.21	0.45
其他制造业	0.91	2.29	0.37	1.59	0.04
废弃资源综合利用业	0.68	0.61	0.66	0.22	1.14
金属制品、机械和设备修理业	0.82	0.15	1.57	—	0.04
电力、热力生产和供应业	1.08	0.59	0.84	2.14	1.82
燃气生产和供应业	1.26	1.59	1.37	0.79	0.77
水的生产和供应业	1.41	1.17	1.67	1.39	1.00

专栏 5-3　长江经济带上游地区战略性新兴产业选择分析

根据产业选择原则，针对近年来长江经济带上游地区三次产业中主营业务收入增长情况（体现增长）、新产品产值（体现创新）、万元产值能耗（体现可持续发展）、投入产出表中直接消耗系数和间接消耗系数测算产业影响力系数和感应力系数（体现产业链的渗透、辐射带动）等相关指标进行对比，结合区域产业发展实际和未来趋势，考虑不同产业类型的未来市场空间、技术含量、现有发展基础等多种因素，初步筛选出适合长江经济带上游地区发展和重点培育的新一代信息技术、新能源汽车、高端装备、新材料、生物医药、节能环保六大战略性新兴产业（见专栏表 5-6）。

专栏表 5-6　长江经济带上游地区战略性新兴产业选择

产业类别	战略性新兴产业选择标准					
	产业生命周期维度		产业价值链维度	科技创新维度	可持续发展维度	地域维度
	增长速度快	未来市场空间大/产业规模大	产业渗透力强/辐射带动作用大	技术含量高	绿色环保	现有基础好
新一代信息技术（集成电路、新型显示、智能终端、人工智能、物联网）	√	√	√	√		√
新材料（轻合金、电子材料、高分子复合材料）	√	√	√	√	√	√
高端制造（高端数控机床、航空航天装备制造、核能及核技术应用装备、智能装备制造、新能源装备、工业机器人特色装备制造）	√	√	√	√		√
生物医药（生物药、化学药、现代中药、医疗器械）	√	√	√	√		√
汽车（新能源汽车、智能网联汽车、汽车后市场服务）	√	√		√	√	√
节能环保（节能装备、环保装备、资源循环利用）	√	√			√	√

专栏 5-4 长江经济带上游地区支柱产业选择分析

长江经济带上游地区支柱产业占当地工业产值的比重较大，其中重庆、四川、贵州、云南的支柱产业占比分别达到 87.4%、80.1%、67.2%、80.0%以上（见专栏表 5-7），特别是川渝黔的世界级电子信息产业集群、川渝的世界级汽车产业集群、黔滇的能源化工产业集群在国外国内都具有较大影响力。同时，四省（市）产业链供应链关联度不断加强，如重庆对燃气、水、电力、热力、非金属矿、石油和天然气、仪器仪表等跨区域中间投入需求较大；四川的燃气、水对重庆有一定支撑；贵州和云南的电力、热力、非金属矿、石油和天然气等对重庆整体流入规模较大；四川对金属冶炼加工、化工、通信设备、食品和烟草、软件信息等跨区域中间投入需求较大；重庆的通信设备未来有一定支撑空间；贵州和云南的烟草、化工、金属冶炼加工对四川整体流入规模较大（见专栏表 5-8）。为此，结合长江经济带上游地区四省（市）支柱产业占比和产业链供应链关联度分析，初步筛选出适合长江经济带上游地区重点发展的电子信息、汽车（含摩托车）、装备制造、消费品、材料、能源化工六大支柱产业。

专栏表 5-7 长江经济带上游地区各省（市）支柱产业产值占比情况

主要产业	重庆（%）	四川（%）	贵州（%）	云南（%）
电子信息	27.2	20	10	—
汽车（含摩托车）	19.3	15.4	7.1	—
材料	19.2	12.1	9.8	6.9
特色消费品	15.3	17.6	22.7	50.0 以上
能源化工	6.4	15	17.6	26.9
总计	87.4	80.1	67.2	80.0

注：为便于计算，此处贵州的消费品工业是将优质烟酒、民族特色轻工、生态特色食品等纳入；云南消费品工业主要包括烟草、绿色食品。

专栏表 5-8 长江经济带上游地区各省（市）工业中间需求计算结果

行业名称	重庆		四川		贵州		云南	
	值（亿元）	排名	值（亿元）	排名	值（亿元）	排名	值（亿元）	排名
煤炭采选产品	127.1	17	519.9	7	871.5	6	220.0	10
石油和天然气开采产品	77.2	11	253.4	4	0.0	24	0.0	24

续表

行业名称	重庆		四川		贵州		云南	
	值（亿元）	排名	值（亿元）	排名	值（亿元）	排名	值（亿元）	排名
金属矿采选产品	58.4	24	423.5	6	92.2	19	299.1	8
非金属矿和其他矿采选产品	208.4	14	412.3	5	450.6	4	62.2	22
食品和烟草	1378.7	19	5587.3	5	574.1	25	1363.4	20
纺织品	120.8	20	720.2	11	10.4	28	21.1	25
纺织服装鞋帽皮革羽绒及其制品	250.4	16	474.4	13	91.3	20	15.2	27
木材加工品和家具	215.5	17	848.0	11	83.9	22	43.9	23
造纸印刷和文教体育用品	513.0	16	948.9	10	81.7	24	148.5	20
石油、炼焦产品和核燃料加工品	51.9	29	805.2	13	80.9	28	231.4	26
化学产品	1777.0	19	4261.7	10	2137.5	17	944.1	23
非金属矿物制品	1015.3	15	2659.4	7	368.1	24	400.7	22
金属冶炼和压延加工品	1026.7	24	2335.4	14	1545.2	19	1763.7	18
金属制品	500.4	16	1248.1	11	94.3	24	94.2	25
通用设备	714.8	15	1646.5	9	110.5	22	35.9	26
专用设备	435.9	18	1195.0	9	54.8	23	36.8	25
交通运输设备	5064.0	7	3057.6	13	341.2	21	218.4	24
电气机械和器材	935.3	15	1325.6	13	147.6	22	97.5	25
通信设备、计算机和其他电子设备	4524.2	5	3714.0	7	155.4	21	106.7	22
仪器仪表	158.5	11	110.7	16	19.8	24	20.0	23
其他制造产品和废品废料	51.3	22	90.0	16	197.0	9	12.1	25
金属制品、机械和设备修理服务	8.5	21	29.1	15	3.9	24	14.2	18
电力、热力生产和供应	707.2	25	1248.2	13	1474.9	10	818.1	22
燃气生产和供应	276.7	9	308.8	7	71.2	23	26.4	28
水的生产和供应	42.3	12	81.4	5	15.4	25	20.3	22

注：根据四省（市）统计年鉴的投入产出表计算而得。

（一）发展壮大战略性新兴产业

围绕新一代信息技术、新能源汽车、高端装备、新材料、生物医药、节能环保等重点领域，集中优势资源培育一批产值规模超千亿元的产业集群和基地。重点培育人工智能、空间互联网、精准医疗、前沿新材料、核技术应用、高性能机器人、高端航空航天装备、氢能及燃料电池等产业，打造一批新兴产业未来增长引擎。战略性新兴产业发展重点方向见表5-1。

表5-1 战略性新兴产业发展重点方向

地区	发展重点和方向
长江经济带上游地区	新一代信息技术：重点发展大数据、人工智能以及半导体、集成电路、新型显示、新型电子元器件等领域，培育发展5G业态、区块链、数据产业等。 新能源汽车：着眼于高端化、智能化、新能源化方向，加速布局氢燃料电池系统，促进燃料电池汽车加速工程化、产业化应用，培育发展智能网联汽车产业。 高端装备：加快高端化、智能化、成套化升级，重点发展高端数控机床、航空航天装备制造，核能及核技术应用装备、智能装备制造，新能源装备、工业机器人和增材制造装备、特色装备制造（新一代轨道交通装备、重型装备、能矿装备、电力装备）等，打造世界级装备制造产业集群。 新材料：重点发展先进有色合金和高端合成材料、先进化工材料、先进基础材料、新型建筑材料等领域，打造万亿级新材料产业集群。 生物医药：实施生物药、重大新药创制，高性能医疗器械等专项攻关，推动医疗器械、化学药原料药及制剂升级发展，培育打造万亿级生物医药产业集群；发展以中药配方颗粒为重点的现代中药产业，做大做强苗药、特膳食品、藏药等特色品牌。 节能环保：重点发展节能装备和服务、环保装备和服务、资源循环利用制造和服务、碳减排装置和低碳综合服务等领域，促进节能环保产业创新发展
重庆	新一代信息技术：加快大数据、人工智能、柔性、超高清显示产品研发，拓展新型智能终端产品种类，增强新型电子元器件配套能力，提升软件产品研发水平。 新能源及智能网联汽车：加快纯电动、插电式混合动力、增程式等汽车开发，积极引育氢燃料电池发动机、氢燃料电池堆及质子交换膜等关键领域企业，加强氢能储运、车载储氢等。 高端装备：加快建设国家重要的中高端数控机床、城市轨道交通车辆、新能源装备产业基地和西部领先的工业机器人、增材制造装备产业基地。 新材料：加快先进基础材料开发，突破关键战略材料技术，推动前沿新材料产业化。 生物医药：加快生物药上市步伐，推动医疗器械、化学药原料药及制剂、现代中药升级发展，建设国内一流的生物医药产业集聚区，培育打造千亿级生物医药产业集群。 节能环保：加快节能环保技术装备升级，大力发展循环经济，完善节能环保产业体系
四川	新一代信息技术：重点发展网络安全、集成电路、新型显示等，以及物联网、车联网等信息基础产业，重点培育人工智能、精准医疗、前沿新材料、核技术应用、高性能机器人等。

续表

地区	发展重点和方向
四川	新能源汽车：重点发展中高端新能源乘用车和氢能源汽车，加快发展新能源客车、商用车、专用车，布局智能网联汽车及无人驾驶汽车等。 高端装备：发展航空航天、核能及核技术应用、新一代轨道交通、清洁能源装备、节能环保装备、智能装备等高端装备制造，打造世界级装备制造产业集群。 先进材料：重点发展先进化工材料、新型建筑材料、先进有色金属材料、先进轻纺材料、先进无机非金属功能材料等领域，形成全国重要的先进材料产业集群。 生物医药：提升生物医药产业集群发展能级，实施生物药、重大新药创制，高性能医疗器械等专项攻关，重点发展中（藏）药新药以及保护品种研发、中药提取物产业发展，建设西部大健康产业基地。 节能环保：促进节能环保产业集群创新发展，重点发展氢能及燃料电池产业等
贵州	大数据电子信息产业：加快发展以云服务为重点的新一代软件和信息技术服务业，发展智能终端、集成电路、新型电子元件与电子材料等高端电子信息制造业。 新能源汽车：重点发展新能源汽车整车制造及动力电池、驱动电机、电控系统等核心部件；培育发展智能网联汽车产业，发展车载智能信息服务系统、汽车辅助驾驶系统、无人驾驶系统等。 高端装备：发展壮大航空航天装备制造业，大力发展整机产品及核心零部件，加快发展精密铸锻件、航空电机等基础件；加快培育智能制造装备产业，发展智能液压装置制造，引进和培育发展特种机器人，培育发展芯片、减速机、传感器等核心零部件及控制系统制造业；大力发展特色装备制造，发展能矿装备制造、电力装备及器材制造、山地农机装备、食品加工装备等。 新材料：大力发展锂离子动力电池、储能电池、消费电池和电池原材料，积极发展玄武岩复合材料，打造全国重要玄武岩纤维生产基地。 新能源：发展清洁高效电力产业，建设清洁高效煤电机组，发展大容量、高参数、超低排放燃煤机组；优化发展水电，对具备条件的小水电站实施绿色改造；发展风、光等新能源，推动风光水火储一体化发展，鼓励分散式、分布式光伏发电及风电项目建设。 健康医药：做大做强贵州苗药；推动中药配方颗粒、经典名方类中药及直接口服饮片等新品开发；发展生物药，培育发展化学药，壮大保健品、医疗器械产业规模等。 节能环保：发展工业固废无害化处置设备、建筑垃圾回收破碎设备、柴油机尾气净化器等装备和产品；重点发展高效 LED 大功率灯具、太阳能灯具等高效电光源；加快发展再生水回用、土地污染修复、噪声防治等技术设备
云南	生物医药：优先发展生物疫苗、抗体疫苗，推动细胞产业发展，发展中药配方颗粒，支持企业开展化学创新药、改良型新药、仿制药研发。 新材料：建设国内重要、国际知名的稀贵金属和先进铜材、锡材、铝材、硅材、钛材等新材料产业基地。 先进制造：实施产业基础再造工程、重大技术改造工程、智能制造工程、服务型制造工程，打造万亿级产业集群。 节能环保：发展高效节能、环保服务、资源回收利用等产业发展，实施一批环保技术创新和产业化示范工程

（二）推动传统制造业转型升级

依托两江新区、天府新区、贵安新区、滇中新区以及国家级高新区、经开区等国家级产业发展平台，以重庆和成都为制造业高质量发展双极核、贵阳和昆明为重要增长极，推动长江经济带上游地区的电子信息、汽车摩托车、装备制造、消费品、材料、能源化工等产业高端化、智能化、绿色化转型，打造一批世界级的产业集群。传统制造业发展重点方向见表 5-2。

表 5-2　传统制造业发展重点方向

地区	发展重点和方向
长江经济带上游地区	电子信息：聚焦于半导体、新型显示、新型智能终端、网络安全、云服务器、超高清视频、新型电子元件与电子材料等重点领域，打造世界级电子信息产业集群。 材料：聚焦于新型建材、绿色建材、聚酰胺材料、聚氨酯材料、铝及铝精深加工、锰及锰精深加工、钛及钛加工、有色合金材料等重点领域，打造具有国际竞争力的材料产业集群。 消费品：聚焦于酒、烟、食品、调味品、特色纺织等重点领域，打造具有国际竞争力的特色消费品产业集群。 能源化工：聚焦于清洁能源、节能环保和绿色化工（煤化工、磷化工、盐化工、硫磷钛化工等）等重点领域，打造具有国际竞争力的能源化工产业集群
重庆	电子信息：进一步完善“芯屏器核网”全产业链，打造世界级智能终端产业体系，培育打造万亿级电子信息产业集群。 汽车：完善关键零部件本地配套体系，构建国际一流的新能源及智能网联汽车产业生态，培育打造五千亿级汽车产业集群。 材料：建设国家重要的先进有色合金材料、玻璃纤维及复合材料产业基地，培育打造六千亿级材料产业集群。 特色消费品：推动食品向营养、健康、方便方向发展，促进特色轻纺向潮流、精致、个性化方向转型，打造具有国际竞争力的特色消费品产业集群
四川	电子信息：发展半导体、新一代网络技术、集成电路、新型显示、网络安全、智能终端软件、超高清视频等领域。 装备制造：发展节能环保与资源综合利用装备、航天与卫星应用装备、发电输变电与储能装备、智能制造与基础制造装备、油气化工与海洋工程装备等领域装备。 消费品：推动优质白酒和精制川茶、饮用水、健康食品、精品服饰、特色轻工等创新发展，突出品牌制胜，培育世界级消费品产业集群。 能源化工：发展清洁能源、节能环保和绿色化工，有序开发水电，稳步发展风力和太阳能发电
贵州	优质烟酒：进一步做强做优白酒产业，打造世界级酱香型白酒产业基地核心区；优化发展啤酒、葡萄酒等饮料酒产业。稳定发展卷烟工业，优化卷烟结构，巩固提升“贵烟”品牌竞争力。 生态特色食品：大力发展绿色食品加工，做大粮油、豆制品、食用菌加工业，发展以辣椒为主的特色调味品产业，推进传统黔式肉制品特色精深加工，发展精制茶和饮料；发展天然饮用水产业，打造全国重要的优质天然矿泉水主产区和天然饮用水产业基地。

续表

地区	发展重点和方向
贵州	基础能源：加快煤矿智能化建设，优化煤炭产能产品结构；推进煤炭绿色开采利用，加强煤矿瓦斯、煤矸石、矿井水等煤炭伴生资源清洁高效利用。 现代化工：培育发展新型煤化工产业，推进磷化工产业精细化发展，重点发展电子级精细氟化工；积极研发钡化工新工艺、新技术，重点发展电子级、试剂级、医药级等钡盐产品；加快橡胶加工产品结构调整。 基础材料：重点发展铝及铝精深加工，加快钢及合金技术改造和产品转型升级，发展锰及锰精深加工，发展钛及钛加工，延长钛及钛加工产业链条。发展新型建材，推进建材产品向轻质、高强、隔音、节能、低碳、环保方向转型；大力发展石材、木材、竹等特色建材产业，培育发展新兴建材产业，加快发展装配式建筑。 民族特色轻工：开发设计贵州文化元素突出、民族和地域特色明显的系列工艺产品和文创产品，推进“黔系列”民族文化产业品牌塑造。大力发展酒类防伪包装、食品包装等产业，提高包装设计制造水平
云南	绿色能源：做强做优绿色能源产业，建成国家清洁能源基地、石油炼化基地及区域国际能源枢纽。 有色金属：建设世界一流“中国铝谷”，做强做精稀贵金属产业。 烟草：聚焦于稳定核心烟区、提升产品结构、巩固云产卷烟品牌优势，推进烟叶复烤车间、卷烟生产车间等技术改造，支持物流一体化、研发中心、烟草配套等建设。 绿色食品：大力发展绿色有机生产基地，提升品牌培育创建能力，打造世界一流“绿色食品”品牌

（三）推动数字经济和实体经济深入融合

大力发展数字经济，推动数字产业化、产业数字化，促进软件、互联网、大数据等信息技术与实体经济深度融合，引领产业转型升级。

推动数字产业化。聚焦于集成电路、智能终端、新型显示等重点领域，推动共建长江经济带上游地区“5G+工业互联网”生态，打造“云联数算用”要素集群和“芯屏器核网”全产业链，打造具有国际竞争力的数字产业集群。支持联合建设国家数字经济创新发展试验区和国家数字服务出口基地，建设“智造重镇”和“智慧名城”。

促进产业数字化。加快推动数字技术在传统产业深度应用，打造数字技术典型示范应用场景，建设一批产业转型促进平台和产业转型升级服务综合体，推动数字化车间、智能工厂建设和产业园区数字化改造，全面提升制造业、建筑业、农业和服务业数字化水平。探索建立统一标准、开放互通的公共应用平台，推动长江经济带上游地区政务数据资源共享共用，推动地级以上城市全面建立数字化管理平台。

四、建设具有国际影响力的现代服务业体系

根据产业选择原则，通过测算分析长江经济带上游地区服务业门类的区位熵（见专栏 5-5），构建战略性新兴产业选择指标体系（见专栏 5-6），开展支柱产业占比和产业链供应链关联度分析（见专栏 5-7），从测算结果可以看出，目前长江经济带上游地区具备发展现代服务业体系的比较优势和基础条件。长江经济带上游地区是我国全方位开放和向西、向南开放的桥头堡，是国家服务业扩大开放的重要承载区。其中，重庆是建设国际消费中心城市、服务业扩大开放综合试点、国家数字经济创新发展试验区的示范城市，四川拥有建设国家级公园城市、国家数字经济创新发展试验区等功能，贵州建设国家生态文明试验区、国家级大数据综合试验区，云南打造国际大健康名城、面向南亚东南亚的辐射中心。综合研判，长江经济带上游地区四省（市）应围绕服务制造业高质量发展和人民高品质生活需求，顺应新一代信息技术变革、科技创新、绿色低碳转型带来的现代服务业新发展趋势，挖掘新兴服务业发展潜力和市场空间，合力打造以金融、数字服务、科技研发服务、节能环保服务为主导的生产性服务业产业集群，以现代物流、商贸服务为主导的流通服务业产业集群，以养老、社区服务为主导的社会服务业产业集群，以及以文化旅游、健康服务为主导的个人服务业产业集群。同时，长江经济带上游地区四省（市）充分利用自身的资源禀赋优势，发展各具特色的现代服务业：重庆积极发展电子商务、工业设计、职业教育、服务外包、专业服务，四川加快发展商务会展服务、人力资源服务、川派餐饮服务，贵州大力发展会展、现代法律服务业、房地产业、家政服务业，云南培育和发展房地产、电子商务、服务贸易等服务业。

专栏 5-5　长江经济带上游地区服务业选择分析

长江经济带上游地区重点服务业占全国份额及区位熵情况见专栏表 5-9。各省（市）在选择服务业重点行业时，应重点选择规模较大、区位熵大于 1 或接近 1 的行业，以促进各省（市）的优势行业发展，引导长江经济带上游地区服务业合理布局。长江经济带上游地区金融、批发和零售、交通运输仓储、住宿和餐饮、旅游等行业占全国比重较高，均在 10%以上，其中旅游业占全国比重达到 61.62%，行业区位熵均大于或接近 1。

专栏表 5-9 长江经济带上游地区服务业行业占比和区位熵

行业	长江经济带上游地区		重庆		四川		贵州		云南	
	占全国比重（%）	区位熵	占全国比重（%）	区位熵	占全国比重（%）	区位熵	占全国比重（%）	区位熵	占全国比重（%）	区位熵
批发和零售业	10.51	0.98	2.29	0.98	4.39	0.96	1.33	0.84	2.50	1.09
交通运输、仓储和邮政业	10.05	0.93	2.30	0.98	3.46	0.76	1.67	1.06	2.62	1.15
住宿和餐饮业	14.90	1.38	2.80	1.20	6.42	1.41	2.33	1.48	3.35	1.47
金融业	10.06	0.93	2.74	1.17	4.09	0.90	1.39	0.88	1.84	0.81
房地产业	9.82	0.91	2.09	0.89	4.83	1.06	0.90	0.57	2.00	0.88
软件和信息技术服务业	7.94	—	2.38	—	5.13	—	0.29	—	0.14	—
旅游业	61.62	—	8.91	—	17.49	—	18.58	—	16.64	—

注：软件和信息技术服务业、旅游业为营业收入占全国比重，其他行业为增加值占全国比重。旅游业为第三产业复合产业，即包括旅游相关的运输、住宿和餐饮等相关服务。

专栏 5-6 长江经济带上游地区现代服务业新兴产业选择分析

根据产业选择原则，针对近年来长江经济带上游地区三次产业中主营业务收入增长情况（体现增长）、新产品产值（体现创新）、万元产值能耗（体现可持续发展）、投入产出表中直接消耗系数和间接消耗系数测算产业影响力系数和感应力系数（体现产业链的渗透、辐射带动）等相关指标进行对比，结合区域产业发展实际和未来趋势，考虑不同产业类型的未来市场空间、技术含量、现有发展基础等多种因素，初步筛选出适合长江经济带上游地区发展和重点培育的节能环保、数字服务、科技研发服务、养老服务、社区服务等现代服务业新兴产业（见专栏表 5-10）。

专栏表 5-10　长江经济带上游地区现代服务业新兴产业选择

产业类别	战略性新兴产业选择标准					
	产业生命周期维度		产业价值链维度	科技创新维度	可持续发展维度	地域维度
	增长速度快	未来市场空间大/产业规模大	产业渗透力强/辐射带动作用大	技术含量高	绿色环保	现有基础好
节能环保（环保装备、资源循环利用）	√	√			√	√
数字服务（数字内容、5G、软件信息）	√	√	√	√	√	√
科技研发服务（专业技术服务、技术推广、技术咨询）	√	√	√	√	√	√
养老服务（医疗保健、智慧养老）	√	√			√	√
社区服务（环境绿化、医疗保健、家政护理、智慧社区）	√	√			√	√

专栏 5-7　长江经济带上游地区现代服务业支柱产业选择分析

长江经济带上游地区现代服务业支柱产业增加值占当地服务业增加值的比重较大，其中，重庆、四川、贵州、云南的支柱产业占比分别达到64%、58.8%、62.8%、75.8%。同时，四省（市）产业链供应链关联度不断加强，如四川对金融服务、住宿餐饮等跨区域中间投入需求较大，重庆的金融服务、住宿餐饮对四川有一定支撑空间；四川和贵州对文化、教育和娱乐业跨区域中间投入需求较大，重庆和云南的文化、教育和娱乐服务对四川和贵州有一定支撑空间。为此，结合长江经济带上游地区四省（市）支柱产业占比和产业链供应链关联度分析，初步筛选出适合长江经济带上游地区重点发展的金融、现代物流、商贸服务、文化旅游、健康服务等现代服务业支柱产业（见专栏表 5-11 和专栏表 5-12）。

专栏表 5-11　长江经济带上游地区各省（市）支柱产业增加值占比情况

主要产业	重庆（%）	四川（%）	贵州（%）	云南（%）
金融	16.7	13.3	12.6	11.9
现代物流	8.3	7.9	11.1	16.7
商贸服务	18.9	16.5	15.1	18.9
文化旅游	7.4	8.2	11.2	21.8
健康服务	12.7	12.9	12.8	6.5
总计	64.0	58.8	62.8	75.8

专栏表 5-12　长江经济带上游地区各省（市）服务业中间需求计算结果

行业名称	重庆		四川		贵州		云南	
	值（亿元）	排名	值（亿元）	排名	值（亿元）	排名	值（亿元）	排名
批发和零售	732.7	22	1972.8	9	748.3	21	300.3	27
交通运输、仓储和邮政	1392.8	16	1476.9	15	463.5	27	1216.6	21
住宿和餐饮	809.1	13	2098.2	2	668.0	18	309.3	25
信息传输、软件和信息技术服务	770.7	11	1735.0	6	639.7	14	328.1	23
金融	923.6	15	2171.5	8	771.6	17	560.2	20
房地产	402.8	17	932.0	7	169.9	27	138.3	28
租赁和商务服务	1059.6	12	1177.9	11	1002.0	13	512.9	20
研究和试验发展	38.4	17	270.1	7	41.1	15	9.4	25
综合技术服务	484.3	11	377.4	14	302.1	18	86.2	27
水利、环境和公共设施管理	159.4	10	169.5	9	67.6	21	31.7	26
居民服务、修理和其他服务	399.0	16	1095.7	7	77.9	26	313.7	19
教育	256.6	16	506.8	8	240.0	17	116.0	27
卫生和社会工作	565.7	13	849.2	11	445.4	17	156.4	26
文化、体育和娱乐	168.5	18	700.3	4	174.9	17	149.7	21
公共管理、社会保障和社会组织	437.5	21	871.7	11	812.8	13	522.1	15

注：根据四省（市）统计年鉴的投入产出表计算而得。

（一）高质量发展生产性服务业

金融服务业。以成渝地区双城经济圈西部金融中心建设为引领，贵阳金融核心区、昆明区域性国际金融中心为支撑，积极打造立足西部、辐射东盟、服务“一带一路”的内陆国际金融中心。重点推动重庆开展区域性股权市场制度和业务创新，加快成都基于区块链技术的知识产权融资服务平台建设，完善贵阳、昆明国际金融服务中心金融体系，加快推动长江经济带上游地区构建产业金融、绿色金融、贸易金融、普惠金融、科技金融、数字金融等现代金融服务体系。

数字服务业。依托重庆、四川国家数字经济创新发展试验区、国家新一代人工智能创新发展试验区、贵州国家大数据综合试验区辐射带动作用，立足长江经济带上游地区各省（市）信息产业发展基础，聚焦于工业软件、信息安全软件、行业应用软件等方向，推动大数据、云计算、区块链及移动互联网等新一代信息技术广泛应用，加快培育发展人工智能、数字技术服务等数字服务新业态，发展面向工业、医疗、金融、物流、安防等重点领域及产业集群的大数据软硬件系统解决方案。

科技研发服务业。依托成渝地区双城经济圈共建中国西部科学城的引领带动作用，聚焦于重庆科学城、成都科学城以及贵阳、昆明国家级高新区等重大科技研发创新载体，围绕研发设计、技术转移、科技咨询、信息资源等重点领域，丰富和提升科技创新服务供给。加大关键核心技术攻关力度，完善政产学研用的科技创新服务体系，加快绿色工程研究和绿色技术创新中心建设，推动产业链与创新链精准对接、深度融合。推动科技开放合作，着力建设“一带一路”科技创新合作区和国际技术转移中心，鼓励技术转移机构创新服务模式。

节能环保服务业。围绕长江经济带上游地区绿色低碳转型发展，依托各省（市）节能环保产业发展基础，聚焦城镇污水处理、工业污染治理、烟气脱硫脱硝、生活垃圾处理等重点领域，鼓励发展系统设计、设备成套、工程施工、调试运行、维护管理等一体化的环保服务总承包和环境治理特许经营模式。加快发展生态环境修复、环境风险与损害评价、绿色认证、排污权交易、环境污染责任保险等环保服务新业态。积极探索节能交易等市场化节能机制，深化跨省（市）排污权、水权、用能权、碳排放权等交易合作。

（二）大力提升流通服务业

现代物流业。依托重庆、四川、贵州、云南四省（市）现有港口、陆港、空港、商贸服务等各种类型的国家物流枢纽强烈辐射带动作用，发挥长江黄金水道、国家级综合保税港区、保税物流中心、西部陆海新通道等对外国际物流大通道，中欧班列（成渝）贯通欧亚的通道优势，以及中老铁路在畅通南亚、东南亚等“一带一路”沿线国家中的国际大通道功能，开展跨境物流、保税物流、国际货代物流，加快完善多式联运国际物流服务网络，打造多元化、国际化、高水平物流产业体系。

商贸服务。以重庆国际消费中心城市建设为引领，成都、贵阳、昆明美食名城、购物名城、旅游名城为支撑，积极推动长江经济带上游地区商贸服务转型升级，加速推进商品市场向全渠道平台商、供应链服务商、定制化服务商等多种集成服务转型。大力推进商贸智慧发展，加快智能酒店、数字化定制酒店与酒店社群经济发展，促进住宿、餐饮业多元化融合发展。推动商贸绿色发展，促进流通渠道、流通主体、流通业态等环节低碳、节约发展，不断提高循环发展水平。

（三）加快培育社会服务业

养老服务业。发挥长江经济带上游地区人口规模优势，聚焦于低龄和中高龄老人差异化养老诉求，统筹健康产业和养老服务资源，加快推进养老服务与相关产业融合创新发展，建设居家社区机构相协调、医养康养相结合的养老服务体系，构建养老、孝老、敬老政策体系和社会环境。促进养老服务多元化发展，建立健全高龄、失能老年人长期照护服务体系，培育普惠养老托育新业态，创新发展健康咨询、紧急救护、慢性病管理、生活照护、物品代购等智慧养老服务。

社区服务业。顺应长江经济带上游地区绿色低碳转型发展和消费结构升级趋势，推动社区服务向特色化、标准化、信息化发展，全面丰富社区便民服务内容。大力发展环境绿化、医疗保健、废旧物资收购、家电维修、家政护理、文教宣传、快递代收代寄、超市便利店等多样化社区服务业，推进社区服务业与智慧社区融合发展，拓展“云社区”“微生活”等新兴社区服务模式。发挥社区服务业增加就业创业功能，积极培育社区服务业市场主体、提升社区服务业吸纳就业能力、开发社区公共服务岗位。

（四）发展壮大个人服务业

文化旅游业。依托重庆、四川、贵州、云南四省（市）丰富的人文历史和独特的自然生态旅游资源，将旅游业打造成为长江经济带上游地区服务业发展的重点支柱产业。积极做好长江经济带上游地区生态保护，加快自然景观资源及历史文化资源的深度开发。积极提升重庆“三峡”“山城”“人文”“温泉”“乡村”特色文旅品牌和业态，推动成渝地区共建巴蜀文化旅游走廊；大力发展贵州红色文化、世界名酒文化、国际天文科普、千里乌江滨河度假、民族文化等特色旅游带；建设云南大滇西旅游环线、澜沧江沿岸休闲旅游示范区、昆玉红旅游文化带、沿边跨境文化旅游带、金沙江生态旅游带。着力推进智慧旅游建设开发。

健康服务业。依托重庆、四川西部医疗康养高地、贵州国内区域医疗中心、云南国际康养旅游示范区建设，发挥各省（市）配套服务完善、生态气候宜人、立体交通高效优势，丰富医疗服务、康养服务等服务供给，打造长江经济带上游地区医疗高地和康养胜地。加强公共卫生体系建设，培育集医疗服务、静心养生、康复疗养等功能为一体的健康服务产业集聚区，开发多样化康养服务，发展气候康养、温泉康养、森林康养、体育康养、智慧康养，加快生态资源富集区域康养服务示范区建设。

第六章

优化产业布局

一、产业总体布局

（一）优化构建“一核领四极，一带联四纵，一圈拓多点”产业空间格局

立足长江经济带上游地区产业基础，提升区域协调发展水平，依据“极核并举、带纵联合、推圈接点”优化构建长江经济带上游地区产业总体格局，大力培育新的产业增长极，推动全域产业整体升级（见图 6-1）。

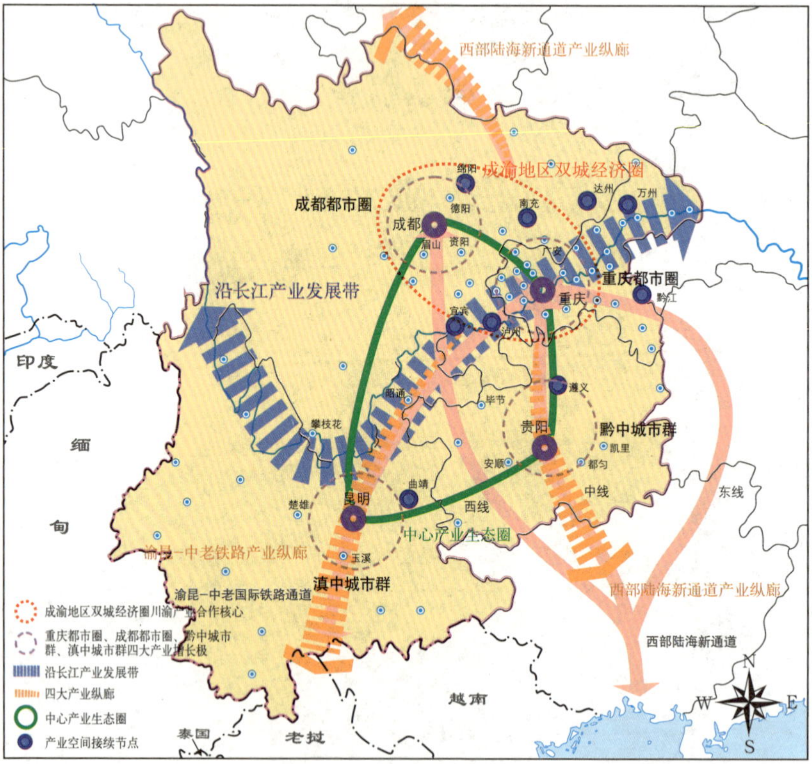

图 6-1　长江经济带上游地区产业总体布局示意图

1. “一核”：重点建设成渝地区双城经济圈川渝产业合作核心

依托成渝地区双城经济圈建设，加快构建高效分工、错位发展、有序竞争、相互融合的现代产业体系，增强区域产业链、供应链闭环能力，着力推动重庆、成都产业基础高级化与产业链现代化，打造长江经济带上游地区先进制造业核心。

建设具有世界影响力的产业高地。合作培育具备一定国际竞争力的汽车、电子两大先进制造业集群，积极壮大装备制造、特色消费品、生物医药产业集群，增强产业集聚能力，建设长江经济带上游地区产业高地。大力发展数字经济，构建整合区域数字产业生态，建设数字产业新高地。加强创新链与产业链耦合，加快建设西部（重庆）科学城、西部（成都）科学城、绵阳科技城，以“一城多园”合力共建西部科学城，瞄准智能产业、生物医药前沿领域，引进建设一批产业孵化器、产业研究院，不断提高产业创新支撑水平。加快推进重庆西部产业转型升级示范区、四川（自贡、宜宾）产业转型示范区建设，巩固产业链基础，提高区域产业创新水平和产业竞争能力。

增强毗邻区合作平台产业发展功能。大力推动成渝中部地区产业发展，增强高竹新区、合广长环重庆中心城区经济协同发展示范区、遂潼一体化发展先行区等毗邻区功能平台产业能级，加快推动广安、潼南川渝合作示范区建设，发展天然气能源、电子信息、汽摩配套、环保新材料、绿色食品、文化旅游产业，打造成渝中轴产业发展高地。完善北翼川东北渝东北地区绿色低碳产业体系，加快建设万达开川渝统筹发展示范区、明月山绿色发展示范带，做强绿色农业，建设成渝现代农业基地，发展绿色物流、智能制造、文化旅游产业，促进生态产业“接二连三”，提升产业绿色发展能力。加强南翼川南渝西地区产业增长极培育，建设川南渝西融合发展试验区、内荣现代农业高新技术产业示范区、泸永江融合发展示范区等功能平台，做大做强白酒、汽车、能源化工、电子信息等优势产业集群，深度融入成渝地区双城经济圈产业分工格局。

2. “四极”：加快建设重庆都市圈、成都都市圈、黔中城市群、滇中城市群四大产业增长极

发挥重庆、成都等国家中心城市优势，提升贵阳、昆明发展能级，重点建设重庆都市圈、成都都市圈、黔中城市群、滇中城市群四大产业增长极。重点提升原始创新、应用创新和技术服务能力，聚焦对接融入长三角城市群、长江中游城市群协同创新链条，构建“政产学研用”创新生态，积极承接技术转移转化，培育引进龙头企业、上市企业以及“专精特新”企业，增强市场主体竞争力。优化产业链、供应链空间布局，加快形成研发在中心、制造在周边、链式配套、梯度布局的都市圈产业分工体系，打造长江上游生态农业、先进制造业、现代服务业以及数字经济重要支点。

重庆都市圈。包括重庆主城都市区与四川广安，辐射泸州、遂宁、乐山、

遵义等地。着力夯实产业基础，健全完善产业体系，重点围绕新一代信息技术、新能源及智能网联汽车、高端装备、新材料、生物技术、节能环保六大重点领域，建设国家制造业基地。完善金融服务功能，开展区域性金融市场制度和业务创新，打造西部金融中心。大力发展现代物流，以建设国家物流枢纽为核心，打造多元化、国际化物流产业体系。特色化发展现代都市农业，做大做强高品质特色富硒农业，打造成渝现代高效特色农业带。两江新区重点发展六大先进制造业、五大现代服务业，打造先进制造业重要集聚地与现代服务业集聚示范区。

成都都市圈。包括成都、德阳、资阳和眉山。以推动成德资眉一体化为重要抓手，着重构建支撑高质量发展的现代产业体系，优化成德临港经济产业带、成眉高技术产业带、成资临空经济产业带空间布局，打造成德国家级装备制造基地，大力发展电子信息、医药健康、汽车、航空航天、轨道交通、新材料，建设现代服务业高地，加强先进制造业与金融、物流等现代服务业融合，建设高能级产业生态圈。发展高品质现代都市农业，创新生态产业新业态。天府新区重点发展总部经济、商务会展、科技研发、文创产业、现代金融产业，东部新区加快形成航空经济、现代物流、国际消费、智能制造等主导产业优势，构建协同发展的现代化开放型产业体系。

黔中城市群。以贵阳—贵安—安顺都市圈为核心，加快发展大数据电子信息、先进装备制造、信息安全等产业，建设国家级大数据信息产业基地和高端装备制造业基地，着力打造创新型电子信息和高端装备制造核心区。加快建设中高端消费品、能源矿产、新型建材及现代化工产业集群，着力培育生物医药、新材料、节能环保等战略性新兴产业，大力发展旅游、康养、商贸、金融、会展等现代服务业，促进制造业规模效益不断提高，推动服务业向专业化和价值链高端延伸。贵安新区围绕数据产业，大力发展枢纽经济、通道经济、总部经济，着力提升集聚辐射能力和产业能级。

滇中城市群。以昆明为核心，围绕增强面向西南地区特色制造业集聚能力，大力培育新动能，建设具有云南特色的现代产业体系。重点发展生物医药和大健康、新材料、先进装备制造、数字经济等战略性新兴产业，加快建设卷烟、数字经济、矿冶及装备制造、食品等制造业集群，推动旅游、文化、现代物流、金融保险等现代服务业发展，提升金融服务质效，建设现代物流等现代服务业聚集区，打造国家面向南亚东南亚产业输出的重要核心区和外向型产业基地。

3. “一带”：建设沿长江产业发展带

畅通长江黄金水道，发挥长江经济带产业协同联动整体优势，建立健全绿色产业体系。

打造世界级产业集群集聚区。积极承接东中部、中下游先进产业转移，引导产业逆长江梯度发展，提升全域产业链配套能力和协作能力，以重庆为核心枢纽，万州、泸州、宜宾为重要节点，聚焦于汽车、装备制造、电子信息产业，大力推动全流域合作，着力促进流域产业链耦合、区域价值链提升，合力打造全球知名制造业集群。依托岷江、沱江、赤水河等上游支流丰富资源，加强遵义、仁怀、泸州、宜宾制酒酿酒传统工艺保护、传承和发展，巩固品牌优势，做响做强中国白酒金三角，建设世界级白酒消费品产业集群。

建设生产性服务业高地。积极推动金融业、物流业与制造业相融合。促进长江黄金水道与中欧班列通道无缝衔接，畅通乌江、嘉陵江、岷江等支流航道，推动川渝共建长江上游航运中心，强化泸州、宜宾、万州等节点综合运输与多式联运能力，健全昭通水富港、贵阳港航运设施，建设一批内陆无水港，提升上游贵州、云南以及周边陕西等地航运辐射能力。

积极推进长江经济带上游地区农业主产区建设。依托四川盆地、长江流域农业功能区，连片打造一批粮食生产功能区，布局发展一批现代粮油园区，加快建设国家优质粮油保障基地。大力发展生猪养殖产业，促进成都平原、川东北、渝西高标准推进生猪标准化规模养殖，共同建设国家优质商品猪战略保障基地。着力推动柑橘特色水果产业高质量发展，建设长江上游柑橘产业带。大力发展长江沿岸加工蔬菜、盆周山区高山蔬菜、川南—渝西早春蔬菜，打造优质蔬菜产业带，做优沿江榨菜产业。

4. 四纵：构建四大产业纵廊，包括建设西部陆海新通道产业东线纵廊、中线纵廊、西线纵廊以及渝昆高铁—中老铁路产业纵廊

拓展西部陆海新通道，建设渝昆—中老国际通道，推动产业沿通道聚集，积极发展通道经济、枢纽经济。

西部陆海新通道产业东线纵廊。依托渝怀铁路、渝湘高铁构建西部陆海新通道东线产业走廊，完善沿线枢纽物流功能，增强枢纽节点集散能力，提高武陵山生态产业化水平，加快发展大宗商品、商品车、冷链商品、农副产品等商贸流通业，推动物流赋能电商、文旅产业，健全绿色制造业体系，大力发展新材料、绿色食品、轻工纺织、低碳能源产业，补齐生态产业短板，

激发区域产业发展活力。

西部陆海新通道产业中线纵廊。依托渝贵铁路、渝贵高铁建设西部陆海新通道中线主通道，高标准建设重庆运营组织中心，强化港口型、陆港型、空港型国家物流枢纽功能，完善“一主两辅多节点”物流体系，大力发展信息、金融服务，建设特色产品、进出口商品贸易平台，打造内陆开放高地。促进通道、物流与产业融合发展，吸引跨国公司设立地区总部，提高货物贸易及物流、展销、定价、交易等服务业能级。

西部陆海新通道产业西线纵廊。依托成都经泸州（宜宾）、百色至北部湾通道建设，大力发展蓉桂新、蓉桂港、蓉东盟铁海联运链条，加强铁路与港口的有机衔接，促进交通物流与产业联动融合发展，支持天府机场航空枢纽做大做强临空经济，发展航空制造、通用航空、商贸物流、电子信息、生物医药、数字娱乐、会展、健康休闲等产业，加强运输链、物流链和供应链布局协调性，合理对接国内国际产能分工体系。

渝昆高铁—中老铁路产业纵廊。依托渝昆高铁，链接中老国际铁路，覆盖重庆、四川、云南一市两省沿线地区，串联川南、滇中区域，打通长江经济带上游地区至中南半岛泛亚铁路通道，建设特色消费品产业主要集聚区。推动川东南、黔西北、滇中区域白酒卷烟产业联动，借助于中心城市优势，打通原产地、经济中心以及消费市场链路，大力发展品牌运营、包装设计、营销策划、文化创意产业。大力发展边境贸易、国际贸易。对接中老国际铁路，畅通中老泰国际运输通道，高标准建设瑞丽、勐腊（磨憨）重点开发开放试验区，加快形成面向南亚、东南亚的边境特色深加工基地与大宗商品集散中心。

5. “一圈”：构建中心产业生态圈

依托成渝昆走廊、沪昆走廊以及厦蓉通道等国家综合立体交通骨干网络，构建成渝地区双城经济圈、黔中城市群、滇中城市群相互连通、首尾衔接的产业大通道，着力密切沿线、沿途、沿岸产业合作，增强区域主要产业集聚区供应链、产业链快速响应能力，不断拓展周边产业溢出辐射带动边际。

建设先进制造业生态圈。发挥重庆、成都、贵阳和昆明产业能级优势，加强电子信息、汽车、航天航空、高端装备、生物医药、消费品工业以及金融、物流与文化旅游产业链空间集聚和内部协作。整合重庆—成都 IT 基础设施与应用软件产业，贵阳大数据产业以及昆明光电子信息产业优势，全链条式完善长江上游信创产业体系，聚焦“芯屏器核网”全产业链、“云联数算用”全要素群、“住业游购娱”全场景集中打造数字经济高地。依托西部（重庆）科学城、西部（成都）科学城、两江协同创新区、中关村贵州科技园等高能级创新平台，提升区域产业原始创新能力，联动自贡、乐山、内江、攀枝花、荣昌、永川、安顺、玉溪、楚雄等国家级高新区，打造长江上游科创走廊。

建设长江上游文旅生态圈。发挥长江上游区域优秀旅游资源，做精做强长江黄金旅游带，高品质共建巴蜀文化旅游走廊，衔接滇西北、黔西南文旅线路，打造长江经济带上游地区旅游环线，做精做响古蜀道、茶马古道、川盐古道核心旅游品牌。完善长江经济带上游地区旅游产业体系，依托川、渝、滇、黔旅游产业基础，大力推进旅游产业民族化、生态化、特色化，促进文化和旅游、康养和旅游深度融合，发展高端旅游产品，全产业链重塑旅游新优势，合力建设长江上游文旅融合示范区。

建设绿色农产品生态圈。构建中心生态圈高速互联互通通道，聚焦于滇黔山地、川滇高原，拉近生态产业产地和消费地时空距离，重点完善现代高山特色农业体系，发展茶叶、烤烟、中药材、食用菌、经济林果等山地经济作物种植。积极壮大山地养殖产业，健全现代高山饲草料产业体系，发展高山牛、羊、鸡等畜禽养殖业。健全完善林下经济特色产业体系，大力发展林下种植业，因地制宜推动林下养殖业，积极发展林下采集产业，促进林下经济全产业链融合发展。

6. “多点”：发挥区域中心城市以及产业强市、强县支撑作用，培育多个产业空间接续节点

完善现代产业体系、产业基础能力，聚焦于细分领域，做强特色产业，加强与核心城市产业链、供应链供应配套，着力发掘培育“专精特新”和行业隐形冠军。

万州。建设渝东北三峡库区城镇群中心城市，依托万州经开区构建完善绿色产业体系，打造三峡库区经济中心。重点发展新材料、食品医药产业，着力提升发展汽车、绿色照明、智能装备产业，建设特色消费品产业集群。发展山地高效型农业，高品质建设优势柑橘产业带，打造三峡库区生猪健康养殖示范区。发展绿色智慧物流，建设生产服务型国家物流枢纽，做强三峡文旅产业，打造渝东北三峡库区城镇群金融高地。加快建设万达开川渝统筹发展示范区，联动重庆都市圈，协同开展商贸物流、文旅康养产业合作，推

动成渝地区双城经济圈北翼高质量发展。

黔江。建设渝东南武陵山区城镇群中心城市，发挥武陵山自然生态资源，联动重庆都市圈、黔中城市群，大力推进乌江画廊旅游示范带建设，带动周边城市协同打造武陵山区民俗风情生态旅游示范区。大力促进“旅游+”产业融合发展，重点发展卷烟、大健康、新材料、能源化工产业，引进培育数字经济、电子信息产业，做大做强现代山地农业，提高区域物流能力，建设区域物流中心，发展商贸、物流、金融、会展产业，推动一、二、三产业融合发展。

绵阳。以建设四川全省和成渝地区经济副中心为目标，聚焦于建设以创新为引领的西部先进制造强市，联动成都都市圈、重庆都市圈，助力打造世界级产业集群，建设绵阳科技城，推动电子信息、汽车、节能环保、装备制造重点产业转型升级，提升新型显示、新型功能材料、5G 产业发展能级，布局人工智能、量子信息、核技术应用等未来产业。以产业升级和创新需求为导向，大力发展科技服务、现代金融、现代物流、人力资源服务，切实增强服务业对科技创新的服务能力。

宜宾。融入成渝地区双城经济圈，联动重庆、成都两大都市圈，建设成渝经济腹地核心增长极。对接成渝电子信息、汽车、装备产业链，大力发展新能源汽车、智能终端、轨道交通、石油装备产业。推动白酒产业优化升级，做强白酒产业，打造特色消费品产业集群。培育做大发展新材料、精细化工产业。全面发展商贸、物流、金融、会展等现代服务业，推动文旅融合，建设区域服务业中心。建设粮油、茶叶、生猪养殖业，建设上游现代农业基地。加快建设三江新区，培育发展新一代电子信息、先进材料、装备制造、生命健康产业，打造融入成渝地区双城经济圈建设的高能级平台。

泸州。融入成渝地区双城经济圈，建设川南和川渝滇黔接合部区域中心城市，联合宜宾、遵义等地聚力打造世界级白酒产业集群，发展电子信息产业，深度嵌入成渝电子信息产业链。转型发展能源化工产业，打造高效复合肥产业链、化工新材料产业链。建设自贸区川南临港片区、综合保税区和跨境电商综合试验区，积极对接中新（重庆）互联互通战略项目，大力发展跨境服务贸易和口岸经济，围绕装备制造、电子信息、新材料、国际贸易、跨境电商等产业，完善供应链金融、研发设计、保税展销等配套服务。建设泸永江融合发展示范区，启动建设泸东新城，推动川南渝西合力壮大名优白酒、装备制造、能源化工等特色优势产业。

南充。建设成渝地区北部产业中心城市，打造四川工业经济副中心和国家制造业配套协作基地。重点发展汽车汽配、油气化工产业，建设具备全国影响力的特色消费品集群，提速发展电子信息、新材料、装备制造产业，推动商贸、物流、金融、文旅业加快发展。大力发展有机农业、都市农业、特色农业，打造西部现代高效特色农业示范区。高标准建设南充临江新区，发展装备制造及新材料、航空零部件、有机食品精深加工、现代生物医药等先进制造业与推动现代物流、商贸会展、现代金融等服务业，打造产业发展新引擎。

达州。围绕提升争创四川全省经济副中心核心能力，构建完善现代产业体系，建设成渝地区重要先进制造业中心，大力发展新材料、电子信息产业，壮大能源化工、建筑建材产业链，加快发展智能装备、医药健康产业。加快发展商贸、金融和物流，建设川渝陕接合部区域现代服务业中心。积极推进万达开川渝统筹发展示范区建设，积极承接电子信息、新能源汽车、新材料、智能装备高端产业转移，统筹区域产业分工和协同，建设国家级承接产业转移示范区。

遵义。围绕建设渝南黔北中心城市，全面融入成渝地区双城经济圈，联动黔中城市群，加快构建以绿色食品工业为主导的现代产业体系，重点突出白酒产业引领，大力推动能源、基础材料、装备制造传统优势产业与电子信息、大健康等新兴产业协同并进。培育发展大数据以及智能产业，做大数字经济。建设长征国家文化公园，大力推动旅游业融合发展，提升物流、金融业发展能级，突出自然资源优势，加快发展健康养老业。发展现代山地特色高效农业，做大做强茶叶、辣椒、生态畜牧渔、中药材产业。

曲靖。充分发挥区域丰富的矿产资源和原材料产业体系，联动滇中城市群，大力建设以有色金属材料、冶金化工、大健康、卷烟为特色的产业集群，推动旅游文化产业和高原现代农业特色化发展，加快推动现代物流、金融、电子商务、会展业发展，提升区域现代服务业发展水平。完善绿色产业体系，推动卷烟、烤烟产业链健康发展，大力发展绿色能源、绿色食品、铝金属加工、精细化工产业，提高上游地区面向东南亚开放的产业支撑能力。

（二）加强与周边地区产业空间布局拓展对接

优化边缘区域产业布局，加强沿主要交通轴线、沿干支河流、沿边产业布局，注重建设四大产业走廊，着力强心、连域、拓腹、固边，提升区域产业空间结构可塑开放性、对外包容性和边界一致性，增强长江经济带上游地区产业集聚、产业链闭环以及溢出传导能力。

1. 加强长江中游产业走廊对接

面向长江中游城市群，依托万州、达州等区域内节点城市，畅通三峡航运通道，联合争取三峡水运新通道建设，大力推进基础设施一体联通，推动长江航运物流提档升级，完善中上游多式联运转运集散功能，打造陕西、内蒙古等西部省市大宗物资进入长江黄金水道物流枢纽。共同开发长江三峡黄金旅游线路，推动渝东北、渝东南、川东北以及鄂西地区共谋长江三峡全域旅游，建设长江三峡和大武陵山片区旅游共同体。鼓励巫山、奉节、云阳等地与宜昌、荆州联动发展，建设信息互通、资源互享、客源互送的长江三峡旅游生态圈。促进渝川鄂湘毗邻地区产业融合发展，推动沿江产业和创新能力梯度布局，加大宜昌、荆州、常德等区域中心城市产业对接力度，聚力对接武汉东湖、长株潭国家自主创新示范区创新能力融合，支持万州、达州、开州积极承接东部地区电子信息、先进材料等产业转移，一体开展绿色能源、绿色工业等特色产业补链延链强链，加快长江上游中游产业有机融合。

2. 加强西部陆海新通道沿线产业走廊对接

依托西部陆海新通道，链接成渝地区双城经济圈与北部湾城市群、黔中城市群，有效联动贵州、湖南以及广西，向南延伸至中南半岛以及东南亚、南亚，构建面向“东盟+RCEP”、内外联动的产业协作链条，参与国际产业链、供应链分工调整，拓展产业发展空间。加快发展现代物流。完善面向广西、海南和东盟地区的冷链物流体系，健全重庆、成都、贵州、南宁冷链物流枢纽功能，扩大全链式冷链覆盖范围，提高内陆地区优质热带农产品、海产品供给质量。强化通道产业带动能力，培育发展通道经济，促进通道带物流、物流带产业，引导产业链、供应链向通道沿线集聚，有序推动东部产业沿通道梯度转移，打造一批特色产业集聚区，鼓励采取飞地模式在北部湾、海南建设产业园，提升通道出海口产业支撑能力。开展面向东盟的产业分工合作，把握当前产业链变化新动向，发挥长江经济带上游地区比较优势，与东盟深度合作，积极参与国际供应链调整与重构，大力发展“物流+制造”“制造+物流”，开展集成电路、装备制造、能源化工、生物医药国际产能合作。

3. 加强嘉陵江沿江生态产业走廊对接

立足和充分发挥嘉陵江流域生态和资源优势，沿嘉陵江建设生态产业走廊，有效链接成渝地区双城经济圈、关中平原城市群、兰西格城市群三大产业空间，推动西南、西北区域整体协同，增强战略大后方产业支撑能力。充分发挥成渝地区双城经济圈面向川渝鄂陕的辐射带动能力，引领带动西部地区高质量发展。协同做强内河制造集群。依托重庆流域中心城市作用，突出电子信息、装备制造、新能源、消费品等门类，推动发达地区先进制造业相关配套环节向嘉陵江沿线城市链式转移，带动流域产业基础高级化、产业链现代化，打造西部地区内河绿色制造新兴支撑带。壮大文旅、绿色农业特色产业集群。推动生态优势转化成产业优势、生态价值转变成经济价值。协同挖潜嘉陵江自然风光和巴蜀、秦陇等历史文化资源，共塑嘉陵江世界级新兴旅游目的地，以及依托蔬菜、柠檬、中药材等优质农业资源，共育西部地区现代高效特色农业带。

4. 加强广昆沿边产业走廊对接

依托广昆沿边走廊，链接滇中城市群、北部湾城市群，加强云南广西合作，对接泛珠区域合作空间格局，积极承接粤港澳大湾区产业转移。发挥既沿边又沿海独特区位优势，畅通产业转移渠道，夯实区域产业发展基础，建设面向东南亚产业合作前沿。重点开展泛珠产业转移合作。畅通云南经广西至粤港澳大湾区通道，锚定广州、深圳、东莞、惠州等制造业高地，积极发展园区共建、招商引资以及飞地经济，加强数字经济、电子信息、装备制造、现代金融、文旅及大健康产业、跨境贸易等产业合作，共同构建滇—桂—粤沿边产业链供应链。积极开展跨境产业合作，探索建立重点园区的合作机制，以中越河口—老街跨境合作区、农业试验示范园等作为试点，大力推进中越、中老跨境经济合作区建设，加强能源、有色等优势产业及现代农业、食品与消费品制造业、旅游业等领域合作，积极参与形成国际资源配置产业链体系，优化跨境产业空间布局。

二、具体产业布局

（一）农业布局

现代农业不同于传统农业，不仅涉及种养生产，还要考虑育种、繁育、技术研发等前端环节，加工、流通、销售等后端环节，以及市场需求、劳动力供给等。现代农业空间布局要通盘考虑农业生产基地、研发基地和加工基地的整体配套，但生产空间布局仍然是核心。一般而言，农业生产空间布局主要取决于地形地貌和气候条件，以及当地农业种养殖传统习惯。随着现代科学技术进步，通过品种适配性改良、环境智能化改造，农业生产空间布局对自然地理气候条件的点状突破成为可能。然而，基于规模效应和成本考量，现阶段农业生产空间布局还不能完全摆脱自然条件的约束。

长江经济带上游地区现代农业空间布局需基于区域内山地丘陵、高原平原、流域槽谷等地形地貌的自然分布和生态环境承载能力，结合区域人口、经济、要素支撑情况和消费市场规模，在原来产业空间布局基础上，按照区域发展战略对农业进行功能分区、布局优化。坚持“集中连片、集群发展”的原则，重点打造“4+7”的长江经济带上游地区农业高质量发展格局。“4”即四大农业功能区，包括四川盆地现代农业功能区、长江流域生态农业功能区、滇黔山地特色农业功能区、川滇高原农牧功能区；“7”即七大特色产业集群，包括特色粮油、生态畜牧、特色经济林、调味品、中药材、柑橘和柠檬、茶叶等。

四大农业功能区。四川盆地现代农业功能区要充分发挥成渝地区双城经济圈的核心和龙头作用，按照农业现代化基本要求，充分挖掘发挥技术、人才、资金、信息和市场优势，聚合生产要素，建设国家重要农产品战略保障基地、国家农业科技创新中心，全产业链打造粮油、蔬菜、生猪等重点产业，保障重要农产品的优质高效供给；长江流域生态农业功能区发挥水域气候优势，严格落实长江生态环境保护要求，建设以长江、嘉陵江、岷江、沱江、成渝中线“四江一线”为重点的柑橘和柠檬产业集群、三峡库区榨菜加工集群，走绿色发展之路，力争打造为全国流域农业发展的示范区；滇黔山地特色农业功能区发挥山地气候优势，重点发展高山生态蔬菜、调味品、中药材、刺梨、核桃、咖啡、茶叶、烤烟、花卉等特色效益产业和林下经济，走特色发展之路，力争打造为全国山地农业发展的示范区；川滇高原农牧功能区发挥高原气候优势，着力保护高原生态环境、维护国家生态安全，重点发展青稞、牦牛、绵羊、饲草、奶业等，力争打造为全国高海拔农业发展的示范区（见图 6-2）。

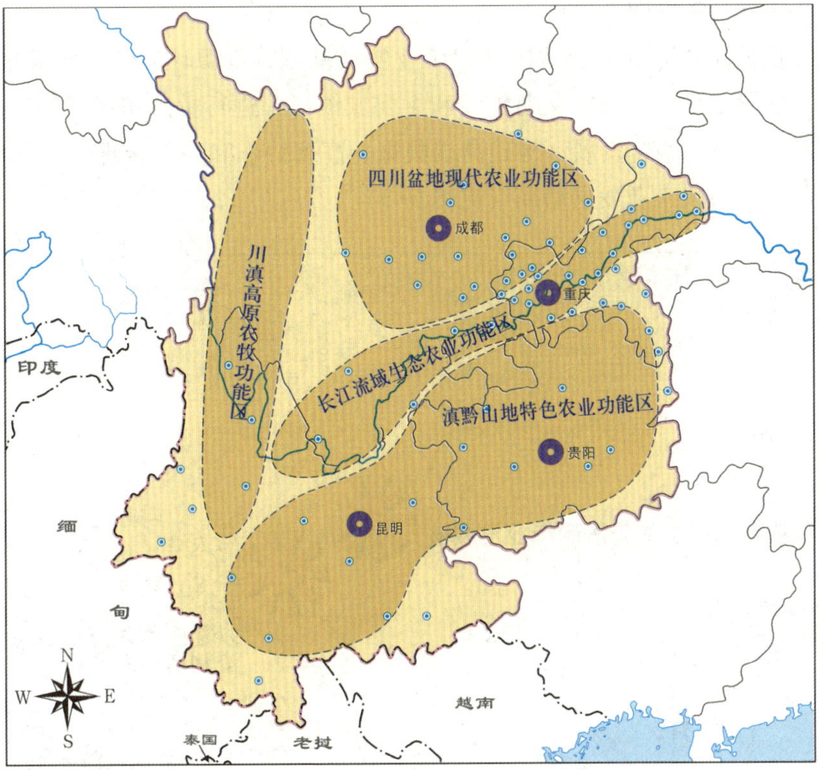

图 6-2　长江经济带上游地区四大农业功能区分布示意图

七大特色产业集群。特色粮油产业集群主要布局在四川盆地、云贵高原，重点推动连片发展、农旅融合；生态畜牧产业集群主要布局在川南渝西、川东北和渝东北、云南贵州全域，重点推动标准化绿色化养殖、精深加工；特色经济林产业集群主要布局在川西南、川南渝西、渝东北、渝东南、云南北部和东北部、贵州全域，重点推动精深加工、农旅融合；调味品产业集群主要布局在川南渝西、黔北黔南，重点推动精深加工和品牌塑造；中药材产业集群主要布局在云贵高原、盆周山区、秦巴山区、武陵山区，重点推动道地药材规模化标准化种植、精深加工；柑橘和柠檬产业集群主要布局在川东渝西、三峡库区、滇中地区，重点打造长江上游柑橘产业带和安岳、潼南柠檬产区；茶叶产业集群主要布局在环四川盆地边缘过渡地带、云贵高原东西边缘过渡地带、海拔 300～2000 米的丘陵山区，重点推动工艺改进、品牌塑造。

（二）工业布局

立足长江经济带上游地区现代工业发展基础、资源环境综合承载能力，依托长江黄金水道、重要交通轴线和主要城镇群等进行重点布局，促进区域板块联动发展、融合发展，构建高端集聚、高度协作和高效合理的“一核两区六集群”现代工业发展格局（见图 6-3）。

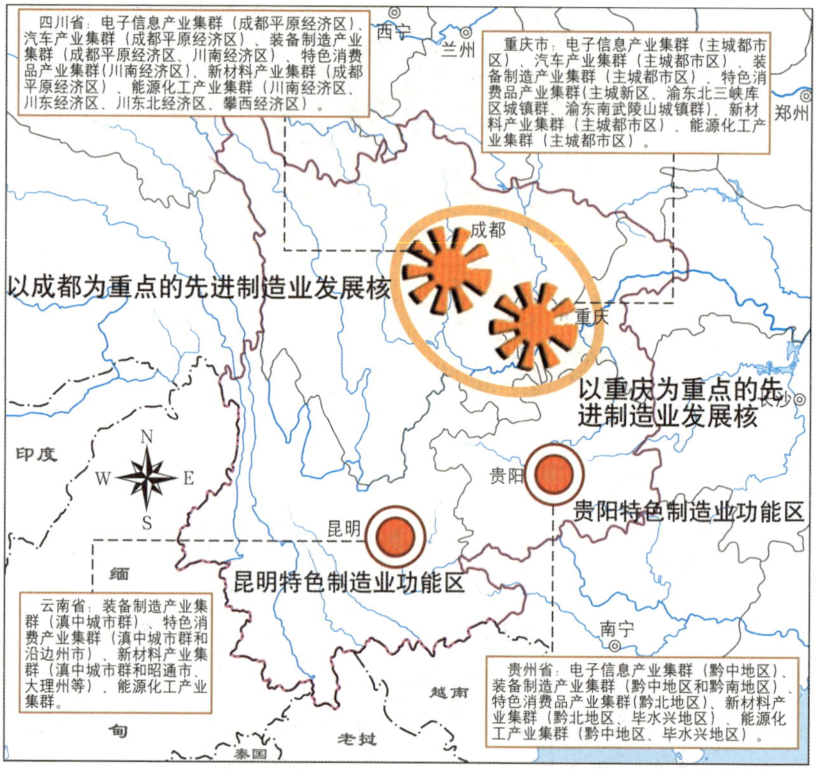

图 6-3　长江经济带上游地区现代工业布局示意图

一核，即以重庆、成都两个特大城市为重点的先进制造业发展核心。依托成渝地区双城经济圈建设，以重庆、成都两大先进制造业为发展极核，充分发挥增长极辐射和带动作用，打造电子信息、装备制造、特色消费品、先进材料、能源化工等世界级先进制造业集群，形成研发在中心、制造在周边、链式配套、梯度布局的产业分工体系。其中，重庆推动“一区两群”协同发展，围绕电子、汽车摩托车、装备制造、消费品、材料等支柱产业打造全产业链，建设全市制造业高质量发展的增长极。成都聚焦于“5+1”现代工业体系，以特色优势产业和战略性新兴产业为主攻方向，打造电子信息、装备制造万亿级产业集群，培育发展生物医药、航空航天、先进材料、食品饮料等千亿级产业集群。

两区，即以贵阳、昆明两大特色制造业功能区为引领。依托滇中城市群、黔中城市群建设，以贵阳、昆明两大特色制造业功能区为引领，积极发挥引领带动作用，加快发展大数据电子信息、新材料、生物医药、装备制造、消费品、能源化工等特色优势产业，打造一批具有国内影响力的特色优势产业集群。其中，贵州主要以黔中地区为核心，重点发展大数据电子信息、先进装备制造、生物制药、能源化工等。云南主要以滇中城市群的昆明市、曲靖市、玉溪市、楚雄州为载体，发展有色金属新材料、化工新材料、新能源材料，以及生物医药、先进装备制造、绿色食品加工、卷烟及配套、电子信息等产业。

六集群。电子信息产业集群主要分布在重庆主城都市区、四川成都平原经济区、贵州黔中地区，重点打造全产业链，建设世界级电子信息产业集群。汽车产业集群主要分布在重庆主城新区、四川成都平原经济区，重点推动高端化、轻量化、节能化发展，打造万亿级汽车产业集群。装备制造产业集群主要分布在重庆主城新区、四川成都平原经济区和川南经济区、贵州黔中地区和黔南地区、云南滇中城市群，重点推动高端化、智能化、成套化发展，打造世界级装备制造产业集群。特色消费品产业集群主要分布在重庆主城新区和渝东北三峡库区城镇群及渝东南武陵山区城镇群、四川川南经济区、贵州黔北地区、云南滇中城市群和沿边州市，重点推动烟、酒、食品、调味品、特色纺织等领域提质增效，打造具有国际竞争力的特色消费品产业集群。新材料产业集群主要分布在重庆主城新区，四川成都平原经济区，贵州黔北地区和毕水兴地区，云南滇中城市群和昭通市、大理州等工业基础较好的地区，重点推动基础材料领域转型升级、先进材料领域技术开发和产业化，打造万亿级新材料产业集群。能源化工产业集群主要分布在重庆主城新区，四川川南经济区、川东北经济区、攀西经济区，贵州黔中地区、毕水兴地区和云南滇中城市群，重点推动清洁能源、节能环保、绿色化工发展，打造具有国际竞争力的能源化工产业集群（见表6-1）。

表 6-1 长江经济带上游地区各省（市）现代工业布局情况

地区	现代工业布局
重庆	中心城区：加速发展战略性新兴产业、数字经济等高端产业和产业链高端环节，建设全市制造业高质量发展的引领地。 主城新区：围绕电子、汽车摩托车、装备制造、消费品、材料等支柱产业加快完善产业链，建设全市制造业高质量发展的增长极。 渝东北三峡库区城镇群、渝东南武陵山区城镇群：聚焦于绿色食品、绿色建材、特色轻工等细分领域，高起点承接产业转移，打造一批“小而精”特色产业集群，建设全市制造业绿色发展示范区。 两个万亿级先进制造产业集聚区：发挥两江新区、重庆高新区引领带动作用，推进两江新区（鱼复组团）—长寿—涪陵—垫江西南部和重庆高新区—九龙坡、沙坪坝、北碚西部槽谷地带—璧山—江津—永川部分地区两个万亿级先进制造产业集聚区建设。 区域性增长极：依托“万开云”“綦万南”等协同机制，打造若干制造业高质量发展区域性增长极
四川	构建“一干多支、五区协同”工业发展格局。 成都平原经济区：重点培育先进制造业产业集群。聚焦于“5+1”现代工业体系，以特色优势产业和战略性新兴产业为主攻方向，打造电子信息、装备制造万亿级产业集群，培育发展生物医药、航空航天、先进材料、食品饮料等千亿级产业集群。 川南经济区：重点打造世界级白酒产业集群，培育国内领先的食品饮料、节能环保装备、智能终端、信息安全、工程机械、轨道交通、精细化工、新材料、通用航空和航空发动机研发制造等产业集群。 川东北经济区：重点培育国内领先的绿色化工、机械汽配、绿色食品、丝纺服装、建材家居等产业集群。 攀西经济区：重点打造世界级钒钛、稀土等产业集群。 川西北生态示范区、大小凉山地区：重点发展清洁能源、民族工艺、生态经济等，充分发挥生态屏障功能
贵州	黔中地区：包括贵阳市全部和遵义市、毕节市、安顺市、黔东南州、黔南州部分地区，重点发展大数据电子信息、先进装备制造、生物制药、现代化工等。 黔北地区：主要包括桐梓、正安、道真，重点发展优质烟酒、先进装备制造、基础材料、生态特色食品等。 毕水兴地区：主要包括毕节市、六盘水市、兴义市，重点发展基础能源、清洁高效电力、新型煤化工、基础材料和新型建材等。 “三州”等民族地区：主要包括黔西南、黔南、黔东南“三州”少数民族地区，重点发展民族医药、生态特色食品、民族特色轻工和基础材料等
云南	“一核、一带、多点”工业发展空间布局。 “一核”：以滇中城市群的昆明市、曲靖市、玉溪市、楚雄州为载体，主要发展有色金属新材料、化工新材料、稀贵金属新材料、光电子微电子及半导体新材料、新能源材料，生物医药、先进装备制造、绿色食品加工、卷烟及配套、电子信息等产业。 “一带”：以位于沿边州市（保山市、普洱市、临沧市、红河州、文山州、西双版纳州、德宏州、怒江州）为支撑，强化对外开放功能，主要发展进出口贸易加工、消费品制造等外向型产业。 “多点”：以昭通市、大理州等工业基础较好的州市为引领，丽江市、迪庆州等为支撑，对主要以绿色硅、绿色铝为重点的新材料产业以及生物医药、化工、绿色食品加工、电子信息等产业进行布局，打造特色产业集群

（三）现代服务业布局

立足长江经济带上游地区各省（市）发展定位，充分发挥各地比较优势，依托都市圈、城市群进行重点布局，以成渝地区双城经济圈为核心，重庆、成都、贵阳、昆明为引领，各区域性中心城市为支撑，发挥城市交通区位、科技创新、改革开放、消费市场等综合优势，突出服务功能互补互动，打造服务业高质量发展引领区，构建“两区一环”的现代服务业空间布局（见图 6-4）。

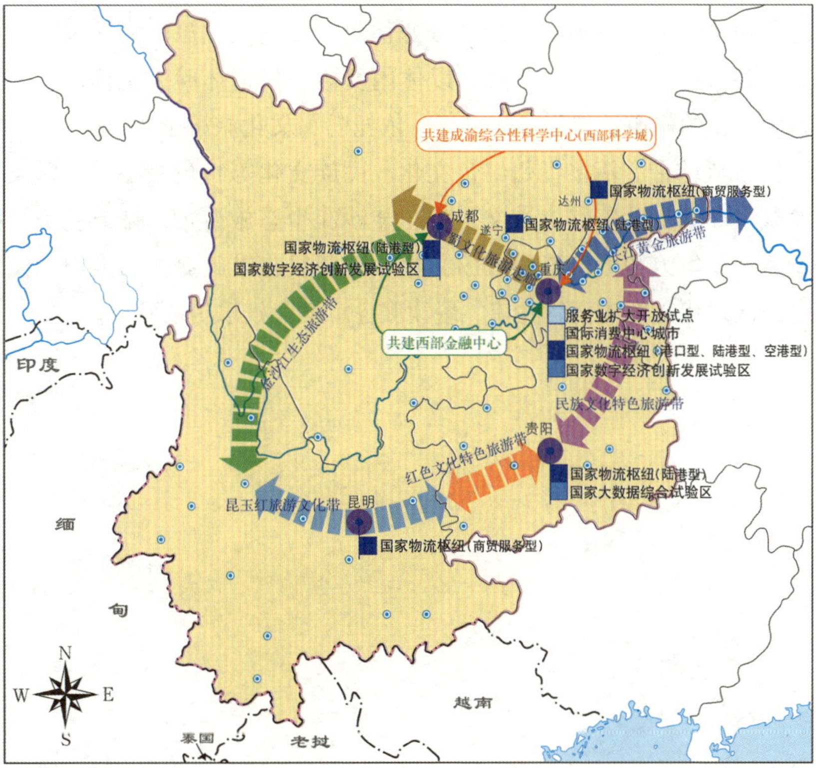

图 6-4 长江经济带上游地区现代服务业布局示意图

现代服务业核心功能区。涵盖重庆主城都市区、成都、贵阳、昆明，是将长江经济带上游地区打造为现代服务业高质量发展集聚区的核心载体。该功能区处于长江经济带上游地区核心地带，地理交通区位优势明显，是现代工业产业密集区，金融服务、现代物流、商贸服务、数字服务、科技研发等生产性服务业发展基础较好，初步形成了较为完善合理的服务业体系，对周边地区具有较强辐射带动能力。

现代服务业拓展功能区。涵盖重庆市万州、开州、黔江区，四川省自贡、泸州、德阳、绵阳、眉山、宜宾等，贵州省遵义、毕节、安顺等，云南省曲靖、玉溪、楚雄、红河等区域性中心城市。立足公路、铁路、长江干线综合运输枢纽优势，丰富的自然资源以及装备制造、新材料、生物医药等产业集群，重点打造现代服务业集聚区，形成对产业发展的服务支撑体系，带动金融服务、现代物流、文化旅游、商贸服务、健康服务等服务业发展，加快二、三产业融合发展，提升产业发展能级。

长江经济带上游地区文化旅游环线。依托长江经济带上游地区丰富的自然旅游景观和浓郁的历史人文景观资源优势，推进文化旅游业发展。以自然生态观光和历史人文揽胜为基础，以休闲度假和民俗体验为主体，以满足现代日益个性化的旅游消费需要为目标，依托巴蜀文化旅游走廊、长江（重庆、四川）黄金旅游带，衔接贵州红色文化、民族文化等特色旅游带，以及云南大滇西旅游环线、昆玉红旅游文化带、金沙江生态旅游带，打造一条具有国际影响力、竞争力和可持续发展的文化旅游环线，以此促进和推动长江经济带上游地区现代工业、商贸物流、餐饮服务、文化娱乐等的发展。

第七章

完善产业生态体系

一、加快构建以交通为重点的基础设施格局，促进长江经济带上游地区产业优化布局

围绕国家重大战略要求和长江经济带上游地区发展需要，加快优化综合交通设施格局，以大交通网络助推大产业发展，促进产业空间便捷联动，优化水利、能源、新基建等重点基础设施布局，加快构建便捷顺畅、经济高效、保障充分的现代基础设施网络体系，提升基础设施互联互通和现代化服务水平，加快夯实基础设施对产业集聚、布局优化和区域高质量发展的先行支撑能力。

（一）全面对接融入国家综合立体交通格局

依托国家综合运输大通道，发挥长江上游水路、陆路、航空交通枢纽功能，建设以成都、重庆为中心的国际性综合交通枢纽集群，以客运专线、铁路和高速公路为骨干，构建外联内通、快速便捷、安全高效的现代综合交通运输网络。

完善综合立体交通网。围绕国家综合立体交通布局，更加注重质量效益、一体化融合、创新驱动，立足全面建设社会主义现代化国家大局，服务长江经济带、西部大开发和成渝地域双城经济圈建设，形成内联国内经济核心、外接对外贸易支点、辐射带动西部地区的“一道一轴三廊一核两极两枢纽”的长江上游立体交通网络。全力提升长江黄金水道功能。依托长江黄金水道主骨架，加快长江经济带综合运输体系建设，推进航道区段标准统一，加快长江上游航道整治和梯级渠化，推进长江干线航道扩能提升工程，努力打通瓶颈制约，积极推动实施三峡枢纽水运新通道和葛洲坝航运扩能工程，积极呼吁实现万吨级船舶直达重庆。统筹江海陆联动发展，加强沿江港口与沿海港口联动，发挥重庆港的区域集聚作用，加强与长江中下游武汉港、南京港、上海港联动，完善江海直达运输组织方式，扩大江海直达运输领域和规模。促进形成便捷高效的成渝交通轴、渝贵、成昆、贵昆交通走廊。形成以成渝中线高铁、成渝高速公路为核心的成渝交通轴。加快形成以渝昆高速为核心的重庆至贵州的渝贵交通走廊。促进以成昆高铁为核心的成都至昆明的成昆交通走廊。加快建设以贵昆高铁、贵昆高速公路为核心的贵昆交通走廊建设。加快建设以重庆、成都两极为核心的成渝地区双城经济圈国际性枢纽极核。以强化重庆、成都“双核”联系及对外联通、开放辐射为重点，加快长江上游区域对外联通，向西融入亚欧通道，打通出疆入藏战略通道，打通与中亚、

南亚、欧洲的陆上通道，向南畅通西部陆海新通道，辐射东南亚、南亚，向东强化与长三角、粤港澳大湾区连通，实现通江达海，向北衔接京津冀地区、中蒙俄国际经济走廊，对接东北亚地区。建设昆明、贵阳国际性综合交通枢纽城市。以黔中城市群交通网络建设为重点，加快织密贵阳路网，进一步巩固提升西南陆路交通枢纽地位。以昆明为核心进一步延伸我国面向南亚、东南亚国家开放通道，强化滇中城市群交通基础设施的网络建设和共建共享，提高对南亚、东南亚辐射的交通支撑。

强化国际物流贸易大通道建设。加快四省（市）对外交通物流廊道建设，坚持东西开放、陆海统筹，以重庆、成都、贵阳、昆明等关键节点城市为突破口，强化以国际物流贸易大通道为载体的基础设施互联互通建设，提升区域整体对外连通性，打通经济走廊，实现长江经济带上游地区与“一带一路”、西部陆海新通道的有机融合，成为全面加强与东盟合作的示范窗口。畅通便捷高效南向通道从而促进与东南亚交流合作。沿西部陆海新通道，通往北部湾出海口（北部湾港、洋浦港），衔接中国—中南半岛国际经济走廊。沿成渝昆通道经滇中，连接瑞丽、磨憨、河口等边境口岸，衔接孟中印缅国际经济走廊。加快建设西向通道促进与中亚、西亚、南亚及欧洲陆路交流。沿川藏通道经林芝至樟木，通往中尼印和孟中印缅经济走廊。向北经兰西城市群，沿大陆桥走廊经乌鲁木齐至霍尔果斯/阿拉山口，对接新亚欧大陆桥、中国—中亚—西亚、中巴等国际经济走廊。积极打通东向通道，更加高效对接海上丝绸之路。依托长三角—成渝主轴，沿长江经济带通往长江中游城市群、长三角城市群。依托粤港澳—成渝主轴，经遵义、桂林至粤港澳大湾区。沿厦蓉通道，经长株潭通往福建，衔接海上丝绸之路。努力推进北向通道加快融入中蒙俄国际经济走廊。依托京津冀—成渝主轴，沟通关中平原城市群，连接京津冀地区、呼包鄂榆城市群，并通过二连浩特、甘其毛都等口岸，对接中蒙俄国际经济走廊。

提升四省（市）内部的网络化通道运行能力。以各省（市）网络化通道为建设基础，促进长江上游建设对外高效联通、内部有机衔接的综合交通网络。加快推进干线铁路、高速铁路、城际铁路和枢纽站场建设，强化既有线路扩能改造。加快建设成渝中线高铁、渝西高铁、渝昆高铁、渝宜高铁、成达万高铁、渝贵高铁、兰渝高铁、贵南高铁、铜吉高铁等快速铁路通道。以重庆、成都、昆明、贵阳为中心，构建都市圈、城市群城际铁路体系，加快推动重庆—铜仁、重庆—江津—泸州—乐山、万开云、川南、绵阳—遂宁—

内江、重庆—自贡—雅安、贵阳—贵安—安顺、昆明—楚雄—大理等城际铁路建设。强化成昆、渝贵、兰渝扩能改造工程。加快区际省际高速公路通道、综合交通枢纽及内部连接通道等薄弱环节和短板领域建设。加快推进对外高速公路通道建设，强化主要城市间直接快速联通。持续提升国省干线、县乡道公路技术等级，完善城际快速通道网络，加快城镇过境段改造。提高既有路网通行能力，优化完善区域快速交通网络体系，加快成渝、渝遂、成自泸赤、沪昆、杭瑞等国家高速公路繁忙路段扩能改造。优化城际快速路网，加强干线公路与城市道路有效衔接，畅通主要节点城市进出通道，增强公路对客货运枢纽的集疏运服务能力。建设泸州—永川、大足—内江、铜梁—安岳、南充—潼南、大竹—垫江、开江—梁平、西昌—香格里拉、昆明—攀枝花—成都、昆明—富源—贵阳等高速公路。促进长江上游内河实现江海联运。健全以长江干线为主通道、重要支流为骨架的航道网络，加强港口集疏运体系建设，积极发展多式联运，全面畅通岷江、嘉陵江、乌江、渠江等长江支流渠化，发挥内河水运作用。打通云南经西江出海通道，打通贵州经西江、长江出海通道，实现长江上游内河江海联运。以核心节点城市为枢纽，合力打造具有世界影响力的机场群。整合长江上游四省（市）民航布局，编制协同发展战略规划，增强面向西部地区、全国乃至全球的辐射能力。强化重庆、成都、昆明的国际航空门户枢纽功能，优化提升贵阳区域航空枢纽功能，增强万州、黔江、泸州、绵阳、丽江、遵义等区域航空服务能力。完善区域机场协作机制，提升区域航空服务品质，加强航空货运设施建设。加快推进重庆新机场规划建设，促进长江上游支线机场网络体系建设，推动万盛、城口、石柱、开州、秀山、北川、金堂、长宁、巴塘、盐源、营山、荔波、黎平、安顺等支线或通用机场布点。

（二）加快完善重大水利设施建设布局

立足筑牢长江上游生态屏障，加强重大水利工程建设，强化水利对农业现代化、工业、城镇布局的基础性作用，加快推进在建工程进度，研究推进跨区域重大蓄水、提水、调水工程建设。统筹配置生活、生产、生态用水，构建多源互补、集约高效的水资源供应体系。

推动区域大型水库及引水供水重点工程建设。加快推进引水供水重大工程的研究论证及建设，有序推进长征渠、引大济岷、涪江右岸、渝南及重庆中部水资源配置、沱江团结、滇中引水工程、乌江引提水工程等项目。推进大中型灌区续建配套与现代化改造，重点加强向家坝灌区二期、瓮福灌区、威宁灌区、弥泸、耿马、石屏、保山坝等项目建设。统筹实施重庆主城都市区现代水网和渝东北、渝东南水资源配置网络建设。积极引入市场机制，大力推进城乡供水一体化，实施农村供水保障工程。

加强饮用水水源地和备用水源建设。加强水资源协调公用，加强重点地区、重点城市水生态修复工程建设，加快水资源实时监控系统建设，完善跨界水资源监测体系。严格执行饮用水水源地保护要求，建立健全流域上下游地区饮用水环境风险综合防控和协同处置制度，共同防范和妥善应对饮用水突发环境事件。推动四川青峪口、米市，重庆藻渡、跳蹬、向阳，云南桃源、小石门，贵州观音、花滩子等大型水库建设。加强城市应急备用水源、农村供水和中小型水源工程建设，推进人口分散区域重点小型标准化供水设施建设，保障区域供水安全。

推进防洪减灾设施建设。秉承生态防洪抗旱理念，推进“蓄、护、疏、调”协同，构建现代水旱灾害防御体系。加强主要江河和中小河流防洪治理，实施防洪控制性水库联合调度。加快修复河流湖泊生态，健全河湖健康保障体系，实施大江大河主要支流治理项目，完成中小河流治理任务，实施农村水系综合整治。加快建设城市防洪工程，提高城市防洪能力。加大病险水库除险加固力度，完成现有病险水库治理。以山洪灾害高易发区为重点，完善山洪灾害防治体系。

（三）着力强化能源基础设施保障能力

推动长江经济带上游地区能源设施统一规划、有序实施、能源输出与就地消纳并举，进一步提升长江上游作为全国最重要的清洁能源基地的战略地位。优化区域电力资源配置，完善电网主网架结构。统筹上游地区油气资源开发，完善天然气管网布局，完善页岩气开发利益共享机制。

增强区域安全清洁的多元化能源供给能力。积极培育能源新业态、新生态，优化能源供应结构，建设多能互补分布式清洁供能体系，巩固拓展区域煤炭、电力和成品油等供应渠道。优化煤炭产业结构，加快淘汰落后产能，消除安全隐患。统筹推进风光水多能互补能源基地建设，推广分布式能源发展，稳步推进金沙江、雅砻江、大渡河水电基地开发，建设具有调节能力的水库电站。增加清洁能源输入，推进云南周边国家高电压等级电网互联，实现中老、中缅、中越联网，加大贵州电力资源入渝入川。统筹推进川渝地区天然气资源勘探开发，积极发挥长宁—威远、涪陵国家级页岩气示范区建设的引领作用，实施川中安岳、川东北高含硫、川西等气田滚动开发，加快重庆涪陵以及川南长宁、威远、泸州等区块页岩气产能建设，打造川渝天然气千亿产能基地，为2025年建成中国“气大庆”打下坚实基础。

构建内畅外通的多渠道能源设施网络。优化升级长江上游四省（市）能源网络，加快完善电网主网架结构，推动“疆电入渝”“黔电送渝”输电通道建设，推动西北电入渝第二输电通道前期工作。加强城乡电网升级改造，加快智能电网设施布局，推进农村配电网优化升级，实现城乡用电服务均等化。强化电网应急保障设施配备，保障极端条件下电力供应，提高防灾抗灾能力。推进国家输气干线和各省（市）管网互联互通，配套建设联接工程，完善市域管网规划布局，形成以跨区管网为骨干、区域支线为辐射的蛛网式管网格局。推动成品油管道扩容改造，联通西北、华南油源输送管道，论证沿江成品油管道，构建多油源互济互保供应体系。

构建灵活高效的能源储备调峰体系。统筹抽水蓄能电站、天然气发电、煤电灵活性改造、电力需求侧响应和储能等供需措施，不断增强电力系统运行调节和调峰能力。优化成品油仓储设施布局，形成各省（市）分级分类油库仓储体系。加强储气设施建设，形成以地下储气库为主、CNG和LNG储备站为辅、可中断用户为补充的多层次调峰体系。加强储煤基地布局建设，重点提高煤电企业存煤能力。

（四）系统推进新型基础设施建设

积极谋划长江上游各类新型基础设施建设，努力创建全国领先的新型基础设施体系，突出新型网络、智能计算、信息安全、转型促进等重点领域，加大对新兴产业的孵化带动作用，促进传统产业升级，加大对社会民生保障，为区域整体发展奠定基础。

协同建设新一代信息基础设施。加快推进5G网络建设，深入推进IPv6规模部署，支持上下游企业协同开展技术、设备、产品研发、服务创新及综合应用示范。围绕东数西算工程建设，统筹规划西部数据中心，推进区域信息枢纽港建设，实现数据中心和存算资源协同布局。加快量子通信产业发展，统筹布局和规划建设量子保密通信干线网，开展量子通信应用试点。加强西部现代化测绘基准体系建设，实现卫星导航定位基准服务系统互联互通。

共同推动重点领域智慧应用。加大重大科学研究、科技创新、大科学装置在长江经济带上游地区落地，促进支柱性产业发展，为新兴产业发展提供动力和强大支撑。大力发展基于物联网、大数据、人工智能的专业化服务，提升各领域融合发展、信息化协同和精细化管理水平。围绕城市公共管理、公共服务、公共安全等领域，不断扩展社会保障领域智慧应用场景，加强长江上游数字流域和智能水网、智慧邮政建设。推动智慧广电建设，加快广播电视技术革新与体系重构。

合力建设区域工业互联网。积极推进以“互联网+先进制造业”为特色的工业互联网发展，打造国际领先、国内一流的跨行业跨领域跨区域工业互联网平台，为区域高新技术产业集群发展提供强大支撑。统筹推进省际工业互联网建设，推动企业内外网改造升级，积极参与国家标识解析与标准体系构建。加快建设以跨行业跨领域跨区域平台为主体、企业级平台为支撑的工业互联网平台体系。全面建立工业互联网安全保障体系，着力推动安全技术手段研发应用，遴选推广一批创新实用的网络安全试点示范项目。

二、着力完善城镇体系及城镇功能，为长江经济带上游地区产业空间优化提供载体支撑

以实现长江经济带上游地区高质量发展和产业优化布局为目标，紧紧围绕构建新发展格局和国家区域发展战略，强化城市群在推进新型城镇化中的主体地位，加快构筑现代化城镇体系，促进大中小城市协调发展格局，提升城镇集群和产业集群融合互动发展能力和水平，加快美丽乡村建设，为长江经济带上游地区产业布局进一步优化提供载体支撑。

（一）加快构筑现代化城镇体系

紧紧围绕“一带一路”建设，以及长江经济带、西部大开发、西部陆海新通道等国家战略，依托重点城市群、都市圈、中心城市，推动区域联动发展，打造城镇连绵带，构筑疏密有致、高能辐射、轴带拓展的现代化城镇格局。

促进集聚辐射，打造“一核四极多点”城市（群）空间结构。以城镇体系优化引导产业整体布局，以产业布局优化促进城镇体系建设，不断积蓄释放成渝地区双城经济圈作为长江上游城市群的极核作用，加快发展黔中城市群、滇中城市群次核，积极培育中心城市，完善城市空间结构，推动城市群协调发展。一是打造成渝地区双城经济圈“极核”。按照《成渝地区双城经济

圈建设规划纲要》总体部署，不断提升成渝两大国家中心城市发展能级和服务水平，打造全国主要的先进制造业基地和现代服务业高地，推动成渝地区形成有实力、有特色的双城经济圈，建设区域协作的高水平样板，打造带动全国高质量发展的重要增长极和新的动力源，成为示范引领长江经济带上游地区的核心载体。二是培育引领周边高质量发展的“四极”。强化重庆中心城区极核引领功能，推动重庆中心城区周边城市与中心城区同城化发展，推进基础设施互联互通、产业专业化分工协作、公共服务共建共享、生态环境共保共治、建设统一市场、城乡融合发展，全面提升发展能级和综合竞争力，建设重庆现代化都市圈。推动成德眉资同城化发展，拓展成都国家中心城市发展空间，提升极核功能和综合承载能力，建设成都现代化都市圈。推动黔中城市群和滇中城市群加快发展，提升贵阳、昆明两大城市辐射带动作用，推动周边城市组团一体发展，完善综合服务功能和特色化服务功能，建设带动区域高质量发展的城市群。三是培育发展一批中心城市。结合产业空间布局，着力完善四省（市）重要节点城市和中心城市产业集聚、区域服务等功能，提升发展能级，打造承接核心城市（群）功能扩散、集聚发展要素、带动周边发展的功能节点。

推动轴带拓展，打造东向、南向和北向城镇连绵带。结合城市群职能定位分工，依托大城市和都市圈建设，以成渝地区双城经济圈为龙头，联动黔中、滇中城市群，加快完善区域协调联动发展机制，打造经济辐射和功能传递的城镇群连绵带。一是打造东向城镇连绵带。以成渝地区双城经济圈为核心，依托长江黄金水道，推动万州、开州、云阳等沿江重点城镇抱团发展，优化产业布局，积极承接产业转移，促进绿水青山转化为金山银山，着力打造长江上游向东联动长江中下游城市群的沿长江城镇群连绵带。二是打造南向城镇连绵带。依托西部陆海新通道三条主通道［自重庆经贵阳、南宁至北部湾；自重庆经怀化、柳州至北部湾；自成都经泸州（宜宾）、百色至北部湾］和渝昆高铁，发挥重庆作为通道的物流和运营组织中心以及成都作为国家重要商贸物流中心的作用，联动黔中城市群、滇中城市群、北部湾城市群，打造长江经济带上游地区向南联动协同和全面融入北部湾、粤港澳和 RCEP 的城镇连绵带。三是打造北向城镇连绵带。发挥万州、达州、南充、广安等中心城市带动作用，依托渝西高铁、郑万高铁、兰渝高铁等通道，着力打造长江上游向北联动关中平原城市群、中原城市群等的城镇连绵带(见图 7-1)。

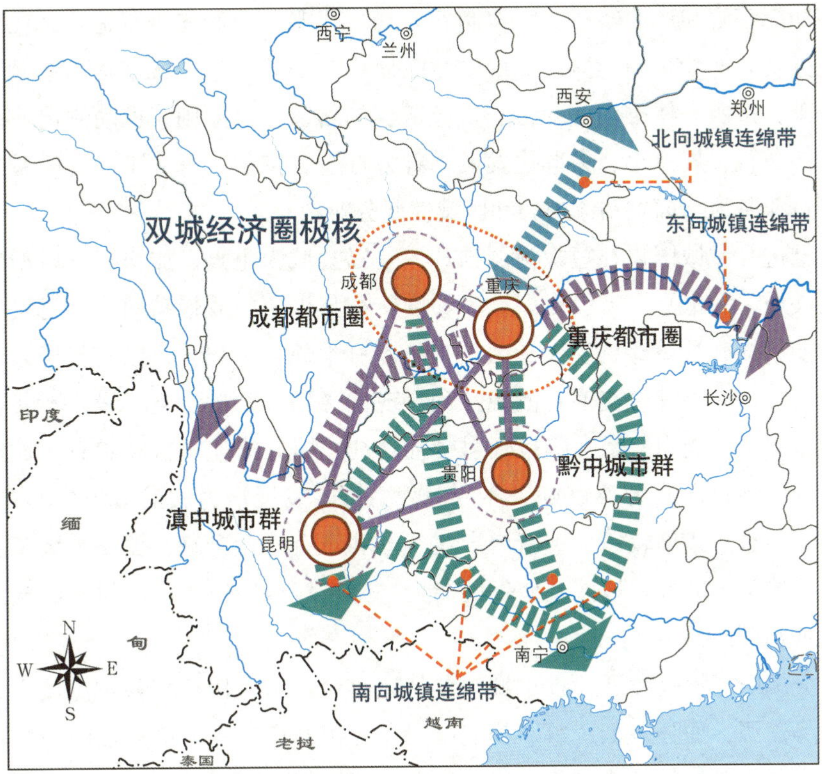

图 7-1　长江经济带上游地区城镇结构示意图

（二）推动中小城市和小城镇协调发展

推动长江上游中小城市与小城镇产业配套、协同发展，加快实现发展要素最优化配置，进一步优化和升级城市规模结构、功能布局。

提升超大特大城市高端产业承载功能。一是统筹兼顾产业、生态、安全、健康等多元需求，深度对接区域产业发展需求和功能定位，推动重庆、成都等超大特大城市中心城区功能升级，优化开发格局，集聚产业中高端环节，有序推动一般制造环节向城市外围组团疏解，促进产业转型升级，实现由外延式扩张式向内涵式提升式转变，防止城市盲目摊大饼，有序合理控制人口密度和开发强度。二是积极推动具备鲜明的“产城融合、职住平衡、宜居宜业”特色的郊区新城建设，实现多中心组团式发展。围绕集聚创新要素，强化超大特大城市研发、交往、组织和高端要素集聚极化等功能，加快建设多个集聚现代服务业和先进制造业的现代化国际大都市。

加快提升大中城市产业发展水平。一是有序推动大中城市承接超大特大城市功能疏解和产业转移，因地制宜布局现代服务业和先进制造业，优化综合服务功能配套布局，提升城市生活品质。二是立足大中城市资源禀赋和产业基础，按照一体推动产业链、供应链、创新链建设原则，推动制造业差异化、链条化、规模化、集群化发展，着力打造有错位、有分工、有联系的先进制造业基地、商贸物流中心和区域性服务业中心。

推进县城城镇化补短板强弱项。一是以县城为重点，加快提升新型城镇化发展质量和水平，吸引更多人口梯度转移集聚，释放带动周边农村发展极核功能，提升县域经济发展活力。二是以科学规划为先导，锚定集聚人口和产业，加快完善综合交通、能源水利、现代通信等基础设施建设，不断提升承载现代产业能力，增强集聚辐射带动功能，引导产业项目和具有区域性带动能力的项目向资源禀赋好、环境承载力强、发展潜力大的县域中心布局。三是大力推进条件较好乡镇新增产业布局和既有产业升级，提高小城镇发展水平，增强带动农村地区全面发展能力，夯实新型城镇化和乡村全面振兴互促发展基础。

分类引导规范发展一批小城镇和特色小镇。一是依托相邻重点城市、特色优势资源，加强规划统筹、功能配套，分担城市功能，培育发展一批具有地方产业优势的特色小城镇，增强服务农村、带动周边功能。二是立足各地区资源禀赋、发展阶段和重点任务，突出重点领域和区域导向，创新特色小镇特色定位，形成服务功能各异、产业特色鲜明的差异化发展格局。三是强化规划引导，以市场为主导，培育一批具有特色资源、特色产业和特色品牌的特色小城镇，加快完善交通、能源、水利、通信等基础设施体系，提升教育、科技、文化、卫生等公共服务质量。

（三）加快推进“美丽乡村”建设

全面深入实施乡村振兴战略，推动巩固提升脱贫攻坚成果同乡村振兴有效衔接，强化乡村产业支撑，推动农业“接二联三”，打造一批“以产兴村”的乡村振兴样板，加快缩小城乡和区域发展差距，促进城乡融合发展。

强化乡村产业支撑。准确把握乡村要素禀赋特征和产业发展规律，加快破除产业链发展水平较低、发展主体不足等现实困境，激活乡村经济和兴乡富民。一是大力培育有特色、有优势、有市场、有效益的现代农业产业集群，深化三次产业融合、多类型产业共融，立足自身特色资源、特色区位发展农产品加工，提升乡村旅游品位，大力发展农村电商等服务业，丰富乡村经济业态，延伸乡村产业链和价值链。二是培育壮大家庭农场、农业龙头企业、专业合作社等经营主体，加快发展多种形式、多种类型的规模经营。积极支持农业“走出去”，培育壮大农产品进出口企业，积极建设农产品出口示范基地。

提升乡村设施建设对产业发展的带动作用。聚焦于农村居民的切身利益和重点关注领域，推动农村基础设施网络化发展，促进公共服务品质化提升，缩小城乡居民生产生活条件差距，进一步释放公共服务和基础设施建设对乡村产业的带动作用。一是以产业路、旅游路、“四好农村路”建设和城乡公交一体化为核心，完善升级农村交通体系。以冷链集配节点和电商物流农村配送点建设为重点，完善农村物流网络，构建城乡“无缝”衔接的物流体系，促进乡村产业“触电联网”。二是加快发展“数字乡村”，加快推动农村宽带通信网、物联网等信息基础设施建设，推进农村地区交通、乡村车间等设施平台数字化智能化转型，提升乡村产业数字化发展水平。三是推动城市优质教师教学资源向乡村延伸，大力发展教育科技、智慧教育，用“一块屏”助力缩小城乡教育差距。实施健康乡村行动，稳步提升农村基层卫生人员工资水平，加快推进农村区域性医疗卫生中心、紧密型县域医共体建设。完善城乡统一的社会保障制度。依托互联网、大数据、云计算等现代信息技术，提升城乡公共服务联动供给水平，促进城乡基本公共服务均等化。

（四）完善城市群协同发展机制

以推动长江经济带上游地区高质量发展和促进区域产业优化布局为导向，不断创新合作模式，加快构建和完善长江经济带上游地区城市群协同发展体制机制，全面提升区域发展活力。

加大国家层面统筹力度。全面贯彻国家区域发展的总体战略，在国家层面统筹，构建和完善长江经济带上游地区城市群间协调联动体制机制，以成渝地区双城经济圈、黔中城市群、滇中城市群为核心平台，联动青海、西藏、关中、长江中游等地区，形成长江经济带上游地区多个城市群协同发展局面，构建组织有序、保障有力、行动高效的长江上游区域合作协调体制与机制。

统筹长江经济带上游地区规划体系。推动各省（市）规划和长江经济带、西部大开发、西部陆海新通道等国家战略有效衔接，深化长江上游各省（市）战略定位、生产力布局与国家战略背景下的整体功能布局、基础设施网络和生产要素布局融合对接。强化长江经济带上游地区各省（市）战略规划、区域规划以及各类专项规划之间的对接。

促进要素跨区流动，形成区域要素资源流动政策。深化金融对外开放，联合谋划建设区域性的金融中心，进一步破除区域间、部门间的行业垄断和行政壁垒。开展跨区办学、跨校联合培养等方式促进地区间科技人才优势互补。建立和完善上游地区各个城市间人才引进和利用协调机制，大力引进符合当地产业方向、有利于技术转化和产业结构升级的专技人员和高级管理人员。完善区域间人才无障碍流动机制。深化互联网技术应用，加快建设城市信息化和智能化网联，强化信息资源跨区域交流和共享。

三、强化科技创新，提升长江经济带上游地区产业竞争力

长江经济带上游地区产业发展能级比较低，发展转型压力大，必须以科技创新为支撑，加快提升产业发展能力。目前，长江经济带上游地区科技创新能力总体还不强，国家大科学装置等科技基础设施还较少，产业关键核心技术掌控能力还不强，产业链创新链融合程度不够，创新生态仍需进一步优化。因此，要深入实施国家创新驱动发展战略，以科技基础设施建设为引领，以创新平台建设为抓手，加快集聚创新资源要素，着力突破关键技术，强化体制机制改革创新，着力提升科技创新能力和水平，强化科技创新赋能，助力长江经济带上游地区加快提升产业竞争力。

（一）优化创新空间布局

作为科技创新活动的载体，区域创新空间的布局和优化是提升区域创新能力、实现产业转型发展的关键。总体看，长江经济带上游地区具有影响力的创新空间还比较少，要进一步发挥科技创新核心区的引领带动作用和国家级开发区对区域创新的支撑作用，加快构建区域协同创新网络，推动长江经济带上游地区整体创新能力尽快提升。

建设科技创新核心引领区。以重庆、成都双核为主体，加快建设西部科学城，加快集聚创新力量，着力开展原始创新和基础研究，建设成渝综合性科学中心，打造长江经济带上游地区创新策源地。加快建设贵州科学城、绵阳科技城、两江协同创新区，规划建设滇中（昆明）科学城，实施高新技术产业集聚发展工程，着力推动产业应用创新，打造一批产业创新区。提升重庆、成都国家自主创新示范区创新引领发展能力，争取创建贵阳、昆明国家自主创新示范区。

提升国家级开发区创新能力。发挥重庆两江新区、四川天府新区、贵州

贵安新区、云南滇中新区四个国家级新区在产业链关键环节和关键技术上的突破引领能力，打造若干竞争力强的创新平台，建设产业创新中心，力争在重大“卡脖子”技术和产品上取得突破。加快发挥国家级高新区对科技成果转化和产业化的支撑作用，推动重庆高新区、成都高新区、昆明高新区、贵阳高新区大力集聚高端创新资源，加强关键核心技术创新和成果转移转化，建设高新技术密集型集聚区和创新驱动示范区。推动国家级经开区推广创新试点经验，大力建设创新平台，发展特色创新创业载体，打造产业创新集聚区。

构建区域协同创新网络。强化区域创新合作，集合长江经济带上游地区创新资源，形成核心引领、多点支撑的创新网络，构建“研发+转化”“终端产品+协作配套”“总部+基地”的创新发展格局。积极推广成德绵全面创新改革试验经验，推动区域一体化创新。支持重庆、成都、贵阳、昆明等核心城市与中小城市采取“双飞地”模式协同创新，加快建设一批创新型城市。

（二）加快建设创新平台

创新平台建设是提升区域创新能力的核心。目前，长江经济带上游地区各类创新平台相对缺乏，要以重大科技基础设施、重点实验室、新型产业创新平台等为重点，加大创新平台建设力度，支撑长江经济带上游地区产业加快发展。

加快建设重大科技基础设施。围绕开发航空航天、核能、电子信息及智能制造等相关领域的战略性产品，积极争取国家支持，加快建设国家大科学装置等一批重大科技基础设施，积极配套建设一批科教基础设施，鼓励地方政府、科研院所和企业谋划建设一批科技创新基地和交叉研究平台，形成一批在学科内涵方面关联性强、在空间分布方面集聚度高的原始创新集群（见专栏 7-1）。

专栏 7-1　长江经济带上游地区各省（市）重大科技基础设施建设重点

一、重庆

超瞬态实验装置、长江模拟器、长江上游种质创制科学工程、中国自然人群资源库重庆中心等大科学装置，新材料、硅基光电子、智能技术等高水平研究院，儿童医学、生物技术、应用数学、生命健康数据、低重力、长江流域生态环境等科学研究中心，中国科学院重庆科学中心、北京大学重庆科学中心、重庆大学科学中心等。

二、四川

“五集群一中心”重大科技基础设施，先进核能、空气动力、生物医学、深地科学、天文观测等重大科技基础设施集群，高海拔宇宙线观测站、转化医学、大型低速风洞等国家重大科技基础设施，新型空间光学研究装置、超高速轨道交通试验平台等前沿引领创新平台。

三、贵州

贵州科学中心，生物医学、文献（科技）、天文、遥感（地球科学）等大数据中心和高性能计算中心，贵州射电天文台，贵州科学数据中心，超算、人工智能等公共算力平台，生物测序平台和人体肠道微生物组研究基地，国家生物大数据中心等。

四、云南

生物多样性及生态安全等领域的重大创新平台。

高标准建设重点实验室。依托区域内高校、科研院所和骨干企业，大力建设国家和省级重点实验室。积极争取国家（重点）实验室布局建设，提升基础研究能力，实施一批战略性、前瞻性国家重大科技项目。着力提升区域内现有重点实验室的创新能力，提升基础设施和装备水平，创新营运管理和评价激励机制，突破一批重大原创性科学成果。聚焦于空天科技、生命科学、先进核能、电子信息等领域，加快大数据智能计算、非常规油气开发、长江上游生态保育与农业绿色发展、高原山地生态与环境、山地城镇建设安全与智能化、非人灵长类生物医学、天然药物开发应用、天文等领域国家重点实验室的谋划建设，布局建设基础材料、生物医学与人类健康、农业生物遗传、环境系统与控制等领域重点实验室，生物安全防护高等级实验室（见专栏 7-2）。

专栏 7-2　长江经济带上游地区各省（市）重点实验室建设重点

一、重庆

大数据智能计算、非常规油气开发、长江上游生态保育与农业绿色发展、山地城镇建设安全与智能化等领域国家重点实验室，临床医学研究中心、三级生物安全实验室和野外科学观测研究站。

二、四川

高分子材料、牵引动力、电子薄膜与集成器件等国家重点实验室。基础材料、生物医学与人类健康、农业生物遗传、环境系统与控制等领域重点实验室，空天科技、生命科学、先进核能、电子信息等领域国家实验室。

三、贵州

喀斯特领域国家实验室，政府治理能力大数据应用技术国家工程实验室和省部共建公共大数据重点实验室，贵州种质资源库（基因库），生物测序平台和人体肠道组研究基地，智能采掘、煤炭地下气化、智能农机、天然产物提取、智能酿造等领域重点实验室。

四、云南

稀贵金属新材料、合金铝、中药材、节能减排、种质资源等领域实验室，大数据应用研究与开发、生物医药、新材料、智能制造、新能源等领域省级重点实验室，天然药物开发应用、非人灵长类生物医学、天文、高原山地生态与环境、面向南亚东南亚自然语言处理等优势特色领域国家重点实验室。

加快建设新型产业创新平台。强化创新链产业链协同，鼓励电子、汽车、装备、消费品、材料等重点产业的行业龙头企业和有条件的企业牵头组建行业研究院，重点对行业共性技术和前沿技术进行基础研究和开发，支持龙头企业和创新型领军企业与产业链上下游企业共同组建一批创新联合体。支持区域内的高等院校、研发创新机构与企业共同组建实验室或新型研发机构，共同开展科技项目研究和成果转化。推动国家部委和省（市）共建国家创新中心，支持企业加快建设一批技术创新中心、工程研究中心、产业创新中心等创新平台及综合性、行业性检验检测平台，提升产业创新能力。

（三）推动关键技术创新

关键技术是区域产业发展的核心竞争力。目前，长江经济带上游地区在产业关键技术上存在诸多“卡点”“堵点”，要以前沿技术研究和产业关键技术突破为重点，加快构建政产学研用一体化格局，增强长江经济带上游地区产业发展动力。

瞄准前沿技术开展基础研究。聚焦于人工智能、生命科学、未来通信、前沿材料、生态安全等前沿领域开展基础研究，紧跟国家未来产业战略导向，大力支持基因技术、氢能与储能等领域研发创新。围绕产业发展的重大技术需求，结合现有产业基础，选择在集成电路、智能汽车、轻金属材料、生物医药、中医药、先进感知、工业大数据等领域，加快创建一批国家级创新平台，在重大战略产品、关键共性技术或重大工程等方面积极开展应用基础研究。

着力突破产业关键技术。紧紧围绕经济社会发展重大需求实施重大科技专项，聚焦于电子信息、智能制造、新能源和智能网联汽车、航空航天等产业关键环节和核心技术开展应用研究，着力突破一批“卡脖子”技术，提升长江经济带上游地区产业链自主可控能力。加快集聚高科技产业，大力吸引国内外创新型企业到重庆、成都、贵阳、昆明等城市设立研发机构，推动一批科技成果尽快转化转移，促进新一代信息技术、高端装备制造、新材料、大健康等新兴产业集群加快壮大（见专栏 7-3）。

专栏 7-3　长江经济带上游地区部分行业关键技术突破领域

电子信息：集成电路与新型显示、工业软件、超算、人工智能等。

装备：航空与燃机、轨道交通、智能装备、航空发动机、网络空间安全等。

生物：生命健康、生物育种、生物萃取、种质资源库（基因库）建设、中药材、非人灵长类生物医学、天然药物开发应用等。

材料：钒钛资源、合金铝、稀贵金属新材料、绿色铝硅材料等。

农业：绿色食品、现代山地特色高效农业等。

生态：长江上游生态环境修复、喀斯特生态治理和资源利用、节能减排、生物多样性及生态安全、高原山地生态与环境、碳减排、碳中和、水环境治理等。

其他：公共大数据、煤炭智能采掘、智能建造、天文、面向南亚东南亚自然语言处理、重大疾病防治等。

提升协同创新能力。依托企业主体，围绕市场需求，加快完善政产学研用一体化的科技创新体系，加快建设产业创新高地。实施科技创新合作计划，联合开展技术攻关，参与实施国家重大科技任务，积极申报科技创新重大项目。积极推动科技创新平台共用、大型科研仪器设备共享，共同建设创业孵化、科技金融、成果转化平台，打造区域产业中试基地，建设区域一体化技术交易市场。鼓励区域内高等院校、科研机构与企业共同参与重大科技项目。

（四）完善开放创新体制机制

区域产业创新提升需要相应的体制机制加以保障。目前，长江经济带上游地区还需要加大开放创新力度，加大创新支持力度，形成有利于创新的体制机制，着力集聚创新要素，推动区域创新能力尽快提升，支撑区域产业加快发展。

大力集聚创新要素。加快完善人才政策，吸引集聚一批创新人才，打造一支能够支撑产业创新发展的高水平创新人才队伍。围绕“一带一路”建设，加快建设“一带一路”科技创新合作区和国际技术转移中心，办好“一带一路”科技交流大会、重庆国际创投大会，增强国内外创新力量的吸引集聚能力。瞄准国内外一流高校或研发机构，创新合作方式，争取在长江经济带上游地区合作建设研究院和研发中心。加快壮大科技创新主体，实施科技企业成长工程，大力培育引进创新型领军企业和细分领域隐形冠军。发挥龙头企业和共性技术平台的带动作用，支持创新型中小微企业积极开展技术创新，实现大中小企业融通创新和协同发展。

深化科技创新体制改革。深化职务科技成果所有权改革试点，积极探索高等院校、科研机构职务科技成果国有资产管理新模式。完善科技项目的组织管理方式，对重点攻关项目实施“揭榜挂帅”和“赛马”制度，对科研项目经费实行“包干制”，允许跨省（市）使用科研资金。强化知识产权保护，争创国家级知识产权保护试点示范区。完善科技创新服务体系，建设一批环大学创新生态圈，完善创业孵化、专业技术服务平台，吸引集聚一批骨干科技型企业、科研院所入驻，争创国家双创示范基地。继续加大对高水平研发机构和科技成果的奖励力度。通过财税、金融等手段积极支持早中期和初创期的科技型企业加快发展，支持符合条件的创新型企业通过上市、发行债券等方式融资。

四、强化多层次合作，形成长江经济带上游地区区域开放型经济联动发展合力

把握产业高质量发展的开放特性，以建设区域开放型经济体系为目标，在开放中促进产业共同发展，在合作中促进产业协同优化，推动长江经济带

上游地区全面融入新发展格局和国家重大战略布局，强化国际、国内以及长江经济带上中下游产业协作联动，促进长江经济带上游地区开放型经济做大做强做优，推动形成长江经济带上游地区开放型经济高质量发展的强劲合力。

（一）提升在全球产业链供应链中的战略地位

以共建“一带一路”为引领，深化跨流域跨区域产业体系开放合作，同步推进产业领域商品和要素流动型开放及制度型开放合作，有效发挥生态资源丰富和绿色能源富集的独特优势，着力提升长江经济带上游地区在全球产业链、供应链中的绿色化低碳化智能化战略引领力。

优先推动产业合作向南开放。合力建设西部陆海新通道，深入连接粤港澳大湾区，对接21世纪海上丝绸之路，实施好《区域全面经济伙伴关系协定》（Regional Comprehensive Economic Partnership，RCEP），不断深化与东盟、东南亚地区在产业链初加工环节的协作配套，同步拓展产业发展市场。加快建设对接东盟地区的转口贸易中心和国际物流枢纽，全面提升陆海新通道战略通道功能，努力做大双边贸易规模，提升双向投资水平，做大做强通道经济。深化与东盟地区的“丝路电商”合作，以数字经济领域产业项目合作为引领拓展区域产业融合深度，打造区域经济融合新的增长点，强化区域性数字合作平台建设，以双边或多边数字经济项目合作促进区域性数字贸易规则创新完善。深化与东盟项目合作深度，以产业链协作带动工业互联网建设，以区域性自贸协定生效提升跨境金融、跨境电商发展水平，大力开展智慧城市、5G、区块链等领域合作。

挖潜推动产业合作向西开放。统筹完善亚欧通道，紧密对接丝绸之路经济带，加强与黄河上游地区合作，借助于中欧班列多式联运优势，不断拓展与中亚、西亚以至欧洲大陆在产业原材料供给、能源保障和关键零部件深加工方面的协作广度。加快融入我国与中亚地区的“能源丝路”建设，推进天然气化工、炼油化工、矿业项目以及食品领域国际产能合作，推动长江经济带上游地区能源、交通、建材、农业、鞋类、服装、化纤等领域企业积极“走出去”。

提质推动产业合作向东开放。优化畅通东向开放通道，立足长江黄金水道与沿江铁路叠加形成的高运力、多网络、低成本综合运输优势，紧密对接《全面与进步跨太平洋伙伴关系协定》（Comprehensive and Progressive Agreement for Trans-Pacific Partnership，CPTPP），扩大与日韩、欧美等国家和地区经贸合作，不断优化电子信息、汽车制造产业链布局，突出新能源汽车、电子元器件、中高端芯片、有机化学品等重点合作领域，提升工业制造业供应链稳定性安全性水平，稳步扩大商业零售业和金融业开放。

（二）强化跨区域协作加快承接东部产业转移

以构建以国内大循环为主体、国内国际双循环相互促进新发展格局为引领，深化与东部地区产业转型转移战略对接，协同推进长江经济带产业紧密联动，有效支撑引领西部地区产业高质量发展，以产业链协同化带动流域城市群发展、生态环境保护、人口和资源要素流动整体优化。

高水平承接产业转移。加强与京津冀、长三角、粤港澳大湾区产业对接，发挥人力资源等要素成本低、区域性统一市场培育发展快和内外互联互通的大通道优势，以更大力度、更高标准承接东部地区产业链梯度性整体性转移，统筹布局一体化配套支撑关联产业协同转移。创新“一区多园”“飞地经济”等产业转移示范区建设，探索与东部地区建立产业转移过程中的财税分成等利益共享机制。围绕承接产业转移，加强与东部地区产业发展平台协同互动和通关合作，同步强化与东部地区政产学研融合互动，加快构建高效衔接的创新共同体，形成产品与产业、技术与市场、资金与资本综合性转移转化的开放型大体系。

协同打造长江经济带重点产业集群。增强长江经济带产业链上中下游分工协同程度，提升现代产业体系与流域城市生态的适配水平。围绕电子信息、汽车制造、高端装备等国际竞争力强、产业协作复杂程度高、区域辐射面积广的重点产业集群，强化产业链融合、创新链衔接、人才链匹配的大协同配套网络，高效搭建产业发展平台，合理配置高端研发、精深加工、关键零部件配套等产业资源，推动长江经济带大中小企业高效分工、细分优势产业错位发展以及不同区域有序竞争、相互融合，加快构建一批在国际上有显著影响力、在国内大循环中有重要战略性地位的重点产业集群。深化成渝城市群、长江中游城市群、长三角城市群等核心城市群多层次合作，推进核心城市群与次级城市群一体发展，推动长江经济带各层次都市圈联动建设，跨区域合理配置公共资源，有效引导人口流动集聚，提高各大城市群和都市圈产业高质量发展的承载基础和空间保障。

高水平深化西部地区产业合作。加强与西南、西北重点城市群合作优势互补，密切联动关中平原、兰州—西宁城市群、新疆重点城市，深化能源合作，畅通物流网络，以大通道建设为牵引促进区域产业高效联动，辐射带动西部地区发展。加强与北部湾城市群协作，加快推进大通道软硬件设施提质改造，强化陆海多式联运，加快推动出境出海通道优势向经贸物流优势和外向型产业发展优势转化。

成为长江经济带绿色发展示范。合力筑牢长江经济带高质量发展的生态屏障，推动建立跨流域跨区域横向生态保护补偿机制，严格执行生态损害赔偿制度，推动形成人与自然和谐共生的格局，夯实产业高质量发展的生态本底。

（三）拓展长江经济带上游地区内部合作空间

聚焦于长江经济带上游地区产业高质量发展布局，不断拓展通道高质量建设、生态高质量保护、平台高质量打造、毗邻地区高质量合作等重点领域空间，以开放大通道等建设为引领，加快完善上游地区内部合作机制。

对外开放大通道合作共建。长江经济带上游地区是合力建设西部陆海新通道重要引领者、主要参与者和积极推动者，渝川云贵等西部省（市）要深化多层次协作，发挥好重庆通道物流和运营组织中心、成都国家重要商贸物流中心的重要作用，推动云南建设面向南亚、东南亚辐射中心，共同建设跨区域平台，统筹设置境内外枢纽和集货分拨节点。长江经济带上游地区也是推动国际陆海贸易新通道合作的生力军，要大力推进中新（重庆）战略性互联互通示范项目实施，强化与新加坡合作，推动东盟及相关国家共同参与通道建设。

推动开发开放平台合作共建。推动长江经济带上游地区国家级新区、自贸试验区等国家级平台互通互融，深化川渝自贸区协同创新示范建设，加快政策支持，构建“一带一路”、长江经济带、西部陆海新通道联动发展的战略性枢纽。优先推动川渝、川黔、渝黔、云贵等重点毗邻区域和关联生态区、农业区一体发展，加强公共服务领域跨省（市）通办易办，逐步消除企业优化布局和产业人才高效流动政策壁垒。

共抓区域生态大保护。共筑长江上游生态屏障，着力提高上游地区生态系统自我修复能力，增强区域生态稳定性，守住自然生态边界，筑牢长江上游水生态安全底线，共同探索建立生态产品价值实现机制。加强污染跨界治理，联动制定2030年前碳排放达峰行动方案，提升上游地区节能环保、清洁生产、清洁能源、生态环境、基础设施绿色升级、绿色服务等产业发展协同程度。

五、优化营商环境，激发长江经济带上游地区市场主体活力

立足产业发展环境改善提升，以市场主体需求为导向，以激发市场主体活力为目标，四省（市）要建立与产业发展和布局相适宜的制度政策，充分发挥市场这只“看不见的手”在资源配置方面的决定性作用，减少政府行政干预，增强市场协同监管，构建公正、公平、透明、稳定的营商环境，助推长江经济带上游地区产业生态优化。

（一）建立竞争有序的市场环境

当前长江经济带上游地区非公经济发展尚有差距，市场一体化、要素市场化还存在诸多障碍。须重点围绕市场准入制度、公平竞争秩序、要素供给机制的建立和完善，加快营造竞争有序的市场环境，进而促进长江经济带上游地区市场主体加快集聚发展。

建立统一的市场准入制度。在长江经济带上游地区范围内，全面落实市场准入负面清单制度；协同制定社会资本进入垄断行业和特许经营领域管理办法，建立健全现有行政审批流程与市场准入负面清单事项相衔接的体制机制，进一步提高市场主体办事效率。促进不同类型企业公平公正参与政府购买，全面消除在招标投标过程中对各类所有制企业设置的不合适的障碍。探索建立渝、川、黔、滇四省（市）营业执照异地“办、发、领”一体化服务体系。加快推动企业退出制度优化完善，在长江经济带上游地区全域推广企业简易注销登记改革。

维护统一的公平竞争秩序。推动建立长江经济带上游地区市场竞争审查合作机制，探索建立长江经济带上游地区市场公平竞争审查工作专家咨询制度，完善第三方评估和交叉互评互认机制。推进长江经济带上游地区社会信用体系建设，借鉴重庆信用体系建设经验成果，推行“红黑名单”统一管理制度，探索建立完善跨地域、跨部门、跨行业的信用联合奖惩机制，依法对区域内企业联动实施信用激励和失信惩戒措施。

完善统一的要素供给机制。构建人才跨地区流动服务机制，共推住房公积金、失业保险等信息跨区域互认，推动人才跨地区流动事项异地通办。统一区域内人才评判标准，共同制定各种职业能力考核评价标准，推进职称证书通用、网上互查互认。建立人才干部四省（市）互派交流机制，强化人才跨区域锻炼、干部互派挂职，积累干部人才工作经验，提升其工作能力，使

区域内政务协同服务水平整体提升。协同建设跨地区、多元化的区域重点领域投融资体系，大力探索科技金融创新服务模式。

（二）建立高效便捷的政务环境

当前长江经济带上游地区四省（市）政务服务平台数据跨区域共享存在明显障碍、业务协同也明显不足，须协同推进政务服务标准化、数字化建设以及重点领域深化改革等，构建一个高效便捷、跨区域的政务环境，提升区域内市场主体经营效率和便利度，助推产业稳健发展。

共推政务服务标准化建设。协同建立长江经济带上游地区政务服务标准体系，构建区域内政务服务互通互办机制，共同制定政务服务规范化办事指南，不断实现无差受理、同标办理。围绕市场主体和社会民众关注的高频政务事项，推动“异地代办”“跨省通办”，逐渐实现“同事同标”。衔接国家与行业标准，建立健全长江经济带上游地区基本公共服务标准，推动构建基本公共服务项目清单不定期调整机制。探索建立跨省（市）中介服务管理机制，编制行政审批涉及中介服务事项清单并向社会公布。

共推政务服务数字化建设。推动大数据、人工智能、区块链等在政务服务领域广泛应用，统筹布局大数据服务中心，强化政务数据交换共享。推进信息基础设施共建共享和新型智慧城市建设，推动跨部门跨城市横向对接和数据共享，协同编制政务数据共享责任清单并及时更新，规范数据共享申请条件。构建四省（市）“跨省通办”支撑系统，并加快与国家政务服务平台跨省通办支撑系统融合。推动电子证照信息跨层级、跨地区、跨部门共享，推进跨地域互信互认、共享应用。积极推动四省（市）网上政务服务平台及相关移动端互联互通，实现用户身份跨省（市）互认、移动端跨区域服务自动切换。

共推重点领域深化改革。协同推进跨地域工程项目技术审查与行政审批“适度分离”探索，深化工程建设项目审批改革。研究推进工程建设项目分级分类管理，对全流程涉及的审批事项、技术审查和中介服务事项进行精简规范。建立完善长江经济带上游地区大通关合作机制，提升物流口岸集疏运能效，实现区域内港口联动发展；共同构建以“通道+枢纽+网络”为主体的物流体系，推动长江经济带上游地区重点物流枢纽共建共享共用和全方面衔接；积极探索协作开展国际贸易“单一窗口”。协同推进实名办税，实现纳税人数据交换，推动双方互认、一次认证；共同实施办税服务流程标准化、服务事项清单化、服务制度规范化建设。深化不动产登记改革，优化“互联网+不动产登记”服务；探索推动跨区域电子不动产登记证书与资料查询证明等信息共享。

（三）建立公平正义的法治环境

四省（市）在法律法规协同、执法协作等方面还存在较大差距，对市场主体跨区域生产经营产生了一定影响。因此，需要强化跨区域的法治交流与协作，重点加强政策法规协同、监管执法协调联动、市场主体权益保护等，着力打造优质、高效、便捷的法治化营商环境，为长江经济带上游地区产业稳健发展“保驾护航”。

深化政策法规协同。探索构建营商环境相关领域协同立法机制，探索开展相同类型立法项目共同调研论证，促进长江经济带上游地区法治同化。建立健全政府规章、政策文件清理以及政府政策文件合理性合法性审查沟通机制。建立并完善企业参与涉企政策制定机制，强化四省（市）在经济发展、市场主体保护等方面的政策共享和经验交流，积极征求企业和行业协会商会意见。探索成立跨区域省级破产管理人协会，完善破产管理人分级管理和绩效考评制度；推动建立破产企业职工权益保障机制，协调四省（市）解决职工社会保险关系转移、档案接转等事项。

推动监管执法协调联动。完善涉企协同监管机制，共同制定涉企现场检查事项清单及重点监管事项清单，协同推进“双随机、一公开”监管；完善跨区域立案诉讼服务机制，共建委托办理诉讼事项平台，实现诉讼服务事项四省（市）通办。探索协作监管模式和标准，建立包容审慎的监管经验沟通交流机制。深化长江经济带上游地区市场监管综合执法一体化合作，强化四省（市）司法交流与协作，推动建立共商、共建、共享的跨地域纠纷解决机制，鼓励引导区域内仲裁及调解机构交流合作；强化联合办案、关联案件协查、委托调查取证等方面合作，协同推进综合行政执法重点工作。联合开展市场监管、环境监测等领域行政执法监督检查。

协力强化权益保护。健全知识产权获权、用权、维权全链条保护体系，建立健全重点企业知识产权快速审查、确权、维权的协同保护体系。强化长江经济带上游地区知识产权执法协作，在跨区域知识产权联合执法、应急联动等方面加强合作，健全完善双方共同认定的知识产权重点保护名录。协力保障民营企业合法权益，建立一体的涉民营企业案件司法政策，在强制措施适用、定罪量刑等方面保持同一标准。建立健全涉企案件跨区域办理机制，在监督线索移送、追赃挽损等方面加强协作。推动建立破产企业职工权益保障机制。

强化法律服务协作。有效整合长江经济带上游地区公共涉法服务资源，打造四省（市）法律服务联盟，协同建设长江经济带上游地区法律服务产业聚集群。鼓励支持区域内公共法律服务机构共同提供法律服务，组建民营经济法律服务团，延伸一站式法律服务链条。共同打造建设民商事仲裁服务共同体，探索建立面向“一带一路”的商事仲裁、调解中心，谋划建设国际仲裁中心，共建行业性、专业性调解专家库。探索完善跨区域立案诉讼服务机制，加快实现诉讼服务事项“跨省（市）”互助通办。推动网上诉讼服务平台建设，协作强化网上立案、电子票据打印等。

第八章

政策建议

一、提升国家层面政策创新供给水平

长江经济带上游地区既是长江经济带的重要板块，也是西部大开发的重点区域，推动长江经济带上游地区高质量发展特别是促进产业空间布局优化，亟须加强政策的顶层设计和统筹布局，创新政策供给，释放政策红利。

（一）创新产业政策供给

长江经济带上游地区生态屏障地位突出、人力资源丰富，但产业链总体仍偏中低端，产业高质量发展必须坚持协调统一的绿色发展标准，利用好人力资源低成本优势，有效承接产业转移，着力打通科技、产业、金融循环，增强产业发展的韧性与活力。一是以绿色发展为导向一体优化区域产业负面清单。更好兼顾长江经济带上游地区产业高质量发展和生态高水平保护，全面推动绿色循环低碳发展，鼓励支持沿江地区在实施绿色制造工程方面先行先试，以绿色技术创新为驱动力健全完善制造行业绿色标准，提升重化工、钢铁制造等重点行业清洁化生产水平，率先在国家级园区和省级工业园区开展工业绿色转型发展试点示范，支持沿江工业企业绿色循环低碳发展，加快促进本区域产业高端化、知识化、低碳化、服务化转型升级。二是强化政策引领，高效承接境内外产业转移。大力推动长江经济带上游地区有效承接下游地区和东部沿海地区产业转移，提升与日本、韩国以及欧盟、北美等产业链协同配套水平，探索多种形式的产业转移合作模式，加强承接产业转移的引导力度，合理确定产业承接发展重点，严禁污染产业和落后生产能力转入，防止低水平重复建设，进一步引导产业高水平集中布局集聚发展，依托城市群形成沿江承接产业转移示范带。三是有效促进产业、科技、金融良性循环。着力加强制造业供给侧结构性改革，强化高端制造业供应链金融建设，持续推进传统产业技术改造升级，强化重点产业“卡脖子”技术攻关，积极推动大数据、物联网、人工智能等新一代信息技术与制造业融合，大力发展智能制造和工业互联网，打造具有全球竞争力和影响力的智能制造高地，培育世界级产业集群。大力支持重庆、成都加快建设西部金融中心，加快筹建西部证券交易所，强化对长江经济带上游地区和整个西部地区的金融资源供给。

（二）创新财税政策供给

长江经济带上游地区均属于西部地区，在新一轮西部大开发战略实施中，要继续发挥好财税政策在撬动区域性产业优化布局中的重要作用，重点针对高新产业、高端人才和产业转移等方面强化税收优惠政策一体化供给。一是加大高新技术产业税收优惠力度。充分借鉴第一轮西部大开发产业税收政策的成功经验，针对本区域高新技术产业集聚潜力巨大而占比相对偏低的发展实际，出台实施与东部沿海地区有差别的高新技术产业税收政策，在现行高新技术企业所得税15%征收标准的基础上，建议增加1~2个点的优惠。二是创新高端人才个人所得税优惠政策。建议参照海南自贸港人才税收优惠政策，对长江经济带上游地区产业发展急需的高精尖人才和特殊技能人才，实施更加优惠的个人所得税税率，在累进税率和税基标准上同步优惠。三是统筹制定承接东部地区产业转移的税收分享机制。参照京津冀产业转移税收分享机制，统筹制定长江经济带上中下游企业转移和其他东部沿海地区企业向长江经济带上游地区转移的税收分享机制，提高相关产业和企业转移的积极性和便利性。四是完善长江经济带上游地区内部税收分享机制。积极支持和指导本区域深化经济区与行政区适度分离改革，加快完善企业跨行政区迁移税收共享机制和国内生产总值（GDP）分算考核机制。五是推动相关央企总部在长江经济带上游地区入驻。特别是与本地资源开发和产业发展紧密结合的相关央企，在集团总部、区域总部布局上应优先考虑长江经济带上游地区。

（三）创新区域政策供给

长江经济带上游地区作为一个有机关联的经济地理板块，产业优化布局要紧密对接本区域重要城市群和都市圈发展，强化区域性重要交通干线对产业布局的集聚导向作用，发挥好区域协同创新对产业提档升级的支撑作用，一体筑牢、守护好支撑产业发展的生态本底。一是推动城市群都市圈融合发展。统筹考虑完善新型城镇化战略特别是推动成渝地区双城经济圈建设，加大对成渝、黔中、滇中等都市圈重大城市基础设施布局，以国家中心城市建设和重点城市群建设为关键抓手，沿主要交通干道，形成城镇、产业、人口协同集聚格局，突出三峡库区、秦巴山区、川西高原地区、云南边疆地区等重点板块以及省际交界地区的倾斜性对口性政策供给，大力支持长江经济带上游地区在城乡土地流转、人口迁移落户、基本公共服务区域协同方面加大改革试点。二是加快完善区域性综合立体交通体系。加快建设开通三峡航运新通道，打通长江黄金水道航运梗阻，加快构建以铁路为主和公路、水运、航空、管道相协同的物流运输体系，降低长江经济带上游地区综合物流成本，补齐交通物流硬件设施短板。大力支持成渝国际化机场群建设，加快推进重庆第二机场建设和昆明、贵阳相关机场运力释放，织密与东盟地区的航空网络。三是深化区域科技创新协同示范。支持长江经济带上游地区结合产业发展布局建设一批重大科学装置和国家重点实验室，以成渝综合性科学中心建设为牵引，提升“双一流”建设水平，打通区域产学研转化链条，优化区域创新空间布局，提升区域协同创新能力。四是推动生态功能区协同建设。长江经济带上游地区生态功能区跨水系流域、跨山脉山系布局，要加强生态功能区建设的区域协同水平，优先支持本区域加快开展跨域区生态补偿试点，探索建设区域性碳汇交易市场。

（四）创新开放政策供给

长江经济带上游地区是国家向西向南开放的桥头堡和新高地。在新时期，开放型产业发展壮大面临着新机遇和新挑战，要优先面向东盟地区和南亚地区，加快推动由要素型开放向制度型开放转变，提升重大开放平台能级，提高对外大通道软硬基础设施协同完善水平。一是支持在制度型开放中先行先试。发挥好区位优势，处理好与 RCEP 相关地区的有效合作和良性竞争关系，鼓励长江经济带上游地区在制度型开放中先行先试，与东盟联动深化陆海联动物流贸易机制创新。二是强化与东盟地区产业开放合作。提升区域统筹国际国内两种资源、两个市场的综合能力，深入推进产业合作向西、向南开放，推进产业链跨境跨区域跨流域合作，优化产业链供应链全球化布局，优先支持长江经济带上游地区加强与东盟等地区深化产业链供应链合作。三是提升重大开发开放平台发展能级。大力支持云南、重庆等地利用沿边和内陆开放优势，加快探索自由贸易港建设，大力支持川渝以及其他省（市）自贸试验区协同发展，强化国家级新区和其他开发开放平台联动发展，有效支撑和引领本地区开放型经济发展，大力支持云南联动川渝黔加快建设对接东盟的桥头堡。四是加快推进对外大通道建设。大力支持中新（重庆）战略性互联互通示范项目实施，协同推进重庆运营中心建设，共同推动西部陆海新通道建设，加快打通国际陆海贸易新通道软硬件卡点，持续推进多式联运创新，加快形成通道带物流、物流带经贸、经贸带产业的良性循环态势。

（五）创新“双碳”政策供给

长江经济带上游地区生态资源富集性与生态环境脆弱性并存，是国家重要的可再生能源供给基地，在碳达峰碳中和方面既面临较大压力又具有较大潜力，有条件在全国优先推行“双碳”政策特别是生态产品价值实现机制创新试验。一是合理预留绿色能源消费空间。发挥好生态优势，协同推进区域绿色能源与绿色产业高效衔接，大力推进绿色制造，强化水电等绿色能源本地区就近供给，为长江经济带上游地区产业转型升级预留更多绿色能源消费空间，当好长江经济带生态优先绿色发展“排头兵”。二是统筹互济有序推进“双碳”目标实现。强化区域能源、水利网络化一体化保障供给，加快电网、水网的一体规划、一体建设和协同调配，把区域性的能源资源优势加快转化为产业发展优势，推动长江经济带上游地区协同有序实现“双碳”目标，加大区域内碳排放指标统筹互济，支持该区域有机联动探索生态产品价值实现机制，鼓励长江经济带中下游地区加大对上游地区的横向生态补偿力度，健全常态化、规范化、精细化的补偿机制。三是因地因产制宜落实“双碳”指标。长江经济带上游地区集聚了较高比重的高能耗上游资源性产业，为高新技术产业链中下游提供了原材料保障，“双碳”指标的划分和推进要统筹考虑发展与安全，兼顾本地区产业高能耗的客观实际和特殊发展阶段。要支持本区域加快推进产业清洁化改造、重污染高能耗产业低碳环保搬迁，突出解决污染排放问题。

二、提升地方层面政策协同联动水平

长江经济带上游地区发展区位、产业基础、资源禀赋、自然条件都具有一定的相似性和关联性，推动长江经济带上游地区高质量发展特别是促进产业空间布局优化，既需要国家提升顶层政策设计和创新供给水平，又需要地方政府加强横向合作，充分激发地方政策联动的内生性活力。

（一）加强产业政策联动

长期以来，产业联动发展水平低、产业链对接不紧密是制约长江经济带上游地区产业一体化高质量发展的重要原因。长江经济带上游地区产业优化布局关键就是要提升本区域高效特色农业的品牌化、先进制造业的链群化和现代服务业的集聚化发展水平，强化招商引资政策的协同性联动性。一是协同推动有机绿色和高效特色效益农业发展。利用好本区域生态资源优势，共同推动区域性公共性绿色有机农产品品牌创建，在山水相连的毗邻地区，共同推动地理标志产品申报。协同加强本区域种质资源保护开发利用，联合开展种质资源调查收集，共同筹建区域性生物种质资源库。二是协同推进制造业重点产业集群和产业链打造。以汽车制造、电子信息、装备制造、消费品工业等区域优势产业为重点，探索建立跨行政区的链长制和产业链建设联席会议制度，一体推动土地、金融、人才政策向重点产业链倾斜。三是协同推进服务业重点行业联动发展。重点围绕金融、旅游、物流、人力资源服务等区域性流动性突出的行业，提高产业布局的协同性，消除区域性市场壁垒，共同扩大服务市场。四是提高区域产业招商引资政策协同性联动性。以提升区域产业综合竞争力为目标，加快优化各地的招商引资、人才引进、土地要素供给等政策，降低政策“各自为政”对区域整体产业引进的负面影响，对区域合力打造的重点产业，要强化产业一体化政策供给，提高政策区域协同效应。

（二）加强开放政策联动

在新时期，推动长江经济带上游地区产业优化布局的重要动力是对外开放，提高本区域对外协同开放对内有机联动水平，促进本区域重要开放合作平台联动发力，对于本区域更好对接国内国际两个市场、统筹国内国际两种资源、深入推动产业优化布局具有重要意义。一是促进自由贸易试验区联动发展。充分发挥各自自贸区探索试点的重点领域和独特优势，加强试点经验的复制推广，共同提高制度型开放水平。持续优化区域性营商环境，落实市场化、法治化、国际化营商环境要求，联动推进“一网通办”智慧政务，降低区域性制度交易成本。二是促进国家级开发开放平台联动发展。长江经济带上游地区已经集聚起重庆两江新区、四川天府新区、贵州贵安新区等诸多国家级开发开放平台，以及众多国家级高新区、国家级经开区，要着力协同提升开发开放平台能级。三是促进国际陆海大通道联动建设。长江经济带上游地区位于“一带一路”和长江经济带交汇处，是西部陆海新通道的起点，是联结中南半岛和面向东南亚的桥头堡，跨境铁路、铁海联运、水铁空多式联运等出海出境大通道格局正加快形成，相关省（市）要一体化、一网化加强基础设施建设，补齐短板，打通断头路，加强大通道建设、管理、运营合作，加强货源统筹组织。四是促进区域合作联动深化。协同推动面向西北地区、面向北部湾地区以及长江中下游地区和东部沿海地区的区域合作，拓展能源、物流、产业、生态等合作深度和广度，成为链接长江流域、黄河流域、珠江流域跨流域交流合作的重要枢纽。

（三）加强改革政策联动

长江经济带上游地区营商环境不优、制度性交易成本偏高、行政壁垒较多是制约产业资源要素有序流动和高效配置的重要缘由，推动本区域产业优化布局，亟须加快打破城乡和区域行政壁垒，推进本区域高标准市场体系建设，加快释放改革活力。一是强化城乡融合发展改革联动。针对长江经济带上游地区城乡人口流动频繁、城乡人口跨行政区流动规模巨大等实际，要加强省际公共服务共建共享，四省（市）要在就业、医疗、基础教育、住房保障等领域联动发力，推进基本公共服务标准化便利化一体化，按照人口流动集聚趋势更好统筹区域公共服务资源分配和布局。二是强化“放管服”及营商环境改革联动。协同推进建设高标准市场体系，探索共建统一的市场规则、互联互动的市场基础设施，高水平打造区域性统一大市场。率先推进本区域政府服务跨省通办、“联网协办”和“一网通办”，建立健全跨区域行政执法联动响应和协作机制。联动推进区域信用一体化建设，逐步形成统一的区域信用政策法规制度和标准体系。三是强化经济区与行政区适度分离改革探索联动。大力推进川渝统筹发展示范区、川南渝西融合发展试验区等建设，探索建立统一编制、联合报批、共同实施的规划管理体制，探索招商引资、项目审批、市场监管等经济管理权限与行政区范围适度分离，成熟的经验要加快在渝黔、川黔、川云、滇黔等相关跨省毗邻地区推行。赋予更多合作平台更大的经济管理权限，促进区域性资源整合和高效运营，加快创新探索区域内共同搭建平台、共同参股投资、共同管理经营等新模式。

（四）加强要素政策联动

要素一体化高效配置是区域性产业优化布局的重要支撑，长江经济带上游地区自然资源、清洁能源、人力资源相对丰富，资金、技术、土地资源相对匮乏，要深化要素资源优势互补，在错位发展和相互融合中，促进区域性要素资源发挥好支撑产业高水平布局和高质量发展的最大效用。一是提高能源要素一体化保障水平。优化区域电力供给，统筹推进本区域风光水多能互补，优化区域电网主架构。重点统筹川渝地区油气资源开发，完善区域性油气管网布局，打造中国“气大庆”。推进跨区域重大水利工程建设，增强跨区域、跨流域水资源调配能力。二是提高资金要素一体化配置水平。大力拓宽区域融资渠道，统筹研究设立跨区域的产业投资基金、创业投资基金，探索设立长江经济带上游地区政府性创新再担保基金，撬动更多社会资金参与新型基础设施建设、科技成果转化、战略性新兴产业发展、传统产业改造升级等投资。三是提高人才人力资源一体化配置水平。结合长江经济带上游地区人才需求，协同推进打造西部人才特区，统筹推进产业、人才、区域、科技一体化发展。推动上游地区重点人力资源产业服务园区协同发展，专业人才服务平台共建、信息互通、数据互连，增强人才供需衔接和流动。强化区域性劳动技能培训，破除区域性劳动力流动壁垒，加快引导生态功能区人口向重点开发区转移集聚。四是提高土地要素一体化配置水平。推进土地交易跨区域流转，探索建立统一的土地交易市场，支持率先在毗邻地区探索土地指标流转。

参考文献

［1］刘鹤．必须实现高质量发展［N］．人民日报，2021-11-24（7）．

［2］杨伟民．贯彻中央经济工作会议精神推动高质量发展［J］．宏观经济管理，2018（2）：13-17．

［3］金碚．关于“高质量发展”的经济学研究［J］．中国工业经济，2018（4）：5-18．

［4］李琪，王奕超．产业组织理论起源与发展［J］．合作经济与科技，2007（8）：4-5．

［5］马歇尔．经济学原理［M］．北京：商务印书馆，1981．

［6］臧旭恒，徐向艺，杨蕙馨，等．产业经济学［M］．北京：经济科学出版社，2002．

［7］孙天琦．产业组织结构研究［M］．北京：经济科学出版社，2001．

［8］袁春晓．产业组织演化论［D］．成都：四川大学，2002．

［9］李君华，彭玉兰．产业布局与集聚理论述评［J］．经济评论，2007（2）：146-152．

［10］KRUGMAN. Geography，Trade［M］．Cambridge，MA：M1T Press，1991．

［11］马宗国，张咏梅．产业集群的理论综述［J］．湖北经济学院学报（人文社会科学版），2006（1）：14-15．

［12］安虎森．空间接近与不确定性的降低——经济活动聚集与分散的一种解释［J］．南开经济研究，2001（3）：51-55．

［13］罗伯特·M. 索洛．经济增长理论：一种解析（第二版）［M］．宋保华，译．北京：中国财政经济出版社，2015．

［14］亚当·斯密．国民财富的性质和原因的研究［M］．北京：商务印书馆，1972．

［15］钱纳里，塞尔奎因．发展的型式［M］．北京：中国财政经济出版社，1989．

［16］陆大道．T 型发展战略可发展成为潜力巨大经济带［R］．上海：国

家发改委城市中心，2015.

[17] 陆大道．长江大保护与长江经济带的可持续发展：关于落实习总书记重要指示，实现长江经济带可持续发展的认识与建议［J］. 地理学报，2018，73（10）：1829-1836.

[18] 陆大道．国土开发与经济布局的“T”字型构架与长江经济带可持续发展［J］. 宏观经济管理，2018（11）：43-47.

[19] 孙久文．论新时代区域协调发展战略的发展与创新［J］. 国家行政学院学报，2018（4）：109-114.

[20] 高国力．强化长江经济带发展对高质量发展的带动作用［J］. 中国党政干部论坛，2018（6）：65-68.

[21] 融入长江经济带建设　市政协常委会开展重点协商［EB/OL］. http：//cq. cqnews. net/html/2016-09/23/content_ 38679316. htm.

[22] 易小光．努力发挥重庆在推进“一带一路”中的带动作用［N］. 重庆日报，2020-04-20（4）.

[23] 如长江经济带是部连续剧　四川就是开篇之作［EB/OL］. http：//scnews. newssc. org/system/20140430/000375464. html.

[24] 吴大华．贵州牢牢守住发展和生态两条底线［EB/OL］. http：//finance. china. com. cn/roll/20170216/4101657. shtml.

[25] 肖金成，张燕，马燕坤．西部大开发战略实施效应评估与未来走向［J］. 改革，2018（6）：49-59.

[26] 易小光．大力推动产业分工协作　建设成渝地区双城经济圈现代化产业体系［J］. 当代党员，2020（10）：44-46.

[27] 吴传清，高坤，等．长江中游地区制造业高质量发展水平评价研究［J］. 长江大学学报（社会科学版），2021，44（3）：63-72.

[28] 张学良，贾文星，等．黄河流域生态保护和郑洛西高质量发展合作带建设座谈会综述［J］. 区域经济评论，2021（4）：152-157.

[29] 王昌林．云南面临重大历史机遇［EB/OL］. http：//yn. yunnan. cn/system/2020/08/05/030857994. shtml.

[30] 陈昌智，辜胜阻，等．加强经济合作　推动长江经济带健康发展［J］. 经济界，2016（1）：3-8.

[31] 范恒山．以协调发展理念谋划区域发展新格局［J］. 中国经贸导刊，2016（6）：53-55.

［32］陈文玲．五种思维助推长江经济带绿色发展［J］．群众，2017（13）：28-29．

［33］汤继强．制度创新是长江经济带振兴关键［EB/OL］．https：//www.163.com/money/article/BTE1TDQ800253B0H.html．

［34］成长春．长江经济带协调性均衡发展的战略构想［J］．南通大学学报（社会科学版），2015，31（1）：1-8．

［35］中共中央　国务院印发《成渝地区双城经济圈建设规划纲要》［Z］．中华人民共和国国务院公报，2021（11）．

［36］重庆市人民政府关于印发重庆市国民经济和社会发展第十四个五年规划和二〇三五年远景目标纲要的通知［Z］．重庆市人民政府公报，2021-02．

［37］贵州省国民经济和社会发展第十四个五年规划和二〇三五年远景目标纲要［N］．贵州日报，2021-02-27．

［38］张涛．高质量发展的理论阐释及测度方法研究［J］．数量经济技术经济研究，2020，37（5）：23-43．

［39］陈理．深刻理解把握新发展理念的由来、内涵和要义［J］．当代世界与社会主义，2021（3）：4-21．

［40］赵悦．长江经济带经济增长质量及影响因素研究［D］．东北财经大学，2020．

［41］许棣．基于经济转型背景下我国资本市场高质量发展研究［J］．区域金融研究，2021（9）：88-92．

［42］王弟海，李夏伟，龚六堂．经济增长与结构变迁研究进展［J］．经济学动态，2021（1）：125-142．

［43］张培刚．产业定位相关理论演绎研究及应用探讨——以盐城市盐都区为例［C］//．和谐城市规划——2007中国城市规划年会论文集．2007：141-146．

［44］梅耀林，张培刚．产业发展理论回顾及应用研究——以盐城市盐都区产业发展定位为例［J］．河南科学，2007（6）：1077-1080．

［45］赵庆海，侯宪来．区域经济学理论综述［J］．理论学习，2005（10）：44+37．

［46］谢晓波．区域经济理论十大流派及其评价［J］．山东经济战略研究，2004（Z1）：60-62．

［47］重庆四川两省市印发贯彻落实《成渝地区双城经济圈建设规划纲要》联合实施方案［N］. 重庆日报，2021-12-31（3）.

［48］中共中央　国务院印发长江三角洲区域一体化发展规划纲要［N］. 人民日报，2019-12-02（001）.

［49］史育龙，潘昭宇. 成渝地区双城经济圈空间格局优化研究［J］. 区域经济评论，2021（4）：127-134.

附录一

重庆市产业发展和布局调研报告

重庆地处长江上游，是长江经济带的重要战略节点，也是长江上游地区重点产业核心承载地。系统把握重庆产业发展现状、空间布局、重点方向，清醒研判其产业与周边地区的联动基础，对于优化长江上游地区产业布局，打造产业发展“合力”，意义重大。调研报告相关数据资料主要来自国家出台的系列规划文件以及重庆市已出台和即将出台的系统规划，同时也参考了课题组成员前期的研究成果。从国家层面对重庆的战略定位出发，在分析其制造业、服务业和农业三大产业中细分产业的发展现状、空间布局、规划方向、重点平台等基础上，研究提出制约全市产业发展的主要因素、矛盾和问题，并提出相关建议，为《长江经济带上游地区高质量发展及产业空间布局优化研究》的深入开展提供前期研究支撑。

主要参考的资料包括：一是国家出台的规划意见。主要包括《关于依托黄金水道推动长江经济带发展的指导意见》《西部大开发“十三五”规划》《中共中央国务院关于新时代推进西部大开发形成新格局的指导意见》《西部陆海新通道总体规划》《中华人民共和国国民经济和社会发展第十四个五年规划和2035年远景目标纲要》《成渝地区双城经济圈建设规划纲要》《成渝地区双城经济圈综合交通运输发展规划》。二是重庆市已出台或即将出台的规划意见。主要包括《重庆市国民经济和社会发展第十四个五年规划和二〇三五年远景目标纲要》《重庆市制造业高质量发展“十四五”规划（2021—2025年）》《重庆市材料工业高质量发展“十四五”规划（2021—2025年）（征求意见稿）》《重庆市软件产业高质量发展“十四五”规划（送审稿）》《重庆市物流业发展“十四五”规划（送审稿）》《重庆市文化和旅游发展“十四五”规划》《重庆市大健康产业发展“十四五”规划（征求意见稿）》《重庆市推进农业农村现代化“十四五”规划（征求意见稿）》《成渝地区双城经济圈综合交通运输发展规划》《中国（重庆）自由贸易试验区“十四五”规划（2021—2025年）（征求意见稿）》《重庆市数字经济“十四五”发展规划》《重庆市现代服务业发展计划（2019—2022年）》。三是课题组成员前期的研究成果，如《重庆市产业发展规划研究》《“十四五”重庆制造业重点产业链与产业集群研究》《全球价值链下成渝地区双城经济圈协同打造先进制造业集群路径研究》等。

一、重庆市总体发展定位

（一）党中央赋予重庆的目标定位

直辖前。1985年，邓小平同志高瞻远瞩，提出重庆直辖市战略设计。1994年，江泽民同志视察重庆时提出打造“长江上游经济中心”。

直辖之初到党的十八大前。1997年，重庆直辖，中央赋予重庆四大任务①。2002年，胡锦涛同志考察重庆，提出“重庆作为长江上游的工商业重镇和连接我国中西部的一个重要战略枢纽，在实施西部大开发战略中应该走在前列”。2007年，胡锦涛同志为重庆发展作出“314”总体部署②。

党的十八大以来。2016年，习近平总书记视察重庆时指出：“重庆是西部大开发的重要战略支点，处在‘一带一路’和长江经济带的联结点上，要求重庆建设内陆开放高地，成为山清水秀美丽之地。”2018年，在全国两会期间，习近平总书记亲临重庆代表团参加审议时又提出：“重庆要加快建设内陆开放高地、山清水秀美丽之地，努力推动高质量发展、创造高品质生活。”2019年，习近平总书记亲临重庆指导工作时要求：“重庆更加注重从全局谋划一域、以一域服务全局，努力在推进新时代西部大开发中发挥支撑作用、在推进共建‘一带一路’中发挥带动作用、在推进长江经济带绿色发展中发挥示范作用。”2020年，习近平总书记亲自谋划、亲自部署、亲自推动成渝地区双城经济圈建设，提出“使成渝地区成为具有全国影响力的重要经济中心、科技创新中心、改革开放新高地、高品质生活宜居地，打造带动全国高质量发展的重要增长极和新的动力源”。

---

① 四大任务：完成三峡库区的移民搬迁、振兴重庆国企、基本解决农村贫困人口温饱问题、加强生态保护。

② “314”总体部署：三大定位——努力把重庆加快建设成为西部地区的重要增长极、长江上游地区的经济中心、城乡统筹发展的直辖市。一大目标——在西部地区率先实现全面建设小康社会目标。四大任务——加大以工促农、以城带乡力度，扎实推进社会主义新农村建设；切实转变经济增长方式，加快老工业基地调整改革步伐；着力解决好民生问题，积极构建社会主义和谐社会；全面加强城市建设，提高城市管理水平。

（二）国家重大战略规划赋予的定位

1. 长江经济带战略

国务院印发的《关于依托黄金水道推动长江经济带发展的指导意见》要求重庆建设长江上游航运中心，打造区域航空枢纽；加强水运、铁路、公路、航空和管道的有机衔接，建设全国综合交通枢纽；推进信息化与产业融合发展，建设新一代信息基础设施骨干节点；发挥重庆长江经济带西部中心枢纽作用，增强对丝绸之路经济带的战略支撑；建设重庆涪陵国家级页岩气综合开发示范区；要求提升中心城市功能和国际化水平，把成渝城市群打造成为现代产业基地、西部地区重要经济中心和长江上游开放高地，建设深化内陆开放的试验区和统筹城乡发展的示范区。

2. 西部大开发战略

2017 年 1 月印发的《西部大开发“十三五”规划》提出要将重庆打造成为西部开发开放的重要战略支撑。同时，在“五横两纵一环”总体空间格局中，重庆是“五横”中的长江—川藏通道西段和“两纵”中呼南通道的节点城市。还提出，支持重庆建设国家自主创新示范区，打造创新示范高地；推进重庆市的国家生态文明先行示范区建设。支持重庆綦江万盛和贵州遵义开展渝黔合作先行区建设。促进内河港口规模化、集约化、现代化发展，加快重庆长江上游航运中心建设。在产业方面，提出建设重庆风电装备、光伏产品研发生产基地，重庆页岩气生产、页岩气装备制造与油田服务基地，重庆新能源及智能汽车基地，重庆环保安全成套装备生产基地；电子信息产业基地；生物医药产业基地；重庆铝镁锂轻合金材料、高强度汽车钢、石墨烯及聚氨酯等化工新材料基地；重庆轨道交通、智能制造、仪器仪表、航空产业基地，重庆高技术船舶产业基地。2020 年印发的《中共中央国务院关于新时代推进西部大开发形成新格局的指导意见》明确支持重庆发挥综合优势，打造内陆开放高地和开发开放枢纽；要求重庆加快建设国际门户枢纽城市。

3. 西部陆海新通道战略

《西部陆海新通道总体规划》提出，要充分发挥重庆位于“一带一路”和长江经济带交汇点的区位优势，建设通道物流和运营组织中心；支持重庆建设内陆国际物流分拨中心；支持重庆建设内陆口岸高地。提升国际物流集散、存储、分拨、转运等功能；重庆西部现代物流产业园要建成国家级示范物流园区。支持重庆跨境电商综合试验区发展；支持建设重庆临空经济示范区。

4.《中华人民共和国国民经济和社会发展第十四个五年规划和2035年远景目标纲要》

《中华人民共和国国民经济和社会发展第十四个五年规划和2035年远景目标纲要》多次提及重庆，主要包括“推进成渝地区双城经济圈建设，打造具有全国影响力的重要经济中心、科技创新中心、改革开放新高地、高品质生活宜居地”“优化提升成渝城市群”“以三峡库区等为重点，开展森林质量精准提升、河湖湿地修复、石漠化综合治理等”“建设成渝世界级机场群”“打造长江国际黄金旅游带、巴蜀文化旅游走廊”“建设重庆西部国家城乡融合发展试验区”。此外，该纲要也特别点到多项涉及重庆的重大项目，主要有：沿江高铁、西渝高铁、重庆国际枢纽机场改扩建、川渝特高压、哈密至重庆特高压输电通道、三峡水运新通道前期、渝西水资源配置工程、川渝天然气生产基地等。

5.《成渝地区双城经济圈建设规划纲要》

2020年10月发布的《成渝地区双城经济圈建设规划纲要》，对成渝地区双城经济圈做了总体定位，即打造成为带动全国高质量发展的重要增长极和新的动力源，建设成为具有全国影响力的重要经济中心、科技创新中心、改革开放新高地、高品质生活宜居地，并明确了长江上游航运中心和物流中心，国际化、绿色化、智能化、人文化现代城市，国家重要先进制造业中心、西部金融中心、西部国际综合交通枢纽和国际门户枢纽等具体功能承载。其中，在产业领域，《成渝地区双城经济圈建设规划纲要》提出：提升产业创新发展能力，打造制造业高质量发展引擎。具体包含汽车产业研发生产制造、装备制造业集群、特色消费品集群、大健康产业等发展定位，以及数字产业新高地、国际货运中心、区域性物流中心、都市现代高效特色农业示范区、重庆国际消费中心城市、世界级休闲旅游胜地等定位。

6.《国家综合交通运输规划》

《国家综合交通运输规划》提出，京津冀、长三角、粤港澳大湾区和成渝地区双城经济圈4个地区是“极”，要把京津冀、长三角、粤港澳和成渝建成国际性综合交通枢纽集群。重点是以提升对外连通水平为导向，强化门户枢纽功能，构建一体化综合交通运输体系。对于重庆，定位是国际性综合交通枢纽城市和国际航空（货运）枢纽。具体来看，在国家确定的六大主轴中，涉及成渝地区双城经济圈的有京津冀—成渝、长三角—成渝、粤港澳—成渝 3 条，在路径上主要有北京—太原—西安—重庆、上海—南京—武汉—万州—重庆、上海—九江—武汉—重庆—成都、广州—永州—怀化—重庆 4 条；在国家确定的七大走廊中，有由西宁—兰州—成都/重庆—贵州—南宁—湛江—三亚、甘其毛都—银川—重庆—毕节—百色—南宁、重庆—昭通—昆明共 3 条路径组成的西部陆海走廊和成渝昆 2 条走廊经过重庆；在八条通道中，厦门—赣州—长沙—黔江—重庆—成都（厦蓉通道）1 条路径经过重庆。

（三）重庆市自身确立的战略定位

重庆市部分相关规划定位见附表 1-1。

附表 1-1　重庆市部分相关规划定位

规划	定位	目标
重庆市“十四五”规划纲要	以建成高质量发展高品质生活新范例为统领，加快建设具有全国影响力的重要经济中心、科技创新中心、改革开放新高地、高品质生活宜居地	
重庆市制造业高质量发展“十四五”规划（2021—2025 年）	国家重要先进制造业中心	呈现世界级先进制造业集群雏形。规模以上工业产值达到 3 万亿元，战略性新兴产业超过 1 万亿元；工业增加值占地区生产总值比重达到 30%左右
重庆市物流业发展“十四五”规划	建设国际物流要素组织创新中心、国家物流业高质量发展示范高地和现代化国际供应链智慧中枢，打造内陆国际物流枢纽和口岸高地	2025 年全市物流业增加值占地区生产总值比重达到 6%以上，物流降本增效取得显著成效，社会物流总费用与 GDP 比率达到 12%左右
重庆市软件产业高质量发展“十四五”规划	围绕“智造重镇”“智慧名城”建设，打造一流中国软件特色名城，进入全国软件产业“第一梯队”，将成渝地区打造成为中国软件“第四极”	到 2025 年，全市软件业务收入达到 5000 亿元，年平均增长率超过 20%，助力成渝地区形成万亿级软件产业集群。产业结构进一步优化，工业软件（不含嵌入式）、信息安全软件、基础软件、行业应用软件、新兴技术软件、信息技术服务六大产业方向业务收入达到 4000 亿元
重庆市材料工业高质量发展“十四五”规划（2021—2025 年）	全市打造国家重要先进制造业基地的重要支撑	到 2025 年，全市材料工业高质量发展格局全面形成，材料工业整体创新能力、基础能力和产业链水平全面提高，轻合金、先进钢铁材料、装配式建筑三大重点产业链补短板、锻长板基本完成，新材料产业集群国内外影响力进一步增强。规模以上材料工业总产值达到 4100 亿元，新材料产业产值 1800 亿元

续表

规划	定位	目标
重庆市大健康产业发展“十四五”规划	全国大健康产业融合发展先行区；国家医学名城、西部医疗高地、国家重要医药基地和国际知名康养胜地	到2025年，基本形成覆盖全生命周期、内涵丰富、结构合理、特色鲜明的大健康产业体系，大健康产业增加值力争突破2300亿元，占全市生产总值的7%左右。生物医药产业规模不断扩大，产值突破1300亿元，医药流通产业实现销售额超过1000亿元。龙头企业持续发展壮大，培育生物医药产业领域百亿级企业3家、50亿级企业5家
重庆市数字经济“十四五”发展规划	全国领先的数字经济创新发展试验区和全球数字经济创新发展高地	到2025年，大数据智能化走在全国前列，高水平建成国家数字经济创新发展试验区，全市数字经济总量超过万亿级规模，数字经济增加值占GDP比重超过35%，对GDP增长的贡献率达到50%以上
重庆市文化和旅游发展“十四五”规划	文旅融合发展新标杆、文化强市和世界知名旅游目的地、国际旅游枢纽城市	到2025年，文化强市建设取得重大进展，文化软实力大幅度提升，文化和旅游深度融合发展，全面推进国际旅游枢纽城市建设，加快建成世界知名旅游目的地。全市新增4A级以上景区65个，新增市级以上度假区8个，其中国家级度假区2个，建成一批富有文化底蕴的世界级旅游景区和度假区，五星级标准游轮数量达到30艘，等级景区智慧化率100%，力争旅游业增加值占GDP比重达到5%
重庆市推进农业农村现代化“十四五”规划	国家城乡融合发展试验区、西部丘陵山区农业现代化新范例	现代山地特色高效农业产业体系和生产经营体系更加健全、更加完善，粮食等重要农产品供给货足价稳，农村一、二、三产业深度融合互动，农业科技进步贡献率达到63%，农业劳动生产率达到6.2万元/（人·年）

二、重庆市产业发展及布局

2020年，重庆市实现地区生产总值25002.79亿元，比上年增长3.9%。其中，第一产业增加值为1803.33亿元，比上年增长4.7%；第二产业增加值为9992.21亿元，比上年增长4.9%；第三产业增加值为13207.25亿元，比上年增长2.9%。三次产业结构比为7.2：40.0：52.8。基本形成以“一区两群”区域协调发展格局为引领的产业布局形态，主城都市区、渝东北三峡库区城镇群、渝东南武陵山区城镇群地区生产总值分别占全市的77.04%、17.41%、5.55%。主导产业多集中在重要产业园区、服务业集聚区内，“一区”集聚了先进制造业、现代服务业以及都市农业，“两群”重点发展绿色制造业、现代服务业和山地生态特色农业。从产业类型看，制造业重点领域包括电子信息、汽摩、装备制造、生物医药、新材料和消费品等，服务业主要包括金融服务、现代物流、软件与信息服务、文化旅游、大健康、研发设计、电子商务、商贸流通等业态，现代农业主要包括蔬菜、调味品、中药材、水果、特色种养殖等产业。

（一）工业发展和布局

1. 总体发展情况

从发展历程看，重庆作为国家老工业基地之一，通过长期努力，工业发展取得长足进步。新中国成立以来，重庆工业得益于国家“三线”建设，重庆成为全国重要的兵器、民用机械、医药、化工等生产基地，形成了重型工业特征明显的工业体系。改革开放以后，通过全国综合经济体制改革试点和实施“军转民”战略，汽车摩托车成为重庆重要支柱产业。直辖以来，重庆陆续抓住新时代西部大开发、共建“一带一路”、长江经济带发展、西部陆海新通道建设、开发区体制机制改革等一系列中央出台的重大政策红利，特别是党的十九大以来，重庆全面贯彻落实习近平总书记对重庆“两点”定位、“两地”“两高”目标以及发挥“三个作用”和营造良好政治生态的重要指示要求，深度融入成渝地区双城经济圈建设，更加突出制造业高质量发展在区域经济发展中的地位，以“数字产业化、产业数字化”为基本发展路径，谋划实施以大数据智能化为引领的创新驱动发展战略行动，“芯屏器核网”补链成群，因地制宜选择发展新兴战略产业，加大力度改造提升传统制造业，全力促进“两业”（先进制造业和现代服务业）融合，使区位、生态、产业、体制等优势不断凸显，全市产业体系逐步健全。

从发展现状看，2020 年，全市规模以上工业产值超过 2 万亿元，全年增加值接近 7000 亿元，比上年增长 5.3%（见附图 1-1）。规模以上工业增加值比上年增长 5.8%。形成了电子、汽车、摩托车、装备、材料、生物医药、消费品、能源 8 个支柱产业，新一代信息技术、新材料、绿色环保、生物、高端装备、数字创意、新能源汽车等战略性新兴产业集群正在加快培育壮大。微机、手机、汽车、摩托车产量占全国比重分别超过 24%、9%、6%、29%，是我国最大的己二酸、氨纶生产基地。规模以上工业企业超过 6800 家，其中千亿级 1 家、百亿级 20 家。建成国家重点实验室 10 个，规模以上工业企业研发投入强度超过1.6%。在渝“世界500强”企业237家。“2+11+36”产业园区体系基本完善，国际大通道网络加快形成。2019年重庆市支柱产业生产情况见附表1-2。

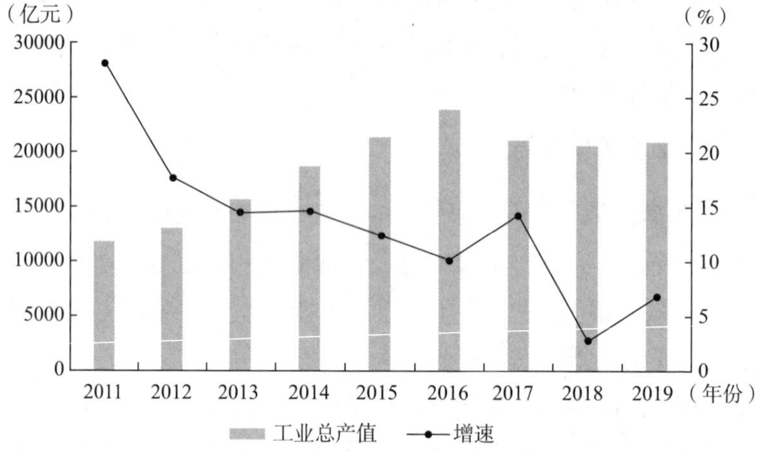

附图1-1　2011年以来重庆规模以上制造业总产值情况

附表1-2　2019年重庆市支柱产业生产情况

指标名称	工业总产值（亿元）	占比（%）
全市	20935.53	100.0
一、汽车产业	3226.68	15.4
整车	1381.03	6.6
配套	1845.65	8.8
二、摩托车产业	817.87	3.9
三、电子产业	5700.00	27.3
计算机整机和配套	2824.73	13.5
手机整机和配套	1081.44	5.2
智能消费设备	123.68	0.6
其他电子	1670.15	8.0
四、装备产业	1974.52	9.4
五、医药产业	636.37	3.0
六、材料产业	4018.13	19.2
化工	914.69	4.4
冶金	1511.09	7.2

续表

指标名称	工业总产值（亿元）	占比（%）
建材	1592.35	7.6
七、消费品行业	3213.18	15.4
农副食品加工业	900.80	4.3
食品制造业	248.04	1.2
烟草制品业	182.81	0.9
酒、饮料和精制茶制造业	211.67	1.0
纺织	241.82	1.2
轻工	1428.05	6.8
八、能源工业	1348.78	6.4

从发展规划看，重庆市“十四五”规划提出，围绕六大重点领域培育产值规模超千亿元的产业集群基地。《重庆市制造业高质量发展“十四五”规划（2021—2025年）》提出，要围绕六大领域，加快建设具有全国影响力的战略性新兴产业集群；要进一步增强电子、汽车摩托车、装备制造、消费品、原材料等支柱产业国际竞争力；要加强空天开发、基因技术、未来材料、光电子等未来产业前瞻谋划。

2. 重点产业（集群）发展情况

（1）电子信息产业（集群）

电子信息产业是重庆工业第一支柱，已基本形成笔记本电脑、手机、新型显示、集成电路等信息产业集群，其中笔记本电脑、手机等已经具有较强全球、全国性影响力和竞争力。

从产业规模看。2019年，全市规模以上电子制造业企业有639家，实现总产值5700亿元，产值占全市工业的比重达到28.8%。其中，计算机整机及配套产业占比51.7%，手机及配套产业占比19%，电子核心部件、家电、机电、智能仪表等其他电子制造产业合计占比29.3%。

从细分行业看。笔记本电脑——通过实施笔电基地项目，引进惠普、宏碁、华硕等品牌商和富士康、达丰、仁宝、纬创等代工企业，以及群光、新普、中光电等配套商，快速构建笔记本电脑产业链群。2019年，重庆生产笔记本电脑6422.3万台，连续6年成为全球最大的笔记本电脑生产基地，产量约占全球的40%。智能终端——依托笔记本电脑生产体系，承接智能手表等可穿戴设备订单，并引进 OPPO、vivo 等手机企业，培育壮大智能终端链群。2019 年，重庆生产手机 1.74 亿台（智能手机为 9878 万台），手机产业产值首次突破千亿元，产量约占全球的 1/10，规模以上手机企业有 37 家，初步形成“整机+配套”以及“生产+检测+供应链服务”产业体系，智能手表产量增长 1.5 倍。集成电路和新型显示——聚焦于笔记本电脑、手机等需求，引进 SK 海力士、京东方等企业，培育集成电路、新型显示等产业链群。电子核心器件发展取得新进展，电子元件产量增长 20.6%。集成电路芯片设计—晶圆制造—封装测试—原材料配套产业链进一步完善。新型显示玻璃基板—显示面板—显示模组产业链进一步壮大，超高清视频产业快速发展。

电子信息产业主要企业见附表 1-3。

附表 1-3　电子信息产业主要企业

产业	研发环节	制造环节
笔记本电脑	惠普、宏碁研发中心、宏碁重庆研发中心、富士康光机电前沿研发中心等	“5+6+860”，即 HP、ACER、ASUS、FUJITSU、CISCO 五大品牌商，广达、仁宝、纬创、英业达、富士康、和硕等全球前六大 ODM 厂，华科、群光、新普、展运等 800 多家配套企业
手机、智能穿戴	鹏亿南联研发企业	手机：vivo、OPPO、百立丰、乐视等 200 多家手机整机及配套企业； 智能穿戴：重庆是苹果手表全球重要生产基地，主要代工企业有翊宝、达功
集成电路	中国电子科技集团第 24 所、第 26 所、第 44 所； 重庆西南集成电路专业公司、神州龙芯、四联微电子、重邮信科等多家集成电路设计企业； 引进 ARM 公司，将建芯片设计学院，设风险投资基金，支持芯片企业	美国 AOS、奥地利 AT&S、韩国 SK 海力士、华润微电子等企业； 已有集成电路企业 45 家，全国排名第 13 位
新型显示	—	原材料方面（上游）：集聚了康宁、东进世美肯、住化电子、液化空气、乐金化学等玻璃基板、偏光片、蚀刻液、玻璃液、有机膜、大宗气体等核心原材料配套企业 10 余家； 显示面板方面（中游）：京东方 8.5 代液晶面板生产线，惠科 8.6 代液晶面板生产线； 模组整机（下游）：莱宝、联创、中光电、惠科金扬、京东方智慧电子等一批模组整机生产企业 20 余家，全国排名第五位

从未来发展看。电子信息产业集群将面向“智造重镇”“智慧名城”建设需求，加强新一代信息技术研发和在软硬件产品中植入渗透，前瞻布局下一代信息网络等未来产业，进一步完善“芯屏器核网”全产业链，打造世界级智能终端产业体系，建设国家重要功率半导体、柔性超高清显示、新型智能终端、先进传感器及智能仪器仪表、网络安全产业基地和中国软件名城，培育打造万亿级电子信息产业集群。

（2）汽车产业（集群）

重庆是全国主要的汽车研发生产基地，其汽车产业已经建立起“整车+配套+研发+认证”的生产结构和协同研发检测体系，形成了重、轻、微、轿车型齐全的汽车产品线，成为全国主要的汽车研发生产基地之一。

从产业规模看。2019 年，全市汽车产量为 138.3 万辆，占全国比重为 5.4%，实现增加值 855 亿元，实现总产值 3226 亿元，占规模以上制造业总产值的 16.3%。

从产品和龙头企业看。通过长安福特一二三工厂、长安福特发动机工厂、长安福特变速器工厂、长安鱼嘴基地等项目实施，构建起重庆汽车产业骨架体系，带动上汽通用五菱、北京现代、长城汽车等市外整车企业来渝布局，支持小康等本土企业进入汽车领域。具备乘用车（轿车、SUV、MPV）、商用车（客车、货车）、专用车（自卸车、挂车、运钞车、环卫车等）较为齐全的产品谱系，已构建完整的以发动机、变速箱、底盘、车桥等为代表的整车制造和零部件配套供应体系。形成了以长安系为龙头，上汽依维柯红岩、上汽通用五菱、东风小康、北汽银翔、北京现代、华晨鑫源、力帆汽车、庆铃汽车、潍柴汽车、北方奔驰、恒通客车、长城汽车等 10 多家整车企业为骨干，上千家配套企业为支撑的“1+10+1000”企业集群（拥有规模以上企业 971 户），汽车整车综合生产能力 400 万辆/年。此外，重庆拥有中国汽研、重庆大学、重庆邮电大学等研究单位和高校，建设有国家级智能网联汽车和智慧交通示范区。随着成渝地区双城经济圈上升为国家战略，汽车产业将是成渝建设双城经济圈的重要发力点之一。

主要汽车企业分布及主要产品见附表 1-4。

附表 1-4　主要汽车企业分布及主要产品

地区	重点企业	重点产品
两江新区	长安福特、长安股份、力帆、上汽依维柯红岩、上汽通用五菱、上汽红岩、现代汽车等	轿车、微车、重型车等产品及发动机、变速箱、汽车电子等零部件
大足	上汽红岩、凯瑞特、双钱轮胎等	重卡、改装车及轮胎等零部件
永川	长城汽车、庆铃专用汽车、（德国）中交 STS 电动车、瑞悦车业以及江苏富满集团	SUV、专用车、电动车
合川	北汽银翔、比速汽车	轿车
九龙坡	庆铃、北方奔驰	商用车
江津	潍柴（重庆）	SUV、商务车
沙坪坝	东风小康	商用车
璧山	比亚迪等	商用车和微车及零部件配套
万州	长安跨越等	商用车及零部件
涪陵	华晨鑫源	轿车
长寿	新特汽车	新能源汽车（纯电动）

从未来发展看。要围绕汽摩高端、轻量、节能 3 个方向，不但完善零部件本地配套，更要实施品牌战略，重塑汽摩产业竞争新优势。要深化新技术、新业态、新模式等在汽摩产业的应用，推动以新能源和智能网络汽车等为重点的汽摩产业与现代信息技术的深化融合，促进汽车单一通行功能向兼具通行和智能终端功能转型升级。培育打造 5000 亿级汽车产业集群。

（3）高端装备产业（集群）

已形成一批竞争能力强的重点装备制造产业，内燃机、仪器仪表、环保及现代化国防装备是国家级研发生产基地。风电装备、轨道交通、数控机床、船舶、输变电装备等一批特色装备制造集群基本形成。拥有重庆机床集团、重庆康明斯发动机公司、重庆潍柴发动机公司、中国船舶集团海装风电公司、重庆 ABB 等行业领军企业。2019 年，装备制造行业规模以上工业企业有 1046 户，实现规模以上总产值 1975 亿元，占规模以上制造业比重为 10%。

从细分行业看。轨道交通打造了以单轨为代表、较完整的产业集群，已全面掌握轨道梁桥、道岔、车辆等关键核心技术，创立了全球首个跨座式单轨国家标准体系，基本实现全国产化，形成了全球最大的单轨交通装备制造业基地，已具备城市轨道交通勘测咨询、整体设计、集成施工、装备制造、运营管理、技术研发、标准化建设等能力。工业机器人引进了川崎、库卡、长泰、华中数控、新登奇等国内外知名企业，培育了长安工业、重庆机器人、川仪、重齿等一批以应用带动研发的本地企业。目前，拥有工业机器人企业200余家，成立了重庆市机器人与智能装备产业技术创新联盟、国家机器人检测与评定中心公共服务平台，打造了重庆鲁班机器人研究院、重庆固高长江研究院、重庆高创机器人研究院等一批新型高端研究机构，初步建立起以机器人研发、检测、制造为核心的生产研发体系。2019年，全市年产2万台机器人，机器人产业销售收入已接近300亿元，打造国内重要机器人研发制造基地效果明显。通用航空初步形成“整机+核心部件+配套（材料、航电装备、其他零部件）、制造+运营+服务+金融”全产业链。通用航空制造业发展“直升机+固定翼+无人机”多系列多型号产品，通用航空服务业发展通航运输、通航公益、通航新型消费等多种运营服务。全市已培育以重庆通航集团、宗申航发、金世利航空、三耐科技为代表的通用航空制造和以重庆通用航空、神龙通用航空、飞行学院重庆通航培训为代表的运营服务相关企业200余家，其中高新技术企业有10余家。低空飞行已构建起以通用机场和飞行服务站为支撑的较为完善的保障体系。2019年，全市通用航空产业营业收入为6.68亿元，其中制造业为3.5亿元。节能环保包括环境保护产品生产制造业、节能产品生产制造业、环境服务业、节能服务业、资源综合（循环）利用产品及服务业五大类。2019年，重庆节能环保产业营业收入突破千亿元大关，从事节能环保产业的相关企业超过1500家，从业人员为11.5万人左右，占全市就业人员年末人数的0.57%，高于2019年全国平均水平0.24个百分点。拥有国家危险废物处置工程技术中心、国家垃圾焚烧处理与资源化工程技术中心、烟气脱硫国家地方联合工程研究中心、复杂煤气层瓦斯抽采国家地方联合工程实验室等国家级工程技术中心和实验室，有重庆市环保工程技术中心、污染防治与废物资源化重点实验室等市级创新平台，大力提升了节能环保领域人才创新能力。重庆市部分高端装备产业创新情况及重点装备制造行业产业链情况见附表1-5、附表1-6。

附表 1-5　重庆市部分高端装备产业创新情况

领域	行业代表	领先行业的创新技术	全国地位
数控机床	重庆机床集团	高效精密蜗杆砂轮磨齿机	重庆份额占全国齿轮机床的 50%，是全国最大的成套制齿基地
机器人	重庆华数	六关节	焊接机器人、打磨抛光机器人以及生产线送料机器人，年产值已接近 2 亿元
高端交通装备	中车长客轨道车辆有限公司	跨座式单轨	全球最大的单轨交通装备制造业基地
能源及环保装备	中船重工海装风电	中国海装 LiGa 大数据平台	全球十大风电整机供应商
精密仪器仪表	重庆四联集团	蓝宝石生产与加工核心技术	国内最大的百亿规模 LED 产业链

附表 1-6　重庆市重点装备制造行业产业链情况

产业	研发情况	制造情况
机器人	重庆市机器人产业技术创新战略联盟、国家机器人检测与评定中心、重庆鲁班机器人研究院、重庆固高长江研究院、重庆高创机器人研究院、中科院重庆绿色智能研究院、重庆大学、重庆邮电大学、重庆理工大学等研发机构	全市工业机器人企业 200 余家。川崎、发那科、库卡、ABB、西门子、商汤科技、长泰、华中数控、新登奇、华数、华中数控、广数、长安徕斯、利勃海尔、固高科技、长安工业、重庆机器人、川仪、重齿等国内外知名企业
数控机床	重庆机床企业技术中心、院士专家工作站和博士后科研工作站、重庆奔腾数控技术研究所	重庆机床、埃马克机床、利勃海尔机床、世玛德等机床整机重点企业和 ABB、发那科等行业领先的零部件企业
轨道交通装备	与法国泰雷兹、美国 GE、清华同方、南瑞自控、日本日立等国内外知名企业合作，与清华大学等高校建立产学研合作，全面掌握轨道梁桥、道岔、车辆等关键核心技术，创立了全球首个跨座式单轨国家标准体系	重庆轨道交通产业覆盖产业链上、中、下游，相关企业超过 80 家，基本实现国产化。 勘察设计：重庆轨道交通设计院、重庆勘测院等。 工程建设：以重庆机电工程公司为首的工程企业承接了多条轨道交通站后机电设备总承包项目，具备轨道交通总承包资质和能力。 装备制造：中车长客轨道、凯瑞车辆传动、长征重工、北车四方所科技、川仪轨道交通装备分公司、康尼轨道交通等 50 余家企业，在整车制造、配套机电系统、施工装备等方面有相对优势。 运维服务：重庆市轨道集团具备线路运营咨询、运营管理和维护资质和能力，以及丰富的城市轨道交通线路运营管理和维护经验

续表

产业	研发情况	制造情况
通用航空产业	重庆通航集团博士后科研工作站、企业技术中心、轻型飞机工程技术研究中心； 中国兵器工业第五九研究所、重庆航天机电设计院、重庆恩斯特龙通用航空技术研究院、西北工业大学重庆科创中心等研发机构和平台； 金世利航空组建金世利—哈工大钛合金焊接联合研发中心、金世利—重理工钛合金模具联合研发中心	以重庆通航集团、宗申航发、金世利航空、三耐科技为代表的通用航空制造和以重庆通用航空、神龙通用航空、飞行学院重庆通航培训为代表的运营服务相关企业有200余家，其中高新技术企业有10余家。低空飞行已构建起以通用机场和飞行服务站为支撑的较为完善的保障体系
节能环保装备	重庆中法环保研发中心、重庆海润节能研究院	企业：中电远达、耐德工业、三峰环境、三峰卡万塔、中天环保、重庆通用工业、再升科技、川仪、新华化工、海特、康达环保等。 主要产品：电子工业专业设备制造、环境保护专用设备制造、水资源专用机械设备制造、其他电子设备制造、环境监测专用仪器仪表制造、环境污染处理专用药剂材料制造、垃圾焚烧发电设备制造等

从未来发展看。要对接高端、智能和成套趋势，推动相关组件中的智能化应用和新材料创新，提升零部件本地配套服务能力和水平。建设国家重要的中高端数控机床、城市轨道交通车辆、新能源装备产业基地和西部领先的工业机器人、增材制造装备产业基地。培育打造3000亿级装备制造产业集群。

（4）材料产业（集群）

材料工业对重庆工业经济有着重要的支撑作用，约占全市工业总产值的15%，是工业增长的重要引擎，是全市经济稳增长的压舱石。铝合金、合成材料等本地急需材料供给能力显著提升，逐步进入发展“快车道”。铝产业链条完备，铜、镁合金等有一定的产业基础。建材行业形成了高性能玻璃纤维及复合材料、玻璃及深加工、水泥及制品、装饰装修材料及化学建材、建筑卫生陶瓷、新型墙体材料六大类为主导的产业集群，石墨烯薄膜等关键战略材料实现工程化、产业化突破，气凝胶产业在逐步布局。

从产业规模看。2019年，重庆材料产业实现规模以上总产值4018亿元，占规模以上制造业比重为20.3%，仅次于电子信息制造业占比。从内部结构看：化工、冶金、建材分别占材料产业总量的22.8%、37.6%、39.6%；新材料产值为710亿元，占材料产业总量的17.7%，其中先进轻合金材料和化工新材料分别占比46%、21%。

从细分行业和企业看。产业航空航天铝材、高精铝板带箔、测温材料、精密铜管、镁合金精密铸造产品、高性能玻纤及制品、竹木装饰套装门、棕刚玉等拳头产品国内领先，部分产品达到世界先进水平，广泛应用于航空航天、军工系统、轨道交通等尖端领域。全市材料工业规模以上企业超过1000家，拥有百亿级企业3家，50亿级企业3家，重庆钢铁、西南铝业、万达薄板、博赛集团等行业龙头企业不断壮大（见附表1-7）。

附表1-7　重庆市材料产业产品及企业情况

产业	产品和重点企业
铝材料	优势产品：航空航天用大型铝材及部件、轨道车厢铝材、汽车铝合金型材及铸件、民用铝板带箔产品等。 重点企业：西南铝、中铝萨帕、铝器时代、秦安铸造等
镁合金材料	优势产品：镁合金压铸产品，主要用于汽车仪表盘、座椅骨架、中控台骨架、电子产品机壳等方面。 重点企业：重庆博奥镁铝
钛合金材料	主要产品：高温钛合金、钛合金棒、圆锭、管材等。 重点企业（仅1家）：金世利航空材料，是国内唯一生产超大规格钛合金锭生产企业
玻纤及复合材料	主要产品：玻纤及微玻纤，主要产品为高强高模玻纤、低碱无碱玻纤、风电纱、电子纱、微玻棉及其制品装备等，其中风电纱、电子纱、微玻纤空气过滤纸、隔热保温材料全球领先。 重点企业：国际复合、再升科技
聚氨酯材料	主要产品：40万吨MDI、75万吨己二酸、4.6万吨聚四氢呋喃等；年产16万吨氨纶、20万吨聚氨酯树脂、3000吨聚氨酯涂料等聚氨酯产品。 重点企业：华峰化工、华峰新材料、巴斯夫重庆公司等

从未来发展看。要聚焦于行业发展方向，对接市场需求，围绕气凝胶、石墨烯等材料的产业化应用，建设具有国际竞争力的聚酰胺材料、聚氨酯材料产业基地和国家重要的先进有色合金材料、玻璃纤维及复合材料产业基地。培育打造六千亿级汽车产业集群。

（5）消费品工业（集群）

重庆消费品产业门类较为齐全，已形成15个主要消费品产业。其中，造纸、塑料、皮革制品、家具、照明器具、印刷6个产业突破百亿元，多点支撑格局基本形成。依托玖龙纸业、理文纸业等龙头企业，建成西部地区最大的造纸及纸制品生产基地。当前，积极培育健康食品、特色轻纺两大千亿级产业集群，大力培育功能性食品、智能家居、个护美妆、产业用纺织品等新兴链条，建设西部地区消费品工业先进制造业基地和创意创新中心。

从发展现状看。2019 年，全市规模以上消费品工业企业实现产值 3213 亿元，同比增长 6.4%。消费品工业规模以上占 15%，抵御市场波动风险能力较强。其中，食品工业已达千亿级，造纸、纺织服装、塑料、家具、日用玻璃、白色家电等达到百亿级。

从细分产业看。千亿级产值规模的食品工业，主要包括食用油、调味品、休闲食品、饮料及乳制品、烟酒茶等；其中，食用油、卷烟、乳制品等产值均达到百亿级规模。纺织服装产业处于加工环节，前端纺织、印染等环节较缺乏，服装设计水平较低，品牌影响力弱。特色轻工包括造纸及纸制品、日用品、智能家居、时尚用品等。重庆市消费品工业重点领域企业及空间分布情况见附表 1-8。

附表 1-8　重庆市消费品工业重点领域企业及空间分布情况

类型	细分领域	主要产品	主要企业	空间分布
食品工业	食用油	菜籽油、花生油、玉米油、葵花油等	金龙鱼、福临门、鲁花、红蜻蜓等	江津、江北等
	白酒	醇香型白酒、酱香型白酒、清香型白酒等	江小白、金江津、诗仙太白等	江津、万州等
	调味品	酱油、醋、味精、火锅底料等	三不加、黄花园、佳仙、饭遭殃、德庄、饭巢、桥头、有友等	南川、綦江、渝北等
	休闲食品	膨化食品、烘焙食品、方便食品、罐头等	冠生园、华生园、合川桃片、梅林午餐肉等	—
	营养保健食品	富硒食品、富锶食品等	太极水等	江津、城口、彭水等
	饮料	矿泉水、果蔬饮料	中梁山、一简、康师傅、尚蔬坊、派森百等	南岸、九龙坡、忠县等
	乳制品	低温鲜奶、酸奶等	光大、天友等	渝北、巴南等
	卷烟	香烟	天子、龙凤呈祥等	南岸、黔江、涪陵等
	茶叶	绿茶	巴南银针、永川秀芽、南川大树茶等	巴南、永川、南川等
纺织服装	布匹	布、印染布、苎麻布	山东如意	沙坪坝、万州等
	无纺布	—	—	沙坪坝、南岸、巴南等
	服装	婴儿服、儿童服装、男士服装、女士服装、皮装等	贵夫人、欧碧倩、金考拉、段氏西服、树王服饰等	渝北、巴南、酉阳、万州、荣昌等

续表

类型	细分领域	主要产品	主要企业	空间分布
特色轻工	纸浆纸板	纸浆、纸板	玖龙、理文等	江津、永川等
	纸制品	生活用纸、卫生用纸、厨房用纸、包装纸、文化纸等	玖龙、理文、恒安心相印、百亚丝爽等	江津、永川、巴南等
	印刷品	单色印刷品、多色印刷品等	—	大渡口、南岸、北碚、渝北等
	玻璃制品	日用玻璃制品、玻璃包装容器	—	北碚、合川等
	瓷砖	瓷质砖、陶质砖	唯美、榆璧、国艺、锦坤、新美等	合川、璧山等
	卫生陶瓷	面盆、马桶等	四维卫浴、帝王、杜拉维特、赛格卫浴、正渝马桶卫浴等	荣昌、璧山、江津等
	空调	壁挂空调、立柜空调等	格力、美的	九龙坡、南岸
	冰箱	变频冰箱、定频冰箱、冰柜等	海尔	江北
	洗衣机	波轮洗衣机、滚筒洗衣机	海尔	江北
	热水器	燃气热水器	海尔	江北、南岸
	灯具	吊灯、吸顶灯、落地灯、壁灯、台灯等	雷士照明、品鉴光电、四联光电等	万州、涪陵、北碚等
	家具	床、椅、桌、门、橱柜、衣柜等	美心、星星套装门、朗萨、玛格家居、豪迈、双羽等	南岸、开州、长寿等

从未来发展看。要主动顺应收入增长、消费升级趋势，推动消费品工业与相关产业融合发展，打造具有国际竞争力的特色消费品产业集群。培育打造5000亿级消费品工业集群。

（6）生物医药产业（集群）

生物医药是重庆市确定的重要战略性新兴产业。但目前产业能级总体不高，产业链条不完善，高度价值环节发展较为滞后，处于全球价值链低端。

从发展现状看。2019年，全市医药产业产值规模只有600多亿元，其中化学药制剂占23.9%，未来发展潜力巨大的生物药、医疗器械产业分别占7.6%、6.1%。10家生物医药企业在沪深交易所上市，市值超过3000亿元，市值和数量在重庆所有行业中均排名第一，且智飞生物在全市上市公司市值中高居榜首（见附表1-9）。

附表 1-9 生物医药上市企业情况

企业名称	市值（亿元）	所处区（县）
北大医药股份有限公司	36.59	北碚
重药控股股份有限公司	89.00	渝北
天圣制药集团股份有限公司	28.17	垫江
重庆华森制药股份有限公司	53.63	荣昌
重庆莱美药业股份有限公司	59.54	南岸
重庆智飞生物制品股份有限公司	2368.16	江北
福安药业（集团）股份有限公司	58.30	长寿
重庆博腾制药科技股份有限公司	192.13	长寿
重庆太极实业（集团）股份有限公司	74.23	涪陵
重庆正川医药包装材料股份有限公司	106.88	北碚

从细分行业看。化学药快速增长，行业结构不断调整优化。重庆市规模以上化学药行业总产值超过200亿元，产值规模超过中药，是全市医药产业发展第一大支柱。其中，原料药总产值占比上升至22.1%；化学药品制剂制造占比达到16.4%。中成药总产值占比达到38%。兽药、医疗器械、生物药逐步成为新的增长极。其中，兽药、医疗器械及耗材、生物药品总产值占全市医药工业的比重分别提高到9.2%、8.3%和6%。

从未来发展看。要聚焦于居民健康生活要求更高需求，推动生物医药产业升级发展，建设国内一流的生物医药产业集聚区。培育打造千亿级生物医药产业集群。

（7）其他战略性新兴产业（集群）

在大数据智能化引领下，全市战略性新兴产业发展明显提速，已培育形成智能终端、软件信息服务两大千亿级产业集群和生物医药、物联网、节能环保、新能源及智能网联汽车、新型显示五大500亿级产业集群，以及集成电路、智能制造装备、高端交通装备等若干100亿级产业集群。近三年，全市规模以上工业战略性新兴产业增加值年均增速超过17%，对全市规模以上工业增长贡献越来越大。

为支持集成电路、新能源及智能网联汽车、生物医药、智能制造装备等优势和重点产业发展，市政府出台了从研发到产业化的若干支持政策，专项出台了推进工业互联网发展、支持新能源汽车推广应用等若干政策措施。在市级层面组织实施了人工智能、云计算与大数据、集成电路、智能机器人、5G 通信等一大批战略性新兴产业重大科研项目。培育了以中科云从、猪八戒网、博拉网络、智飞生物、中国汽研等为代表的一批战略性新兴产业领军企业。建设新型研发机构 75 家，包括联合微电子中心等一批高端研发机构，积极谋划声光电先进感知产业创新中心、集成电路特色工艺及封装测试、工业大数据等制造业创新中心和智能网联汽车技术创新中心。

（8）未来产业

《重庆市制造业高质量发展“十四五”规划（2021—2025 年）》提出，要加强开天开发、基因技术、未来材料、光电子等未来产业的前瞻谋划和科学化布局，融入全球未来产业发展体系，抢占未来产业发展先机。

3. 空间布局

（1）总体布局

落实“一区两群”协调发展部署，立足各区域、各区县现实条件和增长潜力实施差异化发展战略。由原主城九区组成的中心城区，要把战略性新兴产业、生产性服务业和数字经济放在首要位置，重点布局高端环节，打造全市制造业高质量发展的引领地。由原渝西 12 区构成的主城新区，要聚焦于电子、汽车摩托车、装备制造、消费品、原材料等产业，着力打造现代化产业集群，强化与中心城区的产业配套，建设全市制造业高质量发展的增长极。“两群”要全面深化生态优先、绿色发展，围绕绿色产业，主动承接产业转移，建设具有地域特色的产业集群，建设全市制造业绿色发展示范区。两江新区和重庆高新区要打造万亿级先进制造产业集聚区。建设“万开云”“綦万南”等制造业高质量发展区域性增长极。

（2）电子信息产业布局

发挥现有产业基础优势，强化区域集聚效应，完善多点支撑、错位发展、相互支持的空间布局，打造以两江新区（系统集成）、科学城（产品和技术研发）为核心引领，各高新区、开发区、工业园区为衔接支撑的“双核多园”电子信息产业布局，培育“十区两带”软件产业布局形态。

“双核多园”。双核：两江新区，发挥龙头带动作用，建设国家级智能制造产业示范区，围绕新型显示、智能终端、智能仪器仪表等重点领域，打造集系统集成、研发、制造、互联网平台、资本投入为一体的产业综合体；西部（重庆）科学城，紧跟产业前沿、服务需求，布局大科学装置和研究院所，推动科技教育和创业服务资源集聚，突出基础研究、关键核心技术研发、技术服务等。多园：高新区围绕西部（重庆）科学城建设，突出技术成果孵化转化以及产业化，重点发展集成电路、智能仪表、人工智能等。经开区围绕中国智谷建设，推动产学研协同创新和物联网生态集聚，重点发展物联网、智能终端、集成电路等。西永综保区、空港、巴南、永川、江津、璧山、涪陵、长寿、铜梁、潼南等要发挥高端产业载体功能，加快引进一批龙头企业和产业链配套企业，推进智能工厂建设，发展汽车电子、集成电路、智能终端、新型显示等产业，打造一批产业集聚区。

“十区两带”，即五大核心产业区、五大特色集聚区和两大融合应用示范带。五大核心产业区：推动软件产业向主城都市区集聚发展，鼓励两江软件园、重庆高新软件园、渝中软件园（重庆市工业软件产业园）、重庆软件园、渝北仙桃国际大数据谷服务国家战略，进一步推动要素集中和企业集聚，形成五大核心产业区，到 2025 年，总收入达到 3050 亿元。两江软件园，重点布局行业应用软件、新兴技术软件、智能终端软件、汽车软件、车联网、数字内容等领域，到 2025 年收入达到 1200 亿元；重庆高新软件园，重点布局芯片研发设计、自主基础软件、新兴技术软件及新型信息消费等的研发、转化和应用推广，到 2025 年收入达到 350 亿元；渝中软件园（重庆市工业软件产业园），重点布局研发设计类、过程控制类工业软件，到 2025 年收入达到 400 亿元；重庆软件园，重点布局数字文创、数字媒体、网络安全、物联网、智能制造等领域，到 2025 年收入达到 500 亿元；渝北仙桃国际大数据谷，重点布局大数据、云计算、人工智能、汽车软件等领域，到 2025 年收入达到 600 亿元。五大特色集聚区：支持九龙坡、沙坪坝、大渡口、江北、北碚、合川、綦江、永川、璧山、涪陵、巴南、垫江等区县，在软件产业特色细分领域实现突破，形成五大特色集聚区，到 2025 年收入达到 1350 元。其中，九龙坡、沙坪坝、大渡口重点发展政务服务、教育医疗、交通物流等应用软件产业，到 2025 年收入达到 550 亿元；江北、北碚重点发展平台软件、应用软件、工业互联网等产业，到 2025 年收入达到 250 亿元；合川、綦江重点发展信息安全产业，到 2025 年收入达到 200 亿元；永川、璧山重点发展数据服务、软件服务外包、超高清视频等产业，到 2025 年收入达到 500 亿元；涪陵、巴南、垫江重点发展智慧城市应用、智慧医疗、移动互联网等产业，到 2025 年收入达到 150 亿元。两大融合应用示范带：支持渝东北三峡库区城镇群和渝东南武陵山区城镇群结合区域自身特点，布局发展电子商务、数字内容、数字文创、智慧旅游、智慧农业、智慧生态、乡村振兴等特色行业应用软件，推动软件产业与区域主导产业深度融合，形成行业应用示范。

（3）汽车产业布局

完善由两江新区、绕城高速公路环型产业带以及三环高速重要节点构成的“一核一环多园”的产业发展空间布局，加快打造一批专业汽车零部件配套园区，推动要素集中和企业集聚，加快形成区域联动、资源共享、优势互补、协调发展的汽车产业发展良好格局。“一核”主要包括两江新区、重庆高新区，以汽摩研发、新能源车和智能网联汽车整车、销售、后市场、检测等为主。“一环”主要包括绕城高速环型产业带周边园区，以中高端汽车整车、电动摩托车、大排量摩托车整车以及汽摩关键零部件生产配套为主。“多园”主要包括三环高速公路沿线的大足（双桥）、永川、江津、涪陵、长寿、合川、万州等各区园区，以传统优势汽车车型、摩托车踏板车以及零部件配套转型升级为主。

（4）高端装备产业布局

结合全市各园区产业发展基础条件，综合考虑各园区的区位优势、未来发展方向和潜力，在全市范围内形成“一核两带多点”的高端装备产业格局。“一核”指两江新区，是全市高端装备产业发展的主战场，在现有发展基础上，重点布局轨道交通装备、航空航天装备、节能环保装备、智能装备制造、能源装备等。“两带”指中心城区东部高端装备制造基地和中心城区西部高端装备创新研发基地，中心城区东部高端装备制造基地以重庆经开区、巴南产业园区为重点，重点发展节能环保装备、智能装备制造、高技术船舶等；中心城区西部高端装备创新研发基地重点依托高新区、科学城等，重点发展高端装备研发创新。“多点”指其余各区县依托本地产业园区产业发展基础，形成多个高端装备产业发展支撑。鼓励在国家级开发区建设一批高端装备产业园，支撑全市高端装备产业发展。重庆市高端装备产业布局指引见附表1-10。

附表1-10　重庆市高端装备产业布局指引

领域	重点布局区域
轨道交通装备	两江新区、铜梁高新区
航空航天装备	两江新区、万盛经开区等
节能环保装备	两江新区、重庆经开区、空港园区、建桥园区、巴南园区、长寿经开区、港城园区、綦江园区、正阳园区等

续表

领域	重点布局区域
智能装备制造	两江新区、重庆高新区、沙坪坝园区、空港园区、巴南园区、九龙园区、港城园区、永川高新区、江津园区、涪陵高新区、大足高新区等
能源装备	两江新区、涪陵高新区、九龙园区等
高端农机装备	九龙坡园区、江津园区等
高技术船舶	重庆经开区、涪陵高新区、万州经开区等
精密仪器仪表	北碚同兴园区、两江新区等

（5）材料产业布局

中心城区。两江新区：突出高端产业功能，做大做强以铝合金、钛合金为核心的轻合金产业链，巩固壮大以高温合金为核心的功能材料，积极发展石墨烯、第三代半导体和生物半导体材料等关键战略材料，谋划储备金属及高分子增材制造、新型低温超导及低成本高温超导材料等前沿新材料。重庆高新区：突出创新孵化功能，培育壮大石墨烯、增材制造材料、生物医药材料等新材料。其他各区：突出先进制造功能和绿色低碳发展理念，推动九龙坡区加快发展以铝合金为核心的轻合金产业链，巩固提升装配式建筑产业链，着力打造九龙坡现代建造科技产业园；推动北碚区做大做强功能材料、高强度汽车钢、特种玻璃、石墨烯、纳米材料、环保材料、增材制造专用材料等新材料，提升发展装配式建筑产业；推动江北区提升发展装配式建筑、先进钢铁材料等产业；推动巴南区做优做精装配式建筑产业链，打造巴南区装配式建筑产业园。

主城新区。渝西片区：突出全市制造业高质量发展核心支撑功能，推动江津区巩固提升绿色建材、先进有色合金、钢材加工等优势材料产业，培育壮大高性能纤维及复合材料、新能源材料和其他新材料等新兴材料产业；推动荣昌区提升发展绿色建材，做强装配式建筑部品部件，培育壮大高性能陶瓷材料；推动永川区做优绿色建材产业链，做强以铝合金为核心的轻合金产业链，培育壮大以玻璃纤维、玄武岩纤维等为代表的高性能纤维及复合材料产业链，探索布局先进钢铁材料产业链；推动合川区加快发展气凝胶产业，打造气凝胶产业聚集示范区；推动大足区以先进钢铁材料、先进有色合金为主攻方向，做强静脉产业，打造西部最大、产业链条最完善的静脉产业基地；推动璧山区加快发展新能源材料，提升发展装配式建筑产业；推动铜梁区做优电子玻璃及玻璃精深加工、铝合金、金属锂及锂合金、高性能复合材料、装配式建筑等产业。涪陵区（丰都县、忠县）+长寿区（梁平区、垫江县）：突出全市制造业高质量发展重要新兴增长区域和全市高端原材料基地功能，深化产业链协同，推动长寿区、涪陵区协同打造具有全国影响力的先进钢铁材料、高性能纤维及复合材料、硅锰合金产业集群；推动梁平区、丰都县、垫江县、忠县深化与涪陵区、长寿区在原材料产业精深加工合作，做强先进有色合金产业、提升发展绿色建材产业。“綦万南”片区：突出重庆南部制造业崛起支撑功能，落实綦江—万盛一体化发展部署，推动綦江稳步发展再生铝，积极延展铝加工产业链条，推动万盛延展玻璃下游精深加工链条，协同发展装配式建筑产业链；推动南川做优做精轻合金、装配式建筑等产业；推动三地在铝镁合金、钢结构等产业领域联手打造产业集群。

渝东北三峡库区城镇群。“万开云”片区：突出三峡库区制造业核心增长极功能，推动万州区打造铜、铝、绿色建材等产业链；推动开州区建设万州经开区拓展区，进一步提升发展以陶瓷、新型墙体材料为核心的绿色建材产业和以骨料、高性能混凝土、PC 构件、钢结构为核心的装配式建筑产业；推动云阳县建设全市广告材料重要集聚区。

渝东南武陵山区城镇群。黔江区+秀山县：突出武陵山制造业核心支点功能，推动黔江区做强以铝合金为核心的轻合金产业链，延展玻璃纤维下游产业链条，推广工业硅应用；推动秀山县加快淘汰电解金属锰落后产能，鼓励锰产业全部退出，支持构建骨料、高性能混凝土、PC 构件、新型绿色建材产业链。

（6）消费品工业布局

立足消费品工业发展现状、资源优势，优化全市消费品工业生产力布局，形成“一核一区两带”的消费品工业发展格局，加快建设一批消费品特色园区，引导各类消费品企业入园发展。重点打造中心城区高端消费品发展极核、主城新区消费品工业发展重点集聚区，渝东北、渝东南消费品工业特色发展带，促进全市消费品工业特色产业化发展。引导新增消费品工业项目优先布局主城新区，适度布局渝东北、渝东南片区，在中心城区重点发展无污染、高附加值的休闲食品、时尚服装等轻加工产业，主城新区重点布局造纸、纺织服装等消费品工业，渝东北、渝东南片区依托农副产品资源优势重点发展调味品、饮料等食品制造业（见附表 1-11）。

附表 1-11　重庆市消费品工业重点布局区域

行业			重点布局区域
绿色食品制造	传统食品制造	食用油	江津等
		调味品	綦江、南岸、涪陵、巴南等
		休闲食品	南岸、九龙坡、合川、荣昌、江津等
	特色食品加工	白酒	江津、万州等
		农产品精加工	忠州、潼南、江津等
		快餐食品	江津、合川、北碚等
	功能性食品	富硒食品	江津、城口、彭水等
		奶制品	渝北、巴南等
品质生活用品	高档生活用纸		江津、永川、丰都、巴南等
	玻璃陶瓷	玻璃制品	北碚、合川等
		陶瓷卫浴	荣昌、永川、璧山等
	智能家具		巴南、开州、长寿、万州等
个性时尚用品	“渝派”服装		渝北、巴南、万州、涪陵、荣昌等
	时尚穿戴		奉节、荣昌、渝北、巴南、垫江、巫山等

（7）生物医药产业布局

全面落实“一区两群”协调发展要求，因地制宜布局生物医药资源，加快跨区域要素流动，打通产业链上下游合作，构建“一核引领、一环辐射、两带协同”的总体发展格局。强化“一核”创新引领。以中心城区为核心，以重庆国际生物城、重庆高新区国家生物医药产业基地、水土生物医药创新基地为主阵地，加快创新要素集聚集成，建设具有国内外影响力的生物医药发展创新策源地。提升“一环”辐射能级。以主城新区为重点，加快提升生物医药、现代中药等产业发展能级，增强产业配套和承载能力，主动吸纳承接中心城区产业外溢，打造环核心区生物医药产业协同发展示范区。加速“两带”协同发展。以“两带”为支撑，立足“两群”发展格局，发挥丰富的自然资源和中药材资源等比较优势，打造山地特色的中药材种植及加工基地。加强与主城都市区科研攻关、成果转化、产品创新等产业联动（见附专栏 1-1）。

附专栏 1-1　生物医药空间布局和重要载体

一、“一核”

打造三大生物医药集群。重庆国际生物城加快构建以生物药为核心支柱产业，化学药、现代中药、医疗器械为特色产业，打造国家级生物医药产业集聚区；重庆高新区国家生物医药产业基地，依托中科院重庆科学中心、陆军军医大学等科研平台，构建以细胞治疗、抗体、疫苗、IVD、植介入、智能医疗设备为核心的生物药及高端医疗器械产业集群，打造千亿产值的“西部生命芯谷”；水土生物医药创新基地，以打造“重庆国际生命科学谷”为统领，建设国际药械智造中心、自贸新医学服务走廊、综合创新转化区，构建形成“创新—转化—应用”为一体的功能格局。

二、“一环”

依托医药产业制造优势，积极承接中心城区产业转移和成果转化，大力发展中成药、生物药、化学药等产业，加快建设长寿国际化原料药及制剂产业基地，打造一批生物医药特色产业园区。加快推进重庆中医药学院建设，推动产学研用一体化发展。支持中医药传承与创新，加快建设国家火炬涪陵现代中医药特色产业基地，积极创建中医药传承创新中心。

三、“两群”

加快化学仿制药、原料药及辅料、生化药物、现代中药等产业发展，建设一批生物医药特色产业园区。加快区域性研发平台和成果转化平台布局，建设一批生物医药科技成果转化服务示范基地。

4. 重点工业园区

重庆已形成以两江新区、重庆高新区为核心引领，两路寸滩综保区、西永综保区、江津综保区、涪陵综保区、永川综保区、重庆经开区、璧山高新区、永川高新区、荣昌高新区、长寿经开区、万州经开区 11 个国家级开发区及 36 个特色工业园区的“2+11+36”园区体系，工业园区（开发区）规模以上工业产值占全市工业总产值比重达到 80%（见附表 1-12）。其中，千亿级（含近千亿级）产业园区 16 个，主要分布在重庆主城都市区。2020 年底，重庆国家级开放平台达到 20 个，形成了“1+2+7+10”的国家级开放平台体系，是中西部地区开发开放平台最多、开放资源最丰富的地区（见附表 1-13）。

重庆市部分工业园区主导产业见附表1-14。

附表1-12 重庆市“2+11+36”园区体系构成情况

类别	园区名称
2个核心引领开发区	两江新区、重庆高新区
11个国家级开发区	两路寸滩保税港区、西永综保区、江津综保区、涪陵综保区、永川综保区、重庆经开区、璧山高新区、永川高新区、荣昌高新区、长寿经开区、万州经开区
36个市级工业园区	涪陵工业园区、白涛工业园区、建桥工业园区、港城工业园区、沙坪坝工业园区、九龙工业园区、西彭工业园区、同兴工业园区、万盛工业园区、綦江工业园区、双桥工业园区、大足高新技术产业开发区、空港工业园区、巴南工业园区、正阳工业园区、长寿工业园区、江津工业园区、合川工业园区、南川工业园区、铜梁高新技术产业开发区、潼南高新技术产业开发区、开州工业园区、梁平工业园区、武隆工业园区、城口工业园区、丰都工业园区、垫江工业园区、忠县工业园区、云阳工业园区、奉节工业园区、巫山工业园区、巫溪工业园区、石柱工业园区、秀山工业园区、酉阳工业园区、彭水工业园区

附表1-13 重庆市千亿级（含近千亿级）产业园区布局

名称	重点产业	2020年产值（亿元）
鱼复工业园	乘用车、轨道交通及能源装备	1300
水土高新园	云计算及高技术产业、生物医药及医疗器械	1700
黄茅坪汽车产业园	乘用车及载重车	1300
港城园区	智能家电及电子设备、软件和信息服务业	1000
龙兴工业园	高端装备、信息家电及高端新材料	1000
空港园区和前沿科技城	智能终端、无人机、电动汽车高端配件	1000
重庆国家级高新区（西永微电园）	新一代信息技术、生命科学、高端装备制造和新材料、高技术服务业	3400
璧山国家级高新区	专用车及摩托车、电子装备及电子配套、智能装备、食品	1800
永川国家级高新区	电子配套及眼镜、金属加工机械及航空航天设备	950
重庆国家级经开区	手机、金属加工设备及原动设备	1000
长寿国家级经开区	钢铁材料、天然气石油化工及化工材料	1900
江津双福组团	乘用及专用车、智能装备及电子配套	1050
江津德感组团	重型装备、金属材料加工、食品加工	750
江津珞璜组团	装备制造业、新型材料业、现代物流业	800
涪陵李渡组团	乘用车及船舶	1200
铜梁组团	载重车及摩托车、光电及材料	900

附表 1-14　重庆市部分工业园区主导产业

区县	园区平台	主导产业
中心城区	重庆高新区、重庆经开区、空港工业园区等	电子信息、装备制造、新能源及智能汽车、新材料、生物医药等制造业
涪陵区	涪陵工业园、白涛工业园	医疗食品、装备制造、化工化纤、电子信息、清洁能源
长寿区	长寿工业园区	家具产业、健康科技产业、电子信息、轻工制造、农副产品加工
永川区	永川国家级高新区	食品药品、盐气化工、新材料新能源、机械电子、纺织服装
江津区	江津工业园区	汽车摩托车及其零部件业、装备制造业、新型材料制造业、电子信息业、食品加工业
璧山区	璧山高新区	制鞋、电子信息、医疗食品、装备制造
綦江区	綦江工业园区	铝及铝合金、汽摩整车及零部件、新型节能建筑材料
潼南区	潼南高新区	智能硬件及智能终端、智能装备及智能制造、天然气综合利用及精细化工、农产品精深加工与绿色健康品、大众消费品及特色轻工、环保科技及新材料新能源和现代服务业
铜梁区	铜梁高新区	机械制造、新型材料、电子信息
合川区	合川工业园区	装备制造、医药健康、信息技术
南川区	南川工业园区	铝材料、精细化工、机械制造、中医药、新型建材、页岩气
大足区	大足高新区	智能装备、环保装备、现代汽摩、生物医药、电子信息业
荣昌区	荣昌高新区	装备制造、食品医药、轻工陶瓷
万州区	万州经开区	商用车及特种车、照明器具、信息港智能终端及电子配套、食品、特色化工、光伏材料、重型装备、纺织服装医药、船舶及能源装备
梁平区	梁平工业园区	光电及机械、制造、塑料及不锈钢、门业及建筑、材料、农用机械及汽摩配套
城口县	城口工业园区	农副产品加工、服装及玩具加工
丰都县	丰都工业园区	光电产业、医药及机械制造、农用机械、重型装备、农副产品加工
垫江县	垫江工业园区	商用车及零部件、钟表计时及精密加工、机械加工及铜材料、节能材料、精细化工、农副产品加工、通机、中药
云阳县	云阳工业园区	塑料制品及结构材料、农副产品加工、制盐及新材料、商用车、医药、重型装备、硅产业、机械制造

续表

区县	园区平台	主导产业
奉节县	奉节工业园区	食品服装、机械制造及建筑材料、农副产品加工、能源建材
巫山县	巫山工业园区	钟表计时及精密加工、服装鞋业、汽摩零部件及环保建材、医药及农副产业加工、铸锻件
巫溪县	巫溪工业园区	建筑石材、农副产品加工、纺织服装、食品加工、环保建材、旅游产品及玩具
开州区	开州工业园区	食品服装、商用车及家电、建材及家居、机械制造、农副产品加工、机械加工、中药
忠县	忠县工业园区	特种车及汽车零部件、装备制造、重型装备及新型材料、食品
彭水县	彭水工业园区	食品及服装、家具及资源加工、特色矿产精深加工
秀山县	秀山工业园区	农机及汽摩、医药食品及家居产业、非金属矿物制品、食品、矿产品精深加工
武隆区	武隆工业园区	汽车摩托车、光电及旅游运动装备、铸钢及铁路运输设备制造、通用设备及家电、食品、纸业
石柱县	石柱工业园区	医药食品、机械制造及石灰石精深加工、家电及高端玻璃、汽摩配件、能源、材料
酉阳县	酉阳工业园区	服装、特色矿产深加工及贵金属加工、医药、珠宝及首饰加工、纺织及旅游体育商品、农副产品加工、食品、复混肥料

（二）服务业发展和布局

1. 总体发展情况

直辖以来，在制造业转型发展、城市综合服务功能持续提升和其他服务业加快发展等带动下，重庆生产性服务业规模快速扩张、结构逐步改善、功能不断趋强、业态日益多样，产业能级不断提升；生活性服务业发展能级不断扩大、业态更趋多元，服务能力日益提升。服务业发展水平和质量稳步提升。2020 年，全市服务业实现增加值 13207.25 亿元，同比增长 2.9%，占全市 GDP 的比重达到 52.8%。商贸、金融、大健康、文化旅游、物流业等支柱产业占全市服务业比重超过 3/4。国际消费中心城市加快建设，国际性综合交通枢纽城市建设全面启动。

从规划来看。“十四五”规划提出，要加快建成国家级现代服务业经济中心。《重庆市现代服务业发展计划（2019—2020 年）》提出，要加快打造金融物流、信息服务、文旅、大健康等支柱服务业，着力发展研发设计、服务外包、专业服务、检验检测、节能环保、电子商务、教育培训等高端服务业，提升发展商贸流通、会展、居民住房服务、居民与家庭服务等传统服务业。重庆市现代服务业主要领域见附表 1-15。

附表 1-15　重庆市现代服务业主要领域

产业方向	产业门类
创新发展支柱服务业	金融服务、现代物流、软件与信息服务、文化旅游、大健康服务
着力发展高端服务业	研发设计、服务外包、专业服务、检验检测、节能环保、电子商务、教育培训
提升发展传统服务业	商贸流通、会展、居民住房服务、居民与家庭服务

2. 重点产业发展情况

（1）金融服务业

从现状看。2020 年，金融业实现增加值超过 2200 亿元，占 GDP 比重达到 8.9%，比上年提高 0.1 个百分点。业务总量快速增长，新增社会融资规模 8101 亿元，创历史新高，存贷比 97.8%。共建西部金融中心、建设内陆国际金融中心加快推动，获批本外币合一账户体系、跨境资金池、QDLP 等试点，全市跨境人民币收付金额居中西部第一。金融机构总数达到 1873 家，增加 42 家，外资机构数量居中西部第二。重庆市银行业金融机构、上市公司、金融业、保险业情况见附表 1-16～附表 1-18、附图 1-2。

附表 1-16　2019 年重庆市银行业金融机构情况

机构类别	营业网点			法人机构（个）
	机构个数（个）	从业人数（人）	资产总额（亿元）	
大型商业银行	1329	26707	16090	0
国家开发银行和政策性银行	39	1259	5394	0
股份制商业银行	296	9129	7723	0
城市商业银行	280	7776	7529	2
城市信用社	0	0	0	0
小型农村金融机构	1772	15735	9977	1
财务公司	4	347	227	4

续表

机构类别	营业网点			法人机构（个）
	机构个数（个）	从业人数（人）	资产总额（亿元）	
信托公司	2	157	390	2
邮政储蓄	227	4318	3224	0
外资银行	23	552	277	0
新型农村机构	122	2471	331	39
其他	6	3147	2544	7
合计	4100	71598	53705	55

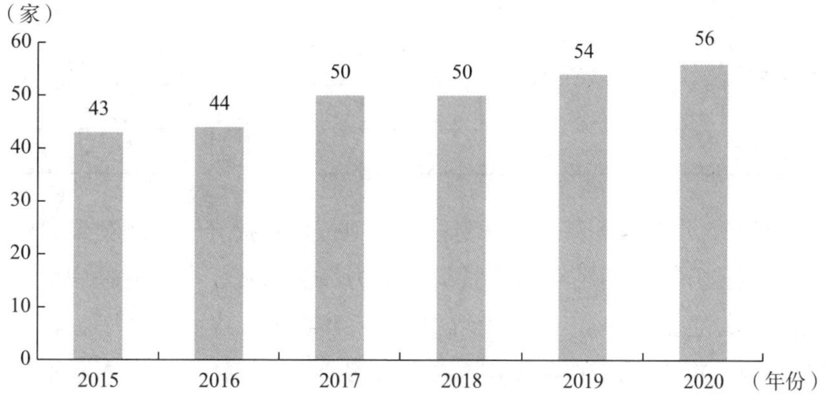

附图 1-2　2015—2020 年重庆市上市公司统计

附表 1-17　2019 年重庆市证券业基本情况

项目	单位	数量
总部设在辖内的证券公司数	家	1
总部设在辖内的基金公司数	家	1
总部设在辖内的期货公司数	家	4
年末国内上市公司数	家	50
当年国内股票（A 股）筹资	亿元	34. 8
当年发行 H 股筹资	亿元	0
当年国内债券筹资	亿元	1214. 2
其中：短期融资券筹资额	亿元	52
中期票据筹资额	亿元	253. 5

附表 1-18　2019 年重庆市保险业基本情况

项目	单位	数量
总部设在辖内的保险公司数	家	5
其中：财产险经营主体	家	3
寿险经营主体	家	2
保险公司分支机构	家	1356
其中：财产险公司分支机构	家	534
寿险公司分支机构	家	822
保费收入（中外资）	亿元	917
其中：财产险保费收入（中外资）	亿元	262
人身险保费收入（中外资）	亿元	655
各类赔款给付（中外资）	亿元	279
保险密度	元/人	2934
保险深度	%	4

从规划看。到 2025 年，金融支柱产业地位稳步提升，金融集聚力辐射力带动力显著提升，推动经济高质量发展能力显著增强，产业金融中心、贸易金融中心、绿色金融中心、科创金融中心、普惠金融中心和数字金融中心功能基本形成，初步构建起具有国际竞争力的金融机构体系、全面服务高质量发展的金融产品体系、具有区域辐射力的金融市场体系、金融和科技深度融合发展的创新服务体系、支持全球资本配置的金融开放体系、法治透明高效的金融生态体系，成渝共建西部金融中心成势见效，内陆国际金融中心初步成型（见附专栏 1-2）。“十四五”时期重庆市金融发展主要预期指标见附表 1-19。

附表 1-19　“十四五”时期重庆市金融发展主要预期指标

项目	单位	2020 年	年均增速（%）	2025 年
金融业增加值占 GDP 比重	%	8.9	—	9.5
资产规模	万亿元	6.67	9	10
行业利润	亿元	526	8.5	800
社会融资余额	万亿元	6.67	9	10
本外币存款余额	万亿元	4.29	7.5	6.15

续表

项目	单位	2020年	年均增速（%）	2025年
本外币贷款余额	万亿元	4.19	9.5	6.60
非金融债券发行规模	亿元	2171	10	3500
保费收入	亿元	998	7.5	1400
绿色贷款余额	亿元	2800*	15	5600
中长期制造业贷款余额	亿元	880*	18	2000
小微企业贷款余额	亿元	3015	15	6100
涉农贷款余额	亿元	6299	6.5	8600
跨境人民币结算量	亿元	1687	12	3000
跨境融资规模	亿美元	[155]	—	[300]
银行业不良贷款率	%	1.48	—	低于全国

注：[ ] 为五年累计数据。

附专栏1-2　现代金融业六大战略重点

一、产业金融中心

着眼于服务国内大循环，坚持以产业聚金融、以金融促产业，推动创新链、产业链、消费链、资金链“四链融合”。充分发挥金融在优化资源配置中的重要作用，推动国内外企业在渝设立功能性中心，鼓励金融机构加大对产业链核心环节、核心企业的支持力度，构建“金融+产业”生态循环。围绕产业对资本的集聚效应，加快丰富完善场内、场外交易市场，鼓励企业加大股权、债券融资等直融比重，促进更多低成本资金流向产业端。加大金融支撑产业转型升级力度，引导更多金融资源向高端制造业、现代服务业、战略性新兴产业配置，支持传统企业开展并购重组和股份制改造，以金融助推产业基础高级化和产业链现代化。

二、贸易金融中心

紧扣服务构建更加开放的国内国际双循环，充分发挥重庆东西南北四个方向、铁公水空四种方式的通道优势，在风险可控的前提下，推动金融规则制度型开放迈出新步伐。携手成都扩大双向金融开放和深化金融协作，推动成都、重庆以及川渝毗邻地区在金融产业上错位发展，吸引更多贸易、投资、信息、人才向成渝地区汇聚。依托中新互联互通项目金融合作，推动金融产品互认、货币结算、资本自由兑换流通、跨境投融资等创新探索，搭建人民币国际化和跨境金融服务在中国西部地区的重要载体，强化对“一带一路”沿线国家和地区、区域全面经济伙伴关系协定（RCEP）国家聚集辐射作用。释放金融价格发现功能。

三、绿色金融中心

围绕碳达峰、碳中和目标，持续壮大绿色金融产业，支持经济绿色低碳转型。聚集大型绿色金融机构、绿色研发机构、绿色中介服务机构，健全碳排放权、水权、排污权等交易市场，构建层次分明、结构合理、功能齐备、高效联动的绿色金融市场体系，进一步释放价格发现功能。针对重庆及成渝地区资源禀赋和产业特点，开发个性化、差异化、定制化绿色金融服务，加快推动绿色金融产品创新。积极参与绿色金融国际合作，在信息互通、标准互认等方面积极开展探索。

四、科创金融中心

立足成渝地区加快建设具有全国影响力的科技创新中心重大任务，围绕西部（重庆）科学城建设，协同西部科技金融路演中心，加快建立完善专业化、多元化、跨区域的科创投融资体系，进一步提升金融对科技创新资源的优化配置功能。优化科创金融供给结构，建设多样化科创融资平台，丰富金融服务品类，创新科创金融机构，优化基金运作，形成有利于支持科创企业加大研发投入、实现跨越发展的融资供给机制。丰富科创风险管理工具，以市场化、法制化的增信手段和工具替代隐性担保，形成风险和收益相匹配的科创金融机制。

五、普惠金融中心

以服务实体经济为根本，统筹乡村振兴和城市提升，着力扩大制造业、中小微企业等信贷规模。加快普惠金融补短板，强化乡村金融基础设施建设，提高金融资源和金融服务的可获得性、便利性、可持续性。大力发展消费金融，鼓励金融机构开发与教育、医疗、养老、文旅等项目相关的金融产品，适度扩大居民消费信贷规模。构建多元化金融服务场景，鼓励金融机构丰富惠企惠民惠农资金业务，健全金融中介服务，打造便捷支付应用场景。创新资产证券化产品和金融衍生品，完善金融信息和信用平台建设，探索不同类型股权交易市场对接渠道，为中小微企业提供低门槛、高效率的股权投融资服务。

六、数字金融中心

把握金融科技快速发展趋势，推动金融数字化智能化转型。引导更多金融科技公司来渝展业，加快形成金融科技企业集聚区。强化金融科技成果推广应用，推动全程电子化和电子营业模式改进升级，促进数字技术与金融服务和应用场景深度融合。加快健全以数字服务为核心的金融交易功能，创新数字投融资工具，完善大数据、云计算、人工智能、区块链等数字金融服务基础设施，更好地发挥数字技术对经济金融的基础性支撑作用。

（2）现代物流业

从现状看。2020 年，重庆市社会物流总额约 3 万亿元，物流业增加值超 1100 亿元。货运量 12. 1 亿吨，稳居中西部城市第一位，“十三五”期间年均增长率为 3. 1%，其中铁路、公路、水路运输结构比例约为 1. 5 ：82. 1 ：16. 3。国际标准集装箱吞吐量约为 146. 5 万标准箱，较 2015 年增加 37. 2 万标准箱，年均增长率为 6. 0%。开放通道集装箱运输量约 159 万标准箱，占全市集装箱吞吐量的 81%。航空货邮吞吐量为 41. 4 万吨，较 2015 年增加 29. 2 万吨，年均增长 27. 7%，其中国际货邮吞吐量为 15. 1 万吨，居西部第一。物流企业规模进一步扩大，吸引一批国内外知名物流企业入驻，A 级物流企业达到 60 家，其中 AAAAA 级物流企业有 5 家；国际货运代理企业备案 685 家。社会物流成本水平稳步下降，“十三五”期间社会物流总费用与 GDP 比率降低 2 个百分点至 14. 5%，2020 年首次低于全国平均水平。重庆市物流业发展现状特征见附专栏 1-3。

附专栏 1-3　重庆市物流业发展现状特征

一、出海出境大通道建设形成新格局

重庆市初步建成以重庆为中心，立足西部，辐射全国，东南西北四个方向互联互通、铁公水空多式联运的国际物流通道体系。中欧班列（渝新欧）开行规模持续扩大，累计开行突破 7000 列。西部陆海新通道铁海联运班列、国际铁路联运班列、跨境公路班车分别累计开行 2877 列、286 列、4998 车。重庆长江上游航运中心加快建设，港口年吞吐量近 2 亿吨。国际航线网络持续拓展，航线总量达到 101 条，通达 33 个国家 74 个城市，基本构建起覆盖全球的国际航线网络。

二、以国家物流枢纽为牵引的物流设施布局持续完善

重庆港口型、陆港型国家物流枢纽获国家批复，对“一带一路”建设以及长江经济带和西部陆海新通道等国家战略的衔接和支撑作用显著增强。重庆国际物流枢纽园区、秀山现代物流园区入围国家级物流示范园区。中心城区、万州、涪陵等核心港区基本建成，成为全市物流资源聚集的重要载体。城乡三级配送网络不断优化，区县级物流节点与乡镇配送站覆盖率达97%。

三、开放平台体系不断完善，国际物流加快发展

重庆市形成1个自贸区、4个国家开放口岸、5个综合保税区、4个保税物流中心、九类口岸功能的发展格局，航空、水运、铁路和万州机场口岸等规模不断壮大，为重庆国家物流枢纽建设和国际物流发展创造了良好开放环境。重庆江北国际机场完成旅客吞吐量3493.8万人次，居全国第四，国际货邮吞吐量为15.1万吨，居西部第一，国际航空枢纽建设迈上新台阶。

四、多式联运、电商物流等服务业态不断丰富

2020年，完成铁水联运、水水中转集装箱吞吐量分别达到11万标准箱和15.7万标准箱。电商快递高速发展，2020年快递业务量为7.3亿件，其中国际及港澳台快递业务量为161.5万件。物流平台经济发展迅速，2020年，重庆国际贸易“单一窗口”累计业务量超过5500万票，主要业务应用率达到100%；重庆跨境电商公共服务平台实现交易额66.53亿元。

五、口岸开放与物流创新深度融合

开创性设立重庆市人民政府口岸和物流办公室，理顺相关部门职能职责，推动口岸和物流快速发展、联动发展、协同发展，口岸经济和物流国际化水平显著提升，为推进内陆国际物流枢纽和口岸高地建设营造了良好体制机制环境，也为全国口岸物流深度融合树立了新典范。出台了一系列政策方案措施，特别是物流降本增效综合改革试点持续深入推进，简政减税降费取得实效，物流营商环境和制度性建设持续改善。口岸营商环境持续优化，进出口整体通关时间较2017年均压缩60%以上，跨境贸易便利化水平显著提升。

从规划看。要以港口型、陆港型、空港型、生产服务型、商贸服务型为核心，打造国际化物流产业体系。到 2025 年，基本建成布局合理、功能完备、内通外畅、多极辐射、多圈网联、结构合理、智慧高效、绿色安全的现代物流体系，国际物流要素组织创新中心、国家物流业高质量发展示范高地和现代化国际供应链智慧中枢建设取得重大进展，内陆国际物流枢纽和口岸高地基本建成，物流聚散能力大大增强，物流成本大幅降低，物流带动产业发展作用极大提升，内陆开放高地功能显著提升，初步形成“一带一路”、长江经济带、西部陆海新通道联动发展的战略性枢纽，对现代化经济体系和西部地区高质量发展的支撑引领能力显著增强。2025 年，全市物流业增加值占地区生产总值比重达到 6%以上，物流降本增效取得显著成效，社会物流总费用与 GDP 比率达到 12%左右。“十四五”时期重庆市现代物流业发展主要目标见附表 1-20。

附表 1-20 “十四五”时期重庆市现代物流业发展主要目标

项目	单位	2020 年	2025 年
一、物流发展			
社会物流总额	万亿元	2.9	3.5
社会物流总费用与地区生产总值比率	%	14.5	12 左右
物流业增加值占地区生产总值比重	%	4.9	≥6
货物运输总量	亿吨	12.1	16
国际标准集装箱吞吐量	万标准箱	146.5	200
港口货物吞吐量	亿吨	1.65	2.3
航空货邮吞吐量	万吨	41.3	60
铁路货运增加量	万吨	—	1000 左右
多式联运货运量年均增长率	%	—	≥20
港口集装箱铁水联运量年均增长率	%	—	≥10
二、国际物流			
货物进出口总额	亿元	6513.4	8000
中欧班列（成渝）号重庆开行量	列	2603	3000
西部陆海新通道铁海联运班列开行量	列	1297	2500
国际（地区）航线数量	条	101	115
通道外地货物中转占比	%	—	≥50
内陆国际物流分拨中心	个	—	≥10

续表

项目	单位	2020 年	2025 年
江北国际机场航空口岸国际货邮吞吐量	万吨	—	25
水运口岸外贸集装箱量	万标准箱	39.6	65
铁路口岸外贸集装箱量	万标准箱	24.4	30
三、智慧低碳			
重点平台信息化交易量比重	%	—	30
物流企业信息化率	%	—	90
四、融合联动			
制造业物流费用率下降幅度	百分点	—	0.6
商贸（含电商）物流成本下降幅度	百分点	—	2
AAAAA 级物流企业数量	个	5	15
全国百强物流企业数量	个	3	5
全国国际货代百强企业数量	个	3	5
五、应急安全			
物流应急响应时间	小时	—	1
72 小时应急物资保障率	%	—	90

（3）文化旅游业

从现状看。2020 年，全市旅游产业实现增加值 979.18 亿元，同比恢复 95.2%，占全市 GDP 比重 3.9%。其中，主城都市区实现旅游业增加值 712.71 亿元，占全市比重达到 72.79%；渝东北三峡库区城镇群实现旅游增加值 166.37 亿元，占全市比重为 16.99%；渝东南武陵山区城镇群实现旅游增加值 72.23 亿元，占全市比重为 7.38%。全市共有旅行社 714 家。其中，出境旅行社 94 家（含赴台社 9 家），一般旅行社 620 家。拥有星级旅游饭店 163 家，其中，五星级 27 家、四星级 50 家、三星级 72 家、二星级 14 家。拥有国家 A 级旅游景区 262 个，其中，AAAAA 级景区 10 个、AAAA 级景区 121 个、AAA 级景区 81 个、AA 级景区 49 个、A 级景区 1 个。市级以上旅游度假区有 23 个，含国家级旅游度假区 2 个。国家级全域旅游示范区有 4 个，即武隆区、巫山县、万盛经开区和渝中区；国家级全域旅游示范区创建单位有 4 个，即南川区、大足区、奉节县和石柱县；市级全域旅游示范区有 3 个，创建单位有 17 个。全市旅游从业人员有 292.96 万人，其中直接从业人员有 48.83 万人。截至 2021 年 1 月 1 日，重庆市 A 级旅游景区名录见附表 1-21。

附表 1-21　重庆市 A 级旅游景区名录（截至 2021 年 1 月 1 日）

级别	旅游景区名称	数量（个）
AAAAA 级	重庆大足石刻景区、重庆巫山小三峡—小小三峡、重庆武隆喀斯特旅游区、重庆酉阳桃花源景区、重庆万盛黑山谷景区、重庆南川金佛山景区、重庆江津四面山景区、重庆云阳龙缸景区、重庆彭水阿依河景区、重庆黔江濯水景区	10
AAAA 级	重庆丰都名山风景区、重庆奉节白帝城—瞿塘峡景区、重庆聂荣臻元帅陈列馆、重庆忠县石宝寨、重庆人民大礼堂及人民广场、重庆歌乐山森林公园、重庆缙云山景区、重庆北泉风景区、重庆歌乐山烈士陵园、重庆南山植物园、重庆乐和乐都景区、重庆红岩革命纪念馆、重庆丰都雪玉洞景区、重庆云阳张飞庙、重庆黔江小南海旅游景区、重庆市规划展览馆、重庆湖广会馆、重庆磁器口古镇、重庆统景温泉风景区、重庆中国三峡博物馆、重庆洪崖洞民俗风貌区、重庆海兰云天温泉度假区、重庆动物园、重庆贝迪颐园温泉度假区、重庆科技馆、重庆观音桥商圈都市旅游区、重庆华岩旅游区、重庆龚滩古镇、重庆加勒比海水世界景区、重庆石柱大风堡景区、重庆潼南杨闇公故里景区、重庆上邦温泉旅游区、重庆万州大瀑布群旅游区、重庆綦江古剑山风景区、重庆长寿湖旅游区、重庆开州刘伯承同志纪念馆、重庆巫溪红池坝森林旅游景区、重庆酉阳龙潭古镇景区、重庆白鹤梁水下博物馆景区、重庆中国民主党派历史陈列馆景区、重庆永川茶山竹海旅游景区、重庆合川钓鱼城景区、重庆铁山坪森林公园、重庆北碚金刀峡景区、重庆长寿菩提古镇文化旅游区、重庆云阳三峡梯城景区、重庆园博园、重庆璧山观音塘湿地公园、重庆奉节天坑地缝景区、重庆巫山神女景区（神女峰、神女溪）、重庆铜梁安居古城、重庆潼南大佛寺、重庆涪陵武陵山大裂谷景区、重庆开州汉丰湖景区、重庆荣昌万灵古镇、重庆天地旅游区、重庆周君记火锅食品工业旅游体验园、重庆东温泉风景区、重庆合川涞滩古镇、重庆涪陵武陵山国家森林公园、重庆涪陵大木花谷、重庆铜梁黄桷门奇彩梦园、重庆巴南中泰天心佛文化旅游区、重庆江津陈独秀旧居陈列馆、重庆城口亢谷景区、重庆彭水蚩尤九黎城、重庆石柱千野草场、重庆黔江芭拉胡景区、重庆自然博物馆、重庆巴南丰盛古镇、重庆长寿菩提山文化旅游区、重庆梁平滑石古寨景区、重庆黔江土家十三寨、重庆南岸长嘉汇弹子石老街、重庆彭水摩围山、重庆融汇温泉小镇、重庆两江国际影视城、重庆市黔江神龟峡景区、重庆巫山文峰景区、重庆长江索道景区、重庆黔江爱莉丝庄园、重庆秀山西街民俗文化景区、重庆垫江牡丹樱花世界景区、重庆市彭水乌江画廊景区、重庆潼南双江古镇景区、重庆丰都南天湖景区、重庆保税体验旅游景区、重庆丰都九重天景区、重庆秀山凤凰山花灯民俗文化旅游区、重庆抗战遗址博物馆、重庆綦江国家地质公园老瀛山景区、重庆建川博物馆、重庆涪陵 816 工程景区、重庆梁平百里竹海观音洞、重庆鎏嘉码头景区、重庆际华园景区、重庆奉节龙桥河景区、重庆奉节夔州博物馆、重庆巫山博物馆、重庆黔江水车坪景区、重庆武隆白马山天尺情缘景区、重庆巴南羊鹿山景区、重庆欢乐谷景区、重庆石柱万寿山景区、重庆武隆龙水峡地缝、重庆垫江恺之峰旅游区、重庆铜梁玄天湖景区、重庆汉海海洋公园、重庆石笋山景区、重庆江津会龙庄景区、重庆三峡移民纪念馆、重庆忠县白公祠文博景区、重庆奉节三峡之巅景区、重庆黔江官村景区、重庆江津中山古镇、重庆市龙头嘴森林公园、重庆万州三峡平湖旅游区、重庆市潼南区陈抟故里景区、重庆武隆芙蓉江、重庆石柱西沱古镇景区、重庆奉节县青龙镇大窝景区	121

续表

级别	旅游景区名称	数量（个）
AAA 级	重庆天赐温泉生态旅游景区、重庆鹅岭公园、重庆市鳄鱼中心、重庆海石公园、重庆渝北龙兴古镇景区、重庆巴南云篆山、重庆梁平双桂堂、重庆永川桃花源旅游度假区、重庆永川香海温泉旅游度假区、重庆华生园金色蛋糕梦幻王国景区、重庆沙坪坝抗战名人旧居（郭沫若、张治中、冯玉祥）、重庆大渡口南海温泉中心、重庆南川永隆山森林公园、重庆石柱毕兹卡绿宫景区、重庆江津黑石山风景区、重庆石柱黄水药用植物园、重庆南川黎香湖湿地生态园、重庆南川花山公园、重庆南滨路景区、重庆綦江博物馆、重庆南川生态大观园、重庆秀山洪安边城景区、重庆北碚静观花木生态旅游区、重庆酉阳酉水河景区、重庆渝北印盒李花生态旅游区、重庆渝北宝林博物馆、重庆合川文峰街、重庆永川松溉古镇、重庆荣昌安陶博物馆、重庆渝中嘉西村—怡园景区、重庆綦江高庙坝生态旅游区、重庆城口苏维埃政权纪念公园、重庆江津石门大佛景区、重庆江津塘河古镇、重庆沙坪坝虎峰山景区、重庆九龙坡九凤山景区、重庆万州西游洞、重庆铜梁博物馆、重庆大足荷花山庄、重庆大足海棠香国历史文化风情城、重庆巴南天坪山云林天乡景区、重庆江津聂荣臻故居、重庆铜梁桂花博览园、重庆映像金阳历史风貌区、重庆秀山大溪酉水风景区、重庆万州同鑫蔬菜大观园、重庆奉节鑫鼎农业生态观光园、重庆万州西山公园、重庆万州石桥乡湿地公园、重庆渝北放牛坪景区、重庆开州盛山植物园、重庆北碚西山坪苓茏苑、重庆开州马扎营养生旅游区、重庆开州紫海云天香草园、荷和原乡、重庆合川友缘山庄、重庆药用植物园、重庆万盛金蝶湖文化公园景区、重庆市亚源生态农业观光园、重庆石柱万寿古寨景区、重庆万州奇芳花谷景区、重庆涪陵古今花海景区、重庆美心红酒小镇景区、重庆万州凤凰花果山景区、重庆荣昌夏布小镇景区、重庆中华梁平柚海、重庆开州博物馆、重庆万盛科技馆、重庆云阳月光草坪景区、重庆巫溪观峰村景区、重庆巫溪红池云乡旅游区、重庆垫江李花源景区、重庆奉节茅草坝滑雪场景区、重庆彭水周家寨旅游区、重庆彭水罗家坨苗寨景区、重庆彭水泉水渔都景区、重庆江津骆崃山景区、重庆垫江仙草园中医文化旅游区、重庆城口乡土岚天景区、重庆万州七星谷景区、重庆万州桐花湾美人谷景区	81
AA 级	重庆巫溪灵巫洞、重庆大韩民国临时政府旧址陈列馆、重庆市南岸岚苑景区、重庆宋庆龄旧居陈列馆、重庆巫溪荆竹峡—汉风神谷景区、重庆渝北竹林公园、重庆万州弥陀禅院、重庆万县“九五”惨案纪念馆、重庆涪陵沙溪温泉、重庆南温泉风景区、重庆綦江石壕红军烈士墓、重庆璧山露德堂景区、重庆酉阳金家坝景区、重庆酉阳南腰界红色旅游经典景区、重庆酉阳石泉古苗寨、重庆酉阳毛坝乡群贤居避暑山庄、重庆铜梁邱少云烈士纪念馆、重庆江津滚子坪景区、重庆江津清源宫景区、重庆大足五金博物馆、重庆奉节西部新区滨河公园、重庆铜梁金梅印象景区、重庆南岸南山桃花园景区、重庆铜梁三色乡下时光景区、重庆丰都江池横梁景区、重庆涪陵李蔚如故里、重庆开州天心桥景区、重庆涪陵巴山夜雨休闲旅游区、重庆开州温泉仙女洞、重庆璧山三担湖公园、重庆江津白沙老重庆影视基地、重庆万州古红橘主题公园、重庆铜梁西部农林大世界、重庆奉节玫瑰农庄、重庆綦江教育博物馆、重庆奉节夔门欢乐谷、重庆江津太公山景区、重庆奉节龙汇头现代农业园、重庆奉节县空谷度假村、重庆奉节县铭阳农庄、重庆云阳县香盟花千谷景区、重庆云阳泥溪农耕故土园景区、重庆云阳县枣康源景区、重庆云阳县锣鼓宕风景区、重庆云阳县四方井公园景区、重庆云阳县歧山草原景区、涪陵四川红军第二路游击队烈士陵园、重庆云阳绿岛景区、重庆云阳映山红公园	49
A 级	重庆市广益中学校园景区	1
合计		262

从规划看。要立足“山水之城·美丽之地”，打造主题旅游项目集群，建设全域旅游示范区。到 2025 年，全市新增 AAAA 级以上景区 65 个，新增市级以上度假区 8 个，其中国家级度假区 2 个，建成一批富有文化底蕴的世界级旅游景区和度假区，五星级标准游轮数量达到 30 艘，等级景区智慧化率达到 100%，力争旅游业增加值占 GDP 比重达到 5%（见附表 1-22）。

附表 1-22　重庆市文化旅游发展主要指标

指标	单位	属性	2020 年	2025 年
文化产业增加值占 GDP 比重	%	预期	4.1	4.5
旅游总收入	亿元	预期	4007	7500
旅游业增加值占比	%	预期	4	5
AAAA 级以上景区数量	个	预期	121	186
市级以上旅游度假区数量	个	预期	23	31
精品特色线路	条	预期	117	180
星级旅游饭店	家	预期	157	180
旅行社	家	预期	623	700
等级景区智慧化率	%	预期	—	100
中高等级及以上导游占比	%	预期	75	85

（4）大健康产业

从现状看。大健康产业发展势头良好、成效明显，2020 年全市大健康产业增加值约 1675 亿元，占全市生产总值比重达到 6.7%。分行业看，生物医药工业产值为 672 亿元，医药流通行业实现销售额 800 亿元。生物医药重点企业日益增加，全市现有规模以上医药企业 191 家，其中年产值 10 亿级重点企业达到 13 家，上市企业达到 11 家。创新主体持续扩增，大健康领域高新技术企业超 230 家。高端创新人才加快引育，生物医药领域院士、国家级人才计划入选者等 13 人。健康服务集聚发展态势良好，大渡口天安等一批市级健康服务业集聚区成效初显，石柱县等一批康养基地入选首批国家森林康养基地，武隆仙女山、丰都南天湖等获批国家级旅游度假区。

从规划看。以服务健康中国重庆行动为引领，围绕建设全国大健康产业融合发展先行区，瞄准“医学”和“医疗”两个领域，打好“生物医药”和“康养”两张牌。到 2025 年，大健康产业增加值力争突破 2300 亿元，占全市生产总值的 7%左右。生物医药产业规模不断扩大，产值突破 1300 亿元，医药流通产业实现销售额超过 1000 亿元。龙头企业持续发展壮大，培育生物医药产业领域百亿级企业 3 家、50 亿级企业 5 家。

（5）商贸服务业

从现状看。2020 年，全市批发零售业增加值为 2320 亿元，社会消费品零售总额为 1.18 万亿元，“十三五”期间年均增长分别为 9.5%、9%以上，消费对全市经济增长贡献率 51.3%。建成商业步行街 10 条、市级特色商业街 23 条，Wow 全球精选店、德本汉姆百货、CBT 等进口商品超市品牌店相继入驻，LV、GUCCI 等全球一流消费品牌加快云集。截至 2019 年底，全市入驻国际知名品牌 84 个、国内知名品牌 100 个，居西部前列。品牌连锁便利店累计超过 2800 余家、限额以上商贸企业 8000 家。培育打造中华老字号 19 个、重庆老字号 241 个。重庆商社（集团）有限公司等 7 家大型商贸企业进入“2019 中国服务业企业 500 强”榜单，在中西部处于领先地位。数字消费快速兴起，建成电商集聚区 63 个，入选全国供应链体系建设首批重点城市。全市网络店铺超过 130 万家，网络零售总额为 926 亿元，占社会零售总额比重为 10.7%。2016—2019 年，重庆市跨境电商 B2C 零售进口交易额年均增长 33.9%。形成了以中央商务区为龙头，主城区核心商圈和远郊区（县）城市核心商圈为骨干的城市商圈发展格局（见附专栏 1-4）。

附专栏 1-4　重庆中央商务区（两江交汇城）、百亿级核心商圈和市级特色商业街情况

重庆中央商务区（两江交汇区域）：渝中区解放碑 CBD、江北区江北嘴 CBD、南岸区弹子石 CBD。

百亿级核心商圈（12 个）：渝中区解放碑商圈、江北区观音桥商圈、南岸区南坪商圈、九龙坡区杨家坪商圈、沙坪坝三峡广场商圈、渝中区大石化商圈、渝北区两路空港商圈、南岸区茶园商圈、万州区高笋塘商圈、涪陵区江南核心商圈、合川区三江核心商圈、永川区渝西广场商圈。

市级特色商业街（23 条）：重庆汽车用品专业街（渝中区）、高新区卓越·美丽熙街、渝中区化龙桥“重庆天地”、开州区腾龙建材城、永川区茶竹天街、南川区盛丰源商业特色街、綦江区东溪古镇特色文化商业街、梁平区乾街、北部新区西部建材城红木家具文化街、江北区梦里茶乡品茶商业特色街、万州区观音岩汽车文化街、铜梁区安居古城火神庙特色商业街、重庆贰厂文创商业街（渝中区）、江北区喵儿石创艺特区、大足区海棠香国历史文化风情城、綦江区红星美凯龙家居艺术金街、酉阳县龚滩土家族风情文华商业特色街、黔江民族风情城、武隆区仙女天街、重庆蓝光 COCO 时代耍街（南岸区）、秀山县华信滨江风情商业街、南川区天星小镇、南岸区长嘉汇弹子石老街。

从规划看。到 2025 年，要打造世界级知名商圈，提升消费能级和消费质量，培育假日经济、旅游经济和夜间经济等新业态，社会商品零售总额达到 15500 亿元。稳步构建布局优化、城乡一体、内畅外联、网络覆盖、智慧绿色、安全高效的现代商贸物流体系，加快建成长江上游地区商贸物流中心、全国性商贸物流节点城市，着力打造西部地区领先的商贸物流枢纽，有力支撑城乡融合发展样板区、高品质生活宜居地与国际消费中心城市建设。

3. 服务业空间布局

（1）总体布局

以中心城区为核心，强化高端消费、高端服务、科技创新等功能，打造高端服务业集聚区，提高服务经济外向度，打造国家级现代服务经济中心，建立以服务经济为主导的现代产业体系。以主城新区为核心，在重点交通轴线布局一批生产性服务业基地，推动同城化先行区加快融入中心城区，率先接受中心城区辐射。提升“两群”物流、旅游、康养等服务品质，建设长江三峡国际旅游带，全面提升服务业发展品质和发展水平。

（2）现代物流业布局

结合全市生产力布局和综合交通体系规划，聚焦于打造国内大循环的战略支点、国内国际双循环的战略枢纽，构筑“一核一环一带两片区、六通道五枢纽多节点”的现代物流体系空间结构。“一核”，即主城都市区中心城区物流发展核，通过整合港口、铁路港和空港资源，大规模承载面向“一带一路”、长江经济带和西部陆海新通道的国际物流组织、区域物流分拨配送组织和制造业供应链物流组织，打造国际化物流和运营组织中心。“一环”，即围绕主城都市区的主城新区物流发展环，以承接中心城区产业和物流转移为重点，发展以制造物流、商贸物流、冷链物流、港口物流、区域分拨配送物流为核心，并面向中心城区、“两群”以及四川、贵州等周边省（市）进行商品配送的物流发展环。“一带”，即围绕长江沿线，整合港口资源，实现港口物流与后方产业联动，引领重庆临港产业转型发展，形成库区港航物流发展带。“两片区”，即围绕渝东北三峡库区、渝东南武陵山区两大城镇群，形成以制造业、商贸流通业、农产品冷链物流等为核心的物流组团，并面向中心城区开展工业品和优质农产品的物流配送。渝东北三峡库区以万州为核心，面向四川、湖北等省进行大宗原材料辐射和多式联运组织，渝东南武陵山区以黔江、秀山为核心，面向贵州北部和湖南西北部进行电商快递和商贸物流辐射。“六通道”，即整合铁路、水运、航空、公路等运输设施，构建沿江综合立体通道、亚欧通道、西部陆海新通道、国际航空通道4条国际物流大通道及对接京津冀、粤港澳2条陆空物流大通道，构建形成“4+2”的6条对外物流大通道。“五枢纽”，即港口型、陆港型、空港型、生产服务型、商贸服务型等五类国家物流枢纽。“多节点”，即黔江、合川、永川、涪陵、南川、綦江、万州、长寿、大足、铜梁、潼南、荣昌、武隆、丰都、垫江、忠县、云阳、巫山等区县建设物流枢纽园区（物流中心）。

（3）大健康产业布局

因地制宜布局大健康资源，加快跨区域要素流动，打通产业链上下游合作，构建“一核引领、一环辐射、两带协同”的总体发展格局。

强化“一核”创新引领。以中心城区为核心，依托区域内密集生命健康创新资源，聚焦于生物医药、高端医疗服务等重点领域，加快集聚创新链顶端、产业链前端、价值链高端等“硬核”功能，打造全市大健康产业发展的创新引领区。加快创新要素集聚集成，建设具有国内外影响力的大健康产业发展创新策源地。其他区域面向重大疾病发现和居民健康管理领域需求，优化存量资源配置，扩大优质增量供给，加快培育新业态新模式，提升建设一批大健康产业创新基地，构筑大健康产业发展新引擎（见附专栏1-5）。

附专栏1-5 “一核”大健康产业重点布局

三大生物医药集群。重庆国际生物城打造国家级生物医药产业集聚区；重庆高新区国家生物医药产业基地，依托中科院重庆科学中心、陆军军医大学等科研平台，构建以细胞治疗、抗体、疫苗、IVD、植介入、智能医疗设备为核心的生物药及高端医疗器械产业集群，打造千亿产值的“西部生命芯谷”；水土生物医药创新基地，以打造“重庆国际生命科学谷”为统领，建设国际药械智造中心、自贸新医学服务走廊、综合创新转化区，构建形成“创新—转化—应用”为一体的功能格局。

医疗服务。依托重庆医科大学、陆军军医大学附属医院等医疗卫生服务资源，加快医学转化公共服务平台建设，推进产学研用一体化。发展医疗美容服务，培育一批高端医疗美容服务机构。

健康管理。加快培育大健康技术研发、检测和公共服务平台，重点发展健康体检、健康咨询、智慧健康管理等服务，建设一批多功能健康管理服务平台。

健身康体。完善健身康体服务设施和机构，打造渝中区大田湾、两江新区龙兴、九龙坡区奥体中心、大渡口区康体城等一批综合型健身康体场馆。

提升"一环"辐射能级。以主城新区为重点，加快提升生物医药、现代中药等产业发展能级，增强产业配套和承载能力，主动吸纳承接中心城区大健康产业外溢，打造环核心区大健康产业协同发展示范区。加强与中心城区统一规划及布局，建设大健康产业功能疏解承接地，与中心城区实现全方位无缝衔接。加快产业辐射带动，建设中心城区大健康产业向东西南北四个方向辐射的重要节点，形成新的增长极。强化川渝毗邻区域大健康产业协同发展，共建一批大健康产业基地（见附专栏 1-6）。

附专栏 1-6 "一环"大健康产业重点布局

生物医药。依托医药产业制造优势，积极承接中心城区产业转移和成果转化，大力发展中成药、生物药、化学药、医疗器械等产业，加快建设长寿国际化原料药及制剂产业基地，打造一批生物医药特色产业园区。

中医药。加快推进重庆中医药学院建设，推动产学研用一体化发展。支持中医药传承与创新，加快建设国家火炬涪陵现代中医药特色产业基地，积极创建中医药传承创新中心。

养生养老。依托优质医疗、特色康养等资源，创新医养结合模式，着力打造一批医养结合示范区。

健身康体。培育发展健身康体产业，打造一批具有国内外影响力的羽毛球、青少年足球等体育训练基地。

加速"两带"协同发展。以"两带"为支撑，立足渝东北三峡库区城镇群和渝东南武陵山区城镇群发展格局，发挥丰富的人文景观、自然资源和中药材资源等比较优势，促进医疗、养老、旅游、文化等多业态融合发展，打造渝东北健康生态体验带、渝东南健康文化体验带。渝东北三峡库区城镇群以生态优先发展为路径，布局一批中高端气候生态康养、体育休闲避暑、绿色食品等基地。渝东南武陵山区城镇群以文旅融合发展为导向，建设一批具有民俗风情的康养旅游示范区、山地特色的中药材种植及加工基地。加强与主城都市区科研攻关、成果转化、产品创新等产业联动，推动全域大健康产业协调发展（见附专栏 1-7）。

附专栏 1-7 “两带”大健康产业重点布局

生物医药。加快化学仿制药、原料药及辅料、生化药物、现代中药等产业发展，建设一批生物医药特色产业园区。加快区域性研发平台和成果转化平台布局，建设一批生物医药科技成果转化服务示范基地。

养生养老。加快建设丰都南天湖、武隆仙女山等国家级旅游度假区，提档升级巫溪红池坝、梁平百里竹海、石柱黄水、酉阳桃花源等旅游度假区。发展森林康养，创建国家森林康养基地。

康体健身。发展山地户外运动，建设面向大众的快捷时尚的山地户外运动聚集区，重点打造一批山地户外旅游、极限运动、水上运动等体育旅游示范基地。

（4）旅游业布局

聚焦于“山水之城·魔幻之都”主题，打好“山城牌”。深度挖掘中心城区巴渝文化、红色文化，整合关联资源，打造全市旅游极核。依托主城新区世界文化遗产和自然遗产，发展休闲度假、旅游研学、康养健身等业态，建设环城休闲旅游带。聚焦于“壮美长江·诗画三峡”，打好“三峡牌”，加快建设长江三峡国际黄金旅游带。以文旅融合、一体化发展为主线，优化空间布局，完善文化和旅游融合发展体制机制，高品质构建文旅产品体系和服务体系，加快建设渝东南武陵山区文化产业和旅游产业融合发展示范区，打造文旅融合发展新标杆。

（5）金融业布局

深入贯彻成渝地区双城经济圈建设重大战略，紧紧围绕共建西部金融中心目标定位，强化与成都及川渝毗邻地区联动，依托成渝两地资源禀赋和比较优势，加快形成梯度协调、错位发展的金融空间布局，构建成渝金融统一大市场。重庆金融城，包括江北嘴、解放碑、长嘉汇三个片区，约 10 平方千米。江北嘴片区约 2.3 平方千米，发挥好总部聚集、牌照齐全、配套完善等优势，加快建设跨境金融、资金运营结算、金融科技、供应链金融、股权投资、消费金融、财富管理等功能板块，推动金融开放创新先行先试，构建辐射西部、面向东盟的跨境投融资中心、结算中心、财富管理中心。解放碑片区约 4.2 平方千米，强化金融总部管理决策功能、结算功能及财富管理功能，大力发展文化金融、金融科技、供应链金融等功能板块，着力提升跨境投融资、跨境交易等服务能力，构建更加开放便利的跨境综合金融服务市场，推动区域性资本市场创新发展，打造私募基金西部高地。长嘉汇片区约4平方千米，充分发挥空间载体和绿色生态优势，重点引进培育新型金融机构总部和创新金融业态，推动境内外金融机构设立后台服务中心、产品研发基地，加快建设金融科技、消费金融、绿色金融、供应链金融等功能板块，依托广阳湾片区，打造绿色金融创新示范区。

主城都市区：提升金融聚集能力。中心城区要围绕强化产业金融、贸易金融、科创金融、数字金融等核心功能持续招大引强，吸引境内外金融机构加快布局区域总部、后台服务中心，培育全牌照金融机构体系，打造面向全国的产业融资平台，强化对资金、信息、人才、服务的集聚辐射能力，加快形成全国知名的产融结合示范区。主城新区要依托各区产业特点、区位优势，在金融服务产业发展、绿色生态、对外贸易等方面下功夫，不断完善系统开发、技术研发、数据管理、灾备等金融中后台服务，大力发展支持金融后台服务业的法律、咨询、会计、评估等配套服务，优化信用环境、人才培育、知识产权保护等制度措施，营造良好的金融中后台发展生态。

“两群”：促进金融差异化发展。大力提升万州、黔江等“两群”中心城市的金融聚集功能和辐射作用，依托“两群”地区生态链、产业链、创新链，发展具有区域特色的普惠金融、绿色金融产品和服务。鼓励各区县围绕自身比较优势，有序提高企业债、公司债、短期融资券、中票等信用债发行规模，探索发行地方政府专项债券等支持乡村振兴、农村产业融合、土地综合整治等领域建设项目，推动金融资源流向绿色产业和特色产业。围绕提高“两群”地区金融机构发展质量，持续完善区县中后台体系，为“两群”地区金融机构发展、金融科技应用、金融产品创新提供差异化、个性化、定制化服务。

（6）商贸业布局

对标国际一流消费城市，加快强化高端消费载体和场景建设，夯实国际消费中心城市的载体支撑，切实增强全球消费资源的空间集聚能力。

国际消费核心区：将“解放碑—弹子石—江北嘴”建设成国际消费核心区。塑造“山水之门”“人文之门”“开放之门”，提升滨江岸线品质，打造1.3千米城市会客厅，建设8千米滨江人文风景线，恢复5千米水岸生态，打造城市眺望空间，提升跨江大桥景观，完善交通配套设施，打造水陆特色游赏体系。

国际消费商圈：解放碑商圈建成国际顶级商圈。推进观音桥、南坪等商圈国际化升级。建设寸滩保税港商圈，完善离境退税定点商店、进境免税店、进口商品特色商业街等载体。规划建设南岸茶园、高新区西永、巴南区龙洲湾、两江新区礼嘉、两江新区龙盛、九龙坡区陶家、北碚区蔡家等商圈。推进商圈交通改善和景观提升。主城区外其他区县各规划建设 1 个城市核心商圈。推动万州高笋塘、涪陵江南、合川三江、永川渝西广场等重点商圈提档升级。

特色商业名街名镇：建成磁器口后街项目；建成保税商圈世界特色手工作坊项目、丝路长廊步行街项目；推进南滨路、白象街、十八梯等特色街区转型升级。推进金刚碑历史文化街区商业开发。推进渝中较场口夜市、江北不夜九街等主城区品牌夜市建设。建设沙坪坝佛罗伦萨小镇——重庆奥特莱斯、渝北白俄罗斯风情小镇。主城区外建成涪陵金科世界走廊、江津爱琴海购物公园等一批商业街区载体。推动涪陵马武镇、涪陵蔺市镇、万州龙驹镇、开州温泉镇等市级商贸强镇向国家商业名镇升级。

乡村休闲消费区：落实乡村旅游提质升级行动计划，加快实施乡村休闲旅游消费百镇千村示范工程和“后备箱”工程。

4. 区域合作重点方向

大健康产业领域。一是推动成渝地区大健康产业协同发展。强化成渝大健康产业协同合作，共建西部大健康产业基地。推动医药产业集群共建，加快建立成渝医药产业联盟和成渝医药产业智库，构建全产业链生态圈。加快养老产业协同发展，鼓励养老设施跨区域共建。立足两地资源优势，协同建设一批阳光康养、森林康养、中医药康养、民族文化特色康养等基地，唱响富有巴渝特色的康养品牌。二是强化与沿海发达地区健康产业互动。主动对接长三角、京津冀、粤港澳大湾区，积极承接生物药、化学创新药及高端仿制药产业转移，建设一批大健康产业集中承载地。积极开展“渝品入京”“渝品入沪”“渝品入粤”等特色健康产品推介活动，提升重庆健康品牌影响力。三是提升大健康产业国际合作水平。依托中新（重庆）项目、西部陆海新通道、中欧班列等平台通道，全面、主动融入 RCEP 大市场，扩大与“一带一路”沿线国家和地区、欧美和日韩等在大健康产业市场双向交流，重点加强与东盟全方位合作，拓展国际市场空间。

文旅旅游领域。深化与长江沿岸省（市）合作，与武汉、南京、南昌、上海沿岸城市建立完善双边多边合作机制。共建长江文化旅游经济带、大三峡无障碍旅游区、秦巴山文旅圈。做实武陵山文旅联盟，打造武陵山无障碍旅游区。加强文化交流，推进旅游市场共享合作。

（三）农业发展和布局

1. 总体发展情况

从现状看，直辖以来，特别是党的十八大以来，全市坚持走“小规模、多品种、高品质、好价钱”的路子，以“十百千”工程为抓手，大力发展现代山地特色高效农业，农业综合生产能力迈上新台阶，农业农村发展取得明显进步。十大现代山地特色高效农业产业集群综合产值达到4500亿元，建成高标准农田1301万亩，农业物质技术装备水平日益提高。农业绿色发展成为普遍共识。

从规划看“十四五”规划提出，要大力发展现代山地特色高效农业，推动农村一、二、三产业融合发展。《重庆市推进农业农村现代化“十四五”规划》提出，要持续深化农业供给侧结构性改革，走内涵式发展道路，大力发展现代山地特色高效农业集群，推动农村一、二、三产业融合发展。

2. 重点产业发展方向和重点

柑橘（柠檬）产业：优化早中晚熟品种结构，持续提升柑橘集约化、规模化、商品化生产规模。建设全国柑橘科技创新中心，组建三峡柑橘集团，打造长江上游柑橘产业带，建设全国柑橘电子交易中心。

榨菜产业：沿长江建设涪陵、丰都、万州榨菜产业带，丰富产品类别，拓展消费场景和业态，提高全球市场占有率和全球影响力。巩固“涪陵榨菜”“太极榨菜”市场地位。

调味品产业：建设辣椒、花椒、生姜、葱蒜等基地，加强调味品种质资源库和种苗基地建设，建成全球最大的调味品种子种苗繁育交易中心。建设重庆火锅原料调味品集散地。

中药材产业：打造“渝十味”道地品种，建设三峡库区道地药材产业带、武陵山区道地药材产业带和主城都市区丘陵道地药材产业带。建设中药品种资源库、中药材科研中心。

特色水果产业：以脆李、龙眼、枇杷等为重点，加快特色水果产业发展。培育和引进新品种，积极推广新技术，提升各类特色水果品质。

茶产业：坚持“提升绿红茶、复兴重庆沱茶、多茶类并举”思路，加强夏秋茶资源综合开发利用，加大优质绿茶、红茶和紧压茶生产力度，打造中国西部早市名优茶产业带。以永川、巴南、江津、万盛等区县为重点，建设名优绿茶主产区；以南川、秀山、荣昌为重点，建设全国大宗绿红茶及原料茶基地。做大城口生态茶叶、奉节白茶等区域特色茶叶。

畜牧产业：聚焦于草食性牲畜、家禽、蜜蜂等，打造山地生态畜牧示范区。建设肉牛产业基地、成渝肉兔产业带、乳制品基地、家禽保供基地。

渔业产业：优化渔业生产布局，打造长江干支流生态保护区、环主城高效渔业区、渝东北秦巴山系渔业区、渝东南武陵山区渔业区。依托大、中型水库，建设生态水库渔业基地。大力发展智慧渔业、休闲渔业。

特色粮油产业：坚持市场导向，实施“中国好粮油”行动，打造地方特色优质稻品牌，实施贡米产业振兴计划，打造优质贡米，力争优质水稻占比提高10个百分点。

特色经济林产业：推进林业种植结构深度调整。延长产业链条，构建干果（核桃、板栗）、蚕桑、红豆杉、油茶、油橄榄、笋竹等特色经济林产业集群。

区域特色产业：因地制宜发展多品种、小规模、高品质、好价钱的现代山地特色高效农业，打造一批区域特色鲜明、市场反响良好、经济效益显著的特色品牌。推进烤烟、特种养殖等区域特色产业健康发展，建设巫山烤烟中国原产地产业带。创建全国“一村一品”示范镇村，创响“珍稀牌”“生态牌”等乡土品牌。

3. 农业空间布局

主城都市区：中心城区与同城化发展先行区重点发展都市农业，桥头堡城市率先融入成渝现代高效特色农业带建设，支点城市加快现代农业转型升级。壮大蔬菜、柠檬、调味品、茶等优势产业，培育发展都市农业。整镇整村推进高标准农田建设，打造重要农产品稳产保供基地。积极创建国家农业高新技术产业示范区和现代农业科技创新中心。推动城乡一体化发展。

渝东北三峡库区城镇群：建设农业绿色发展先行区、生态高效特色农业集群发展示范区。重点打造万州农产品优进优出集散地、长江三峡柑橘产业带、优质脆李产业带、道地中药材产业带、草食牲畜产业带。做优“三峡牌”特色高效农业，联合制定“三峡”系列农产品标准。

渝东南武陵山区城镇群：建设山地生态特色农业走廊、乡村民俗文化生态旅游带、宜居宜业宜游美丽乡村。重点打造“一村一品”示范镇村和全域旅游示范区，谋划生态旅游精品线路，建设民俗文化生态旅游带。

4. 重点农业园区

全市农业领域平台体系不断完善，载体功能持续强化，建成13个国家级农业科技园区、6个国家级现代农业产业园、1个国家级重点实验室、2个国家级工程技术研究中心、3个国家级专业性/区域性重点实验室、6个国家农业科学观测试验站，从2019年开始确立了首批20个市级重点现代农业产业园，初步形成了国家和地方纵向联动的平台体系（见附专栏1-8、附专栏1-9）。

附专栏1-8 重庆市国家级农业平台体系

13个国家级农业科技园区：重庆渝北国家农业科技园区（2001年）、重庆忠县国家农业科技园区（2002年）、重庆璧山国家农业科技园区（2013年）、重庆潼南国家农业科技园区（2015年）、重庆丰都国家农业科技园区（2015年）、重庆江津国家农业科技园区（2015年）、重庆涪陵国家农业科技园区（2015年）、重庆长寿国家农业科技园区（2015年）、重庆永川国家农业科技园区（2015年）、重庆铜梁国家农业科技园区（2018年）、重庆酉阳国家农业科技园区（2018年）、重庆武隆国家农业科技园区（2020年）、重庆梁平国家农业科技园区（2020年）。

6个国家级现代农业产业园：重庆潼南区现代农业产业园（2017年）、重庆涪陵区现代农业产业园（2018年）、重庆江津现代农业产业园（2019年）、重庆奉节县现代农业产业园（2020年）、重庆万州区现代农业产业园（2021年）、重庆丰都县现代农业产业园（2021年）。

1个国家级重点实验室：家蚕基因组生物学国家重点实验室（西南大学）。

2个国家级工程技术研究中心：国家柑橘工程技术研究中心（西南大学、中国农业科学院柑橘研究所、重庆三峡建设集团有限公司联合组建）、国家蔬菜改良中心涪陵榨菜研究中心（中国农业科学院、重庆市渝东南农业科学院）。

3个国家级专业性/区域性重点实验室：农业农村部养猪科学重点实验室（重庆市畜牧科学院）、农业农村部蚕桑生物学与遗传育种重点实验室（西南大学）、农业农村部西南耕地保育重点实验室（西南大学）。

6个国家农业科学观测试验站：农业农村部作物基因资源与种质创制

重庆科学观测实验站（西南大学）、农业农村部西南地区蔬菜科学观测实验站（重庆市农业科学院）、农业农村部江津农业环境与耕地保育科学观测实验站（重庆市农业科学院）、农业农村部农村可再生能源开发利用南方科学观测实验站（重庆市农业科学院）、农业农村部西南设施养殖工程科学观测实验站（重庆市畜牧科学院）、国家农业科学种质资源江津观测实验站（重庆市农业科学院）。

附专栏 1-9　首批 20 个市级重点现代农业产业园名单（2019 年）

潼南国家现代农业产业园、江津国家现代农业产业园、万州国家农业公园、黔江市级现代农业产业园、渝北国家农业科技园区、长寿国家农业科技园区、南川田园综合体、荣昌国家高新技术产业开发区、梁平农村产业融合发展示范园、忠县国家田园综合体、涪陵国家现代农业产业园、巴南市级现代农业产业园、合川市级现代农业产业园、永川市级现代农业产业园、綦江市级现代农业产业园、丰都市级现代农业产业园、奉节市级现代农业产业园、巫山市级现代农业产业园、石柱市级现代农业产业园、酉阳市级现代农业产业园。

5. 区域合作重点方向

广泛开展“一带一路”沿线国家地区农业合作，打造中国山地特色农产品重要出口基地。深化渝台农业合作，推进重庆台湾农民创业园建设。提升中国西部（重庆）国际农产品交易会等农业展会国际化水平。立足成渝地区双城经济圈建设，共建西部“一带一路”农产品集散交易中心。加强与周边合作联动，立足秦巴山区和武陵山区打造省际农产品边贸物流中心。

三、制约重庆市产业发展的主要矛盾问题

产业是经济之本。重庆作为国家老工业基地，具有良好产业基础和较为完善的产业链，三次产业结构持续优化升级，但与构建市场竞争力强、可持续的现代产业体系要求仍有差距，特别是在价值链高端环节的竞争力明显薄弱。

（一）制造业能级不高结构不优

2019 年，全市规模以上工业总产值为 2. 1 万亿元，约占全国的 2%，不足四川的 50%，仅相当于江苏的 15. 3%、广东的 14. 5%；产业集群数量不多、体量不大，规模上千亿元的产业集群仅 6 个，数量和广州 1 个市相当，规模最大的电子信息产业产值为 5700 亿元，离万亿级仍有较大距离，难以形成全产业链的资源配置和产业重构“主导权”。2019 年重庆市和四川省主要支柱产业发展情况统计见附表 1-23。

附表 1-23　2019 年重庆市和四川省主要支柱产业发展情况统计

	主要支柱产业	主营业务收入（亿元）	增速（%）	占全部工业比重（%）
重庆市	电子信息	5500	10. 6	27. 2
	汽车	3307	-4. 6	15. 4
	消费品	3128	6. 6	15. 3
	材料	2942	16. 1	14. 8
	装备	2009	11. 5	9. 4
	能源	1369	5. 6	6. 4
四川省	电子信息	10259	13. 8	25. 0
	食品饮料	8646	13. 4	22. 1
	装备制造（含汽摩）	7537	2. 2	18. 7
	能源化工	7325	13. 3	18. 7
	先进材料	5780	10. 4	19. 2

引领带动不足。缺乏有影响力、竞争力的大企业，过千亿元企业仅长安 1 家，规模以上工业企业数仅为四川的 46%、江苏的 14. 6%、广东的 13. 1%，难以对上下游企业（研发机构）集聚形成足够的虹吸作用；39 个工业大类中有 15 个行业的产能利用率低于 75%的警戒线，规模以上工业百元收入成本为 85. 8 元，高于全国的 1. 46 元；关键基础装备、基础元器件、基础原材料本地配套不足，作为“内核”的集成电路占电子信息产业不足 10%，汽车核心零部件对外依存度超过 80%；汽车单车价值 9. 4 万元、税收贡献 6000 元，分别低于全国 14 万元、1. 8 万元的平均水平；新能源汽车、智能手机产量分别占总产量的 9%、57%，均低于全国平均水平。总体来看，产业链、价值链、创

新链仍处于中低端。

产业结构不优。传统产业占比高、战略性新兴产业块头小，尚未形成产业接续“雁阵”，比如战略性新兴产业占 GDP 比重为 5.7%，低于上海的 29.2%、深圳的 37.8%，数字经济增加值占 GDP 比重为 21.2%，成为强支撑的主导产业尚需时日。2019 年重庆市“芯屏器核网”全产业链发展情况见附表 1-24。

附表 1-24　2019 年重庆市“芯屏器核网”全产业链发展情况

智能产业	销售收入（亿元）	增速（%）	主要产品、产量、销售收入（产值）及增速
芯	192	3.1	晶元制造：103 万片，产值 21 亿元，持平； 封装测试：178.6 亿颗，产值 140.9 亿元，增长 2.9%
屏	582	13.5	玻璃基板：26 万片大板，产值 44.7 亿元，增长 130%； 液晶面板：1545 万片，产值 261.6 亿元，增长 8%
器	3204	9.0	智能手机：9878.4 万台，产值 600 亿元，下降 3%； 智能音箱：2800 万台，产值 60 亿元，基本持平； 智能可穿戴设备：1287.2 万台，产值 145 亿元，增长 98%； 笔电整机：7614.2 万台，产值 2370 亿元，增长 12.9%
核	264	持平	汽车电子：2000 万台（套、件）销售收入 192 亿元，持平； 仪器仪表：1700 万套，销售收入 72 亿元，增长 14.3%
网	2422	23.7	软件产品：销售收入 404 亿元，增长 25.4%； 信息技术服务：销售收入 1079 亿元，增长 22.9%； 物联网：销售收入 752 亿元，增长 33.1%

（二）服务业层次低创新能力不足

作为衡量现代城市经济发达程度的重要标志，重庆市服务业层次偏低，服务业占 GDP 的比重为 53.2%，远低于发达国家和地区 60%~70%的平均水平；对经济增长贡献率为 51.3%，低于上海的 80%、北京的 85%，尚未成为支撑发展的主要动能、价值创造的重要源泉。融合创新水平不高，生产性服务业占比略超过 50%，远低于北京、上海约 70%的水平，知识密集型服务业占 GDP 比重超过 17%，低于国际 1/3 的发展水平，比北京低 27.5 个百分点，助力提升制造业核心竞争力的服务能力和服务模式尚未形成。

新业态、新模式发展不充分，缺乏扎根本土、辐射全国的线上龙头企业、线上平台、线上品牌，线上业态、线上服务、线上管理尚未形成集聚发展态势，全国百强互联网企业仅有猪八戒网1家入围，全市85%以上的线上消费和地方税收外流；工业互联网助推企业“上云上平台”2万家，约为广东的10%。外向型服务业处于价值链中低端，服务贸易规模为272亿美元，不足深圳的39%、上海的14%，其中专业服务、技术等高附加值领域占比仅为18%。

（三）现代金融支撑能力不足

金融是现代经济的核心。经济中心一般都是金融资源的高度集聚区，具有较好的金融服务能力。重庆作为我国中西部金融最为活跃的地区，金融增加值占GDP的8.8%，高出全国1.1个百分点，但与北京、上海等成熟金融中心相比差距依然明显，在西部地区与四川相比仍有不足。

金融资源配置不充分。多元多层多样的金融机构体系不完善，金融机构数量为1877家，不足上海的10%，银行业金融机构法人有54家，远少于北京的98家、上海的170家，银行业资产总额为5万亿元，占全国的1.96%，远低于四川的9万亿元、上海的15万亿元、北京的23万亿元。证券、期货、基金等金融机构数量偏少，其中证券公司仅1家，少于四川的4家、广东的28家。跨区域金融服务能力不足，全市甚至整个西部均无全国性法人商业银行，而深圳有2家、上海有2家、北京有9家。资本集聚不够，存贷款余额为6.9万亿元，远低于上海的19.4万亿元、北京的22.7万亿元，证券交易额仅为0.24万亿元，仅为四川的2.4%、北京的0.26%、上海的0.09%。

资本要素市场发展不充分。大型要素市场匮乏，全国性要素交易市场仅有2家，少于上海的13家。上市企业数量偏少，境内上市企业有54家，少于上海的304家、北京的346家，市值规模仅为上海的10%、北京的3%。市属国企资产证券化率为52%，低于沿海发达地区80%的比例。私募股权基金发展滞后，投资活跃度不足，登记备案基金管理人有224家、基金有491只、规模为1262亿元，基金规模仅为上海的4.6%、北京的4.2%，推动中小微企业发展和创新创业活动支撑能力有限。2018年主要省（市）私募基金管理人、基金数量和规模情况见附表1-25。

附表1-25　2018年主要省（市）私募基金管理人、基金数量和规模情况

省（市）	管理人数量（家）	基金数量（只）	基金规模（亿元）	重庆基金规模占该省（市）的比重（%）
上海市	4806	20524	27378	4.61
北京市	4356	13561	29938	4.22

续表

省（市）	管理人数量（家）	基金数量（只）	基金规模（亿元）	重庆基金规模占该省（市）的比重（%）
浙江省	2071	6092	7442	16.96
广东省	1662	4298	5624	22.44
江苏省	1105	2948	5973	21.13
天津市	476	1597	6725	18.77
四川省	415	719	1921	65.69
湖北省	372	642	1152	109.55
山东省	296	545	1270	99.37
陕西省	233	402	969	130.24
重庆市	224	491	1262	100.00
安徽省	206	766	3199	39.45

融入国际金融市场不充分。尽管主要金融业务覆盖了“一带一路”沿线49国、东盟10国，但境外融资仅33.5亿美元，不及广州的50%；跨境人民币结算1099亿元，仅为进出口贸易额的1/3，远低于上海的7万亿元。立足西部、面向东盟的内陆国际金融中心建设亟须加快改革创新、形成比较优势。

（四）区域创新能力亟待提升

创新是经济中心的重要支撑。重庆在西部地区具有较好创新基础，但对比先进发达地区，仍面临高层次创新人才、高水平创新主体、高端创新平台偏少等突出问题。

研发投入不足。从研发投入总量看，2018年投入410.2亿元，只有江苏的16.4%、上海的30.2%。从研发投入强度看，研发投入强度2.01%，与全国平均水平仍有0.17个百分点的差距，远低于北京的5.64%、上海的4%、深圳的4.13%。从发明专利密度看，万人有效发明专利拥有量9.1件，仅为北京的8%、上海的19%、深圳的44%。从基础研发经费看，占比仅为5.1%，低于北京的15%、广东的8.5%。

创新主体不强。从企业质量看，有效期内的高新技术企业3141家，不到全国总数的2%，既缺乏创新引领能力强的龙头企业，又缺乏“独角兽”企业、“隐形冠军”企业。从企业研发投入看，全市6684家规模以上工业企业中，64.4%的企业未开展研发活动，1.6%的研发投入强度虽排名全国第四，但总量不足300亿元，仅相当于上海的54%、江苏的14.8%、广东的14.2%，其中试验发展投入占全部研发投入的98.3%，反映了基础研发平台、共性技术研发平台和大型创新型企业缺乏。从高新技术产业看，增加值占规模以上工业增加值的19.2%，低于广东的31.5%，企业对于创新产品的研发和生产仍有较大提升空间。

创新支撑乏力。从高层次人才看，有“两院”院士15人，仅为北京的2%、上海的8%、深圳的37%。从国家级创新基地看，国家重点实验室10个，少于北京的117个、上海的44个；国家工程技术中心10个，少于北京的64个、上海的5个；国家制造业创新中心全国已落地13家，重庆仍是空白。从大科学装置看，全市目前尚无大科学装置，北京有7个、上海有5个。从高水平大学看，重庆市有“双一流”大学2所，北京有34所、上海有14所。高校毕业生流失比例高达34.8%，高于四川的24.6%、陕西的10.6%。详情见附表1-26。

附表1-26 主要省（市）科技创新资源和平台统计

省（市）	两院院士（人）	国家重点实验室（个）	国家工程技术中心（个）	大科学装置（个）	“双一流”大学（个）	众创空间（个）	孵化器（个）
广东省	105	27	23	0	5	716	962
江苏省	102	—	—	2	15	699	695
山东省	57	—	—	0	3	580	378
浙江省	—	13	14	1	3	622	321
重庆市	15	10	10	0	2	215	58
北京市	830	117	64	7	34	147	152
陕西省	71	25	7	1	8	224	69
上海市	193	44	5	5	14	152	180
湖北省	80	27	19	2	7	275	192
天津市	38	13	12	0	5	151	72
安徽省	—	11	9	8	3	265	157
四川省	61	14	16	1	8	156	147

四、对策建议

（一）打造优势产业集群

一是打造世界级电子信息产业集群。依托国家数字经济创新发展试验区、新一代人工智能创新发展试验区等平台，加快“芯屏器核网”全产业链建设，构建集成电路、超高清视频等产业链条，做好新量子计算机等新型电子器件和微电子技术储备，打造全国重要的功率半导体芯片基地、超高清视频产业基地、全国领先的工业互联网发展示范区和中国软件名城。二是打造世界级装备制造产业集群。加强中高端整车、新能源汽车研发和动力电池、燃料电池等关键零部件引育，布局充换电、加氢、V2X（车联网）等新型基础设施。加快巡航车、赛车及越野车等摩托车中高档产品研发，承接东部沿海地区产能转移。加强工业机器人、数控机床中高端产品研发，引进培育减速器、伺服电机、数控系统等关键配套。推动运载火箭、通航飞机等航空航天装备工程化、产业化。前瞻布局增材制造装备和激光加工装备研发。三是打造具有全国影响力的消费品产业集群。深入实施增品种、提品质、创品牌战略，加大技术改造力度，推动农副食品、特色轻工、纺织服装等传统优势产业高质量发展。培育发展新兴消费品业态，强化创意设计、技术研发，加大先进生产工艺、新零售渠道推广应用力度，加快形成新的增长点。四是打造具有全国影响力的材料产业集群。加强高强镀锌汽车钢、工模具钢等精品钢材和航空航天用铝、汽车用铝等中高端铝材研发，加大电子用铜、装配式建筑、精细陶瓷、玻璃纤维等领域引进培育力度，培育壮大合成化工、钛合金材料等合成材料产业链条。五是打造具有全国影响力的生物医药产业集群。推动生物医药合同研发组织（CRO）、生物医药合同生产组织（CMO）、综合型合同研发和生产组织（CMDO）等新兴业态发展，加强生物制品、化学创新药、中药新药、经典名方产品研发，加快高端新型影像技术、医疗机器人等医疗器械工程化、产业化步伐，加大体外快速诊断筛查、人工器官、体外循环系统等新兴领域引进培育力度，做好基因编辑技术、基因组化学合成等前沿技术研究。

（二）提升产业平台能级

一是构建多层次平台共同支撑的产业生态圈。编制重庆与周边省（市），尤其是双城经济圈重大平台重点产业布局招商指引地图，分类分层推进产业链供应链合理布局和完善。继续发挥两江新区、天府新区、西咸新区、贵安新区等开发开放平台的核心引领支撑作用，加快建设重庆、成都科学城，提升西部科学城创新策源引领功能，作为承接国内外高端产业、培育未来产业、集聚创新资源的主载体。以国家级经开区及高新区为次级载体，围绕各开发区主体功能定位，着力补短板，强链接。以省（市）级特色产业园区为多点支撑，对接国家级产业平台及开发区，共同构建产业生态圈。谋划组建电子信息、高端装备、汽车等重点产业的产业链联盟，推动产业平台化布局、智能化升级和集群化发展。二是构建重大平台协同联动有效机制。进一步明确各层级平台对接国家战略的主体功能，为资源配置和市场开拓谋好局。建立产业发展平台主体协作交流机制，定期（季度）召开联席会议，共商重大产业项目、重大创新资源、重大市场开拓等事项，促进资源的有效利用和平台的有序高效发展。

（三）优化产业空间布局

一是提升主城极核功能。加快中心城区与主城新区同城化，率先在轨道交通互通、产业协作共兴、公共服务共享、要素自由流动、城乡融合发展等方面取得突破，建设现代化主城都市区。推动产业加快向高端化转型，重点引进培育新能源汽车整车、集成电路、软件信息服务等产业链高端环节，严格控制普通机械加工、基础原材料等企业和项目落户。发展总部经济，培育总部企业和本土跨国公司，提高经济密度和产出强度。增强创新策源能力，聚焦于大数据、人工智能、集成电路、新能源等战略领域，强化基础研究、成果转化，加快形成创新企业集群。打造全球网络枢纽，高水平举办智博会、西洽会等国际会展论坛活动，提升城市知名度和影响力。二是发挥次级城市支撑作用。强化支点、节点城市对主城都市区的职能分担以及对中小城市和小城镇带动辐射作用，提升涪陵、永川、合川、綦江—万盛综合承载能力和城市功能，形成重庆中心城区功能向外传递辐射的战略支点。推动万开云平一体化发展，打造区域发展次级核心。提升黔江、秀山在渝东南地区的服务功能。三是推动毗邻地区一体化发展。围绕双城经济圈十大毗邻合作平台和渝陕、渝黔、渝鄂等合作，建设毗邻地区融合发展试验区，推动产业有序转移辐射。推动渝西川南、渝东北川东北融合发展，促进渝黔、渝鄂深化产业合作，形成产业链互补协调、业态错位联动的一体化发展态势。

（四）深化区域产业合作

一是深化港澳台产业合作。巩固与大湾区既有产业合作基础，努力拓展现代农业、现代服务业等领域合作，鼓励企业以参股、合资、联合研发、开发市场等方式进行产业链重构。二是深化与长江经济带沿线城市产业合作。主动与沿江城市共同培育光电信息、高端制造、生物医药、新能源新材料、现代金融等世界级产业集群。大力推动重庆与沿江省（市）开展园区共建、“产业飞地”战略合作试点，合力构建沿江优势产业联盟。三是合力推进成渝地区双城经济圈产业协作。加快现代产业体系建设，促进各类生产要素合理流动和高效集聚，逐步打破市场、通道壁垒。强化中心城市产业带动作用，促进条件成熟的地区加强分工协作，共同打造高端装备制造业集群、川渝汽摩产业集群、电子信息产业集群。深化轨道交通、智能制造、节能环保等高端装备领域协同合作。推动区域内大健康、文化、旅游等产业协作共赢，大力发展文化产业集群、共同打造国际旅游目的地。全面探索成渝地区双城经济圈农业、物流产业的合作发展，带动整个西部现代农业、现代物流产业协同进步。四是全面加强与周边地区产业合作。构建“重庆+周边”战略合作平台，促进优势互补，构建区域合作新机制，加强与周边其他省（自治区、直辖市）产业联动。与贵州省联合推进渝黔合作先行区建设，深化在煤电一体化、汽车零部件制造、金融、商贸、旅游度假、现代农业等领域产业合作，促进贵州省进出口货物经重庆中转。增强与陕西省、湖北省、湖南省合作，共同推进秦巴山区、武陵山集中连片地区扶贫开发，加强在生态旅游、能源、物流、汽车、现代农业等产业的协作发展。强化与云南、广西区域通关协作，共同推动物流大通道建设，推进物流、旅游、金融等方面产业协作配套和优势互补。深化与甘肃省、青海省在节能环保、清洁能源、循环农业、中医药、文化生态旅游、通道物流等方面的合作交流。创新对口支援产业合作方式，扎实做好对西藏昌都援助工作，扶持昌都高山特色农牧业、特色中药材、商贸物流、文化生态旅游产业发展。

（五）增强科技创新能力

以平台建设和主体培育为重点，改善创新环境、集聚创新人才，整体提升区域科技创新能力。一是建设一流创新平台。高标准建设重庆科学城，集中布局科研基础设施、科技创新平台等资源，引进一批“大院大所”，打造国家综合性科学中心。打造重庆高新区“升级版”，推进实施“一区多园”模式，加快布局大科学装置、大科学工程和国家重点实验室、国家制造业创新中心，构建重庆创新驱动新引擎。深化科技创新合作，按照“一城多园”模式与四川共建西部科学城，建立成渝地区国际科技合作基地联盟，共同举办“一带一路”科技交流大会，打造西部创新高地。二是培育一流创新主体。引进一批“世界500强”企业、“中国500强”企业、外资机构研发机构，培育一批高新技术企业和科技型企业，发展一批创新型领军企业。推动成渝高校协同创新，争取电子科技大学、四川大学等高校院所在渝共建重点实验室和产业技术研究院，建设环成渝高校创新生态圈。谋划建设国际领先的数据科学和大数据技术重大科学基础设施。

（六）构建现代金融体系

以服务现代产业发展为核心，聚焦于重点环节和关键领域，持续用力推动金融改革，构建完备的现代金融体系，行业现代金融支撑能力。一是推进金融市场体系建设。加快发展区域性资本市场，支持重庆股份转让中心开展区域性市场制度创新和业务创新试点，探索开展优先股、股权众筹等直接融资产品创新。争取设立西部期货交易所，研究设立天然气期货、再生铝期货等国内空白品种。探索建立对接中西部地区和“一带一路”国家多层次资本市场的合作机制，打造跨境商品交易、投融资对接交易等综合金融服务市场。吸引国际金融组织、大型金融机构总部、结算中心等入驻，建设国内有影响力的资产管理中心和高质量金融机构聚集地。二是推进金融领域开放合作。以中新（重庆）互联互通项目下的金融创新合作为抓手，开展与东盟国家的金融产品互认和双向投融资，共建中新（重庆）国际金融园区。支持自贸试验区探索更加便利化的跨境金融创新，推动区内汇兑便利化。高水平打造江北嘴金融核心区。支持亚投行等在渝设立业务拓展中心和运营管理中心。三是推进金融领域重点改革。建设长江经济带绿色金融改革创新试验区，支持绿色金融改革政策、创新产品在重庆先行先试，推动绿色债券发行。深化外汇管理改革，开展货物贸易、服务贸易外汇收支便利化试点和简化外商直接投资外汇登记试点，支持符合条件的企业境外上市融资。四是推进金融科技深度融合。持续推动国家金融科技应用和金融标准化创新试点，建设国家金融科技认证中心。加强区块链等新技术应用，扩大跨境金融区块链服务平台试点。鼓励金融机构优先安排新业态、新模式、新产品试点，探索发展智能投顾等金融科技新业态。

参考文献

［1］重庆市人民政府关于印发重庆市现代服务业发展计划（2019—2022年）的通知［J］. 重庆市人民政府公报，2019（23）：4-28.

［2］重庆市人民政府办公厅关于印发重庆市体育发展"十四五"规划（2021—2025年）的通知［J］. 重庆市人民政府公报，2022（16）：24-41.

［3］重庆市人民政府办公厅关于印发中国（重庆）自由贸易试验区"十四五"规划（2021—2025年）的通知［J］. 重庆市人民政府公报，2022（10）：32-46.

［4］重庆市人民政府关于印发重庆市战略性新兴产业发展"十四五"规划（2021—2025年）的通知［J］. 重庆市人民政府公报，2022（8）：1-25.

［5］重庆市人民政府关于印发重庆市文化和旅游发展"十四五"规划（2021—2025年）的通知［J］. 重庆市人民政府公报，2022（6）：4-36.

［6］重庆市人民政府关于印发重庆市全面融入共建"一带一路"加快建设内陆开放高地"十四五"规划（2021—2025年）的通知［J］. 重庆市人民政府公报，2021（19）：3-30.

［7］重庆市人民政府关于印发重庆市推进农业农村现代化"十四五"规划（2021—2025年）的通知［J］. 重庆市人民政府公报，2021（18）：1-44.

［8］重庆市人民政府关于印发重庆市制造业高质量发展"十四五"规划（2021—2025年）的通知［J］. 重庆市人民政府公报，2021（15）：1-30.

［9］徐塞声．中国共产党重庆百年奋斗路［J］. 红岩春秋，2021（06）：7-13.

［10］回望奋斗路 走好奋进路［J］. 当代党员，2022（7）：12-21.

［11］关于进一步推动制造业高质量发展加快建设国家重要先进制造业中心的意见［N］. 重庆日报，2021-04-22（1）.

［12］唐良智．重庆市人民政府工作报告［N］. 重庆日报，2021-01-28（1）.

［13］唐良智．重庆市人民政府工作报告——2020年1月11日在重庆市第五届人民代表大会第三次会议上［J］. 重庆市人民政府公报，2020（2）：1-15.

［14］胡衡华．重庆市人民政府工作报告——2022年1月17日在重庆市第五届人民代表大会第五次会议上［J］. 重庆市人民政府公报，2022（2）：1-17.

附录二

四川省产业发展和布局调研报告

四川省位于四川盆地中西部，西向绵延覆盖川西高原山地，北依黄河、南临长江，同时位于长江、黄河两大河流域，是长江上游经济总量最大的省份，同时也是长江经济带上游地区重要的粮食产区和制造业、服务业基地，叠加对接“一带一路”倡议，以及新时代西部大开发、成渝地区双城经济圈建设、西部陆海新通道等多项国家战略。开展长江经济带上游地区高质量发展与产业空间布局方面的研究，应重点开展四川省产业发展与布局情况的调研，为后续研究奠定扎实基础。本报告依据国家《成渝地区双城经济圈建设规划纲要》《四川省国民经济和社会发展第十四个五年规划和二〇三五年远景目标纲要》《四川省“十四五”服务业发展规划》《四川省“十四五”推进农业农村现代化规划》等专项规划，《成都平原经济区“十四五”一体化发展规划》《川南经济区“十四五”一体化发展规划》《川东北经济区“十四五”振兴发展规划》《攀西经济区“十四五”转型升级发展规划》《川西北生态示范区“十四五”发展规划》等区域规划，四川省委、省政府关于建设“5+1”现代工业体系、“4+6”现代服务业体系、“10+3”现代农业体系相关文件以及各地市州“十四五”规划产业内容汇编而成。

一、四川省总体发展定位

党的十八大以后，习近平总书记先后 3 次亲临四川视察指导，发表了系列重要讲话，对四川工作作出重要批示，特别是 2018 年 2 月，习近平总书记在四川考察时，对做好四川工作提出“推动治蜀兴川再上新台阶”的总体要求和“五个着力”的重点任务。“五个着力”即着力抓好党的十九大精神贯彻落实、着力推动经济高质量发展、着力实施乡村振兴战略、着力保障和改善民生、着力加强党的政治建设。2020 年 1 月 3 日，习近平总书记主持召开中央财经委员会第六次会议，作出推动成渝地区双城经济圈建设、打造高质量发展重要增长极的重大决策部署。同年 10 月，中央政治局召开会议，审议

《成渝地区双城经济圈建设规划纲要》，提出要把成渝地区双城经济圈建设成为具有全国影响力的重要经济中心、科技创新中心、改革开放新高地、高品质生活宜居地，四川在其“十四五”规划中，基本沿用了此定位。

关于制造业发展。2018 年 6 月，四川省委十一届三次全会提出，要加快传统产业转型升级，积极布局发展战略性新兴产业，重点培育电子信息、装备制造、食品饮料、先进材料、能源化工等万亿级支柱产业，大力发展数字经济，构建具有四川特色优势的现代产业体系。同年 11 月，四川省在《中共四川省委四川省人民政府关于加快构建“5+1”现代产业体系推动工业高质量发展的意见》中明确提出，到 2022 年，工业综合竞争力迈入全国先进行列，引领西部、辐射全国、融入世界的制造强省地位基本确立。在“十四五”规划之中，这一提法得到延续，并提出“深入实施制造强省战略，打造具有国际竞争力的先进制造业集群”。2020 年，《中共四川省委四川省人民政府关于推动制造业高质量发展的意见》则提出打造全国有重要影响力的先进制造强省。2021 年底，《四川省“十四五”制造业高质量发展规划》出台，确立“两个加快”战略定位：加快制造大省向制造强省迈进，加快建设具有全球竞争力的先进制造业基地。

关于服务业发展。2020 年 6 月，为消除疫情对服务业带来的影响，四川省委省政府联合出台《关于加快构建“4+6”现代服务业体系推动服务业高质量发展的意见》，提出 2022 年初步建成现代服务业强省，在后续“十四五”规划编制之中，这一提法进一步得到细化，进一步明确要“建设贸易强省，打造全国物流高质量发展示范区，建设西部金融中心、国际美食之都以及西部医疗康养高地”。2021 年，《四川省“十四五”服务业发展规划》中，则提出要打造和培育“一地三区”，即国际消费目的地、服务业改革创新引领区、全国产业融合示范区、服务业扩大开放先行先试区。

关于农业发展。2019 年 9 月，《中共四川省委　四川省人民政府关于加快建设现代农业“10+3”产业体系推进农业大省向农业强省跨越的意见》中强调“加快建设特色鲜明的现代农业产业体系，推进四川由农业大省向农业强省跨越”。2021 年制定的《四川省“十四五”推进农业农村现代化规划》，则再一次强化了该定位。

《成渝地区双城经济圈规划纲要》中对于成都市的定位是：“以建成践行新发展理念的公园城市示范区为统领，厚植高品质宜居优势，提升国际国内高端要素运筹能力，构建支撑高质量发展的现代产业体系、创新体系、世界文化名城和国际门户枢纽。”

成都“十四五”规划则提出了以创新为新动能推动高质量发展、以协调为新形态推动融合性发展、以绿色为新优势推动可持续发展、以开放为新引擎推动服务新发展格局、以共享为新局面推动以人民为中心发展等五个先行示范目标。围绕建设社会主义现代化新天府和可持续发展世界城市的宏伟愿景，提出了2035年远景目标和2050年远景展望。力争到2035年，高水平实现社会主义现代化，全面建成践行新发展理念的公园城市示范区、泛欧泛亚有重要影响力的国际门户枢纽城市；到2050年，全面建成社会主义现代化新天府，成为充分体现中国特色、时代特征、成都特质的可持续发展世界城市。

二、四川省产业发展及布局

2020年，四川省地区生产总值为48598.8亿元，其中，第一产业增加值为5556.6亿元，比上年增长5.2%；第二产业增加值为17571.1亿元，比上年增长3.8%；第三产业增加值为25471.1亿元，比上年增长3.4%。三次产业结构比例为11.4∶36.2∶52.4。

农业领域：积极推进川粮油、川猪、川茶、川菜、川酒、川竹、川果、川药、川牛羊、川鱼十大优势特色产业全产业链融合发展，夯实现代农业种业、现代农业装备、现代农业烘干冷链物流三大先导性产业支撑，培育形成“10+3”现代农业产业体系。规划到2022年，全省第一产业增加值达到5100亿元左右，年均增长3.6%。

工业领域：加快构建以电子信息、装备制造、食品饮料、先进材料、能源化工五大支柱产业和数字经济为主体的“5+1”现代产业体系，2020年工业增加值达到13428.7亿元，比上年增长3.9%。规划到2022年，全省五大支柱产业规模均突破1万亿元，战略性新兴产业占工业比重超过25%，规模以上工业利润率超过6.5%。着力培育新一代信息技术、高端装备、生物医药绿色低碳、数字创意、安全生产等战略性新兴产业，重点培育太赫兹、储氢储能、脑科学与类脑研究、精准医疗、干细胞治疗与再生医学、量子通信、卫星及应用、极端环境材料、液态金属、氢燃料电池、智能网联及无人驾驶汽车等未来产业。

服务业领域：加快推动商贸、物流、金融、文旅四大支柱型服务业转型升级，做大做强科技服务、商务会展、人力资源、川派餐饮、医疗康养、家庭服务等六大成长型服务业。规划到2022年，全省服务业增加值总量在3万亿元以上，GDP比重在55%左右，“4+6”重点产业增加值占全省服务业增加值的65%以上，生产性服务业增加值占全省服务业增加值的40%左右。

（一）工业发展和布局

1. 总体发展情况

四川在全国制造业中具有重要地位。中华人民共和国成立以后，四川工业获得发展，“三线建设”进一步为四川工业打下良好基础，逐步建立起较为完善的工业体系。西部大开发以来，四川工业经济进入高速发展阶段，“十五”期间工业增加值年均增长14.7%，比“九五”期间提高5.6个百分点。

“十一五”时期，四川大力实施“工业强省”战略，提出打造电子信息、医药、军工、清洁能源、特种钢和钒钛稀土等新材料、化工、装备制造、饮料食品等八大产业基地，力争成为中西部地区最具竞争力的现代制造业强省。“十一五”末全省工业增加值达到7326.4亿元，5年间全省工业增加值年均增长20.1%，规模以上工业增加值全国排名由2005年的第十位上升至2010年的第八位。工业增加值占生产总值总量的比重由2005年的34%上升到2010年的43.2%，工业的主导地位更加突出。

“十二五”时期，四川继续坚持工业强省，强调以产业结构调整为主攻方向，实施“5785”发展战略（即打造成德绵广遂内电子信息产业带、成德绵自内资装备制造产业带、成德资眉内宜泸饮料食品产业带、成眉乐自泸宜遂南达化工及新材料产业带、攀西和三江流域特色资源产业带等5条特色产业带，发展电子信息、装备制造、能源电力、油气化工、钒钛钢铁、饮料食品、汽车制造等七大支柱产业，建设8个重点园区，培育50户龙头企业），加快推动产业转型升级，构建具有竞争力的现代产业体系，为建设西部经济发展高地提供强力支撑。“十二五”末，四川实现全部工业增加值11039亿元，五年规模以上工业增加值年均增长13.3%，高于全国同期增速5个百分点以上，全省七大优势产业、七大战略性新兴产业和五大高端成长型产业加快发展，工业结构调整成效显著。

“十三五”时期，四川聚焦于建设全国重要的产业创新基地和先进制造基地，以实施“万千百亿工程”为抓手，积极壮大电子信息、食品饮料、装备制造三大万亿元支柱产业，发展新一代信息技术、航空航天与燃机、高效发电装备与核技术应用、高档数控机床和机器人、轨道交通装备、节能环保装备和新能源汽车、新材料、生物医药和高端医疗设备、农机装备、油气钻采及海洋工程装备等十大千亿级新兴产业以及生产性服务业，力争到2020年建成中西部领先的制造业发展高地。2020 年，全省五大支柱产业营业收入总量突破 4 万亿元，电子信息、食品饮料、装备制造、先进材料、能源化工和数字经济“5+1”现代工业体系能级不断提升，以“万亿支柱产业+千亿高端新兴产业+百亿企业”为核心的工业发展新格局更加凸显。

“十四五”开局，四川则提出放眼全球育集群，在继续聚焦聚力于“5+1”现代产业体系建设中，突出细化“3+4+4+N”的四川现代制造业重点方向，即培育世界级电子信息、重大装备制造和特色消费品等 3 个产业集群，建设全国重要的先进材料、能源化工、汽车产业研发制造和医药健康等 4 个产业基地，改造提升机械、轻工、冶金、建材 4 个传统优势制造业，加快发展 N 个战略性新兴产业和未来产业等。

2. 重点产业（集群）发展情况

四川将重点聚焦于电子信息、装备制造、先进材料、食品饮料、能源化工和数字经济“5+1”重点产业，建设世界级的产业集群；着力培育医药健康及未来产业。

电子信息产业。提出建设全球重要的以集成电路、新型显示、网络安全、超高清视频等为支撑的电子信息产业集群（见附专栏 2-1）。2020 年，全省电子信息产业规模突破 1.2 万亿元。“十四五”时期，四川聚焦于存储、传感器等重点领域，加快构建以“芯屏存软智网端”为支撑的电子信息产业新体系，聚焦于集成电路与新型显示、新一代网络技术、大数据、软件与信息服务 4 个产业领域，重点发展集成电路、数据存储、新型传感、新型显示、5G、网络安全、卫星互联网、超高清、智能终端、绿色数据中心、基础软件、工业软件、平台建设和运营服务、应用软件产业，力争到 2025 年产业规模突破 2 万亿元。空间布局：形成“大”字形的“一核一带两走廊”电子信息产业空间发展格局，即“一核”——成都市；“一带”，即成绵乐高铁发展带（广元—绵阳—德阳—成都—眉山—乐山—雅安）；“两走廊”，即川南发展走廊（成都—资阳—内江—自贡—宜宾—泸州）、川东北发展走廊（成都—遂宁—南充—广安—达州—巴中）。

附专栏 2-1　四川省电子信息产业布局情况

成都市。2020 年电子信息产业规模为 10065.7 亿元，占全省电子信息产业规模的 80%以上，是四川电子信息产业最重要的集聚区域。“十四五”时期围绕集成电路、新型显示、智能终端、高端软件、人工智能、信息网络六大领域，建设10个以上主业突出、特色鲜明、配套完善的产业功能区，构建国际知名的电子信息产业生态圈。到2022年将成都打造成为全球电子信息高端研发制造基地和世界软件名城。

绵阳市。电子信息产业是绵阳的重点产业，“十三五”时期，提出以基础电子、集成电路、智能硬件和应用电子、高端软件和新型信息技术服务为主要产业方向，推进数字家庭等重点领域集群式发展。基础电子领域：重点推动玻璃基板、滤光片、导光板等平板显示上下游配套产业发展，发展超短焦激光电视、激光工程一体机、投影激光引擎等激光显示前后端产业。通信设备及配套产品领域：发展光网络器件、传输设备、超高速光模块等光纤宽带网络产品，一体化移动通信基站、手机整机等移动通信网产品，下一代互联网相关产品、第五代移动通信（5G）以及专网通信产品。集成电路领域：发展面向北斗导航、智能家居、智能汽车、工控系统等领域，面向智能家电的核心和外围芯片，面向北斗导航的基带和射频芯片等专用芯片以及处理器、存储器、数据传输接口等核心器件。数字家庭智能产品领域：发展智能电视、智能冰箱、智能空调、安防系统、家庭健康、家庭教育、家庭娱乐、智能厨卫设备、家庭环境监测设备等产品。以射频识别芯片、电子车牌、智能车载大屏中控系统等应用产品为重点，发展安监安防、智慧溯源、防险救生、交通运输、旅游等行业应用产业。软件领域：发展面向军事的嵌入式和控制类、管理类军工软件、工业制造过程信息化软件。发展工业产品全生命周期、产业链全流程各环节的应用云计算大数据产业以及面向电子政务、健康、教育、安防等行业的新型移动互联网产业。开发智慧城市和数字家庭系统级产品和整体解决方案。“十四五”规划中，绵阳提出发展智慧家庭、5G、新型显示、集成电路等产业，发展软件及信息技术服务，培育发展大数据、云计算、物联网、信息安全等新产业新业态，发展MicroLED、MiniLED等新型显示产业，打造国家级电子信息产业基地。预计到2025年，电子信息产业产值达到3000亿元。主要电子信息产业企业有京东方、惠科、长虹、旭虹光电、九洲光电、华丰、西磁科技、经纬达、维博、华正、华拓、中视迪威等。

眉山市。“十三五”时期，眉山重点建设“4+4”产业集群，将电子信息产业作为四大战略性新兴产业之一，提出重点培育互联网、大数据、云计算、移动互联、光通信设备、光学电子器件、高端电路板、智能工控设备、电子专用设备等重点产品。在四川彭山经开区、天府新区仁寿视高区域、仁寿文林工业园区等重点区域布局，重点发展光电通信、电子核心基础零部件、工业软件与操作系统、半导体新光源产业，规划到2020年，制造业总产值2000亿元。“十四五”时期，眉山将电子信息产业集群列为其“3+3”现代产业体系支柱产业，提出以仁寿经开区、眉山天府新区等区域为核心，集聚发展以显示面板及元器件、汽车电子及智能终端为主的新型显示产业，突破发展以半导体材料、集成电路设计为主的集成电路产业，构建“屏—芯—端—数—智—材”为一体的产业生态圈。在新型显示产业领域重点发展新型显示、新型电子材料及元器件、汽车电子及智能终端产业。在集成电路产业领域重点发展半导体材料与器件、集成电路设计制造封测和5G元件及关键零部件，建成全省重要的集成电路及电子器件产业基地。规划到2025年，打造千亿级电子信息产业集群，建成西部新型显示产业集聚区，构建成绵眉新型显示产业带。

泸州市。提出重点发展智能终端、智能制造、物联网、信息安全工程等产业。加大平板电脑、关键零部件等产业布局，引进培育一批新型显示、智能穿戴等生产企业，打造集研发设计、零部件制造、整机组装、供应链管理的完整产业链。加快推动以智能终端为主导的电子信息全产业链贯通、开放式互联，推进5G网络等“新基建”建设。依托泸州国家高新区、泸州长江经济开发区、江南科技产业园和纳溪经济开发区四大园区，高效建设运营中国电子信息产业集团（泸州）产业园，预计2020年电子信息产值超过1000亿元。主要电子信息企业：中国电子信息产业集团等。

自贡市。规划在“十四五”时期将电子信息打造成五百亿级产业。依托高新区电子信息产业园、西南智能终端制造产业园等，重点聚焦于智能终端、智能穿戴、高清液晶面板、3D打印、5G设备及零部件生产制造、电子元器件产业等，推动“一芯一屏一端+配套”特色发展。实施新洲华融电子信息产业园、中国电信（自贡）5G创新应用产业园、西南智能终端产业园提升改造、映科光电电子墨水屏一期、奕禾科技触摸屏及其配套盖板功能片、桑触光电中大尺寸功能片及触摸屏、威鹏电缆特种电缆深加工、大西南电力5G新基建相关的铁塔附件生产等项目。到2025年，全市电子信息产业产值力争达到150亿元。主要电子信息企业：中誉瑞禾、晶升科技、国晶科技、鹏成科技。

资阳市。“十三五”时期，提出将电子信息产业作为新兴成长型产业，凭借其集成电路、笔记本电脑、通信设备制造、软件等产业发展基础，重点发展移动通信终端制造、光电子器件、电路板制造、汽车电子、医用电子等新兴产品，形成电子信息产业集群。“十四五”规划将电子信息产业列为五大优势产业之一，突破发展电子元器件、光电显示器、智能终端，推进5G与互联网、物联网与大数据融合发展，积极引进光电显示、智能终端、5G、区块链、物联网与大数据等重点企业，建成雁江临空制造配套产业园（一期）、成渝电气连接器创新创业园、光电显示产业园等项目；开工建设中国电子信息产业园、西部航空科技创新产业园、智能终端产业园、5G与物联网大数据产业园等项目。规划到2025年，电子信息产业实现产值100亿元。主要电子信息企业：中誉瑞禾、晶升科技、国晶科技、鹏成科技等。

遂宁市。“十三五”时期，将电子信息产业列为成长型产业，强调重点延伸和完善集成电路、电路板、核心元器件、高效照明和智慧应用等五大优势产业链，提升终端产品的拥有量和市场占有率，加快建设以遂宁经济技术开发区为核心的电子产业园区，建成成渝经济区电子信息产业配套基地。“十四五”期间，将电子信息产业作为五大支柱产业之一，突出发展电子信息产业，培育发展OLED、穿戴式终端等新型显示和高端产品，打造全国一流电子元器件产业集群，到2025年，电子信息产业力争实现营业收入500亿元。

南充市。“十三五”时期，南充将电子信息产业作为战略性新兴产业进行培育发展，提出要积极发展集成电路、新型电子元器件、信息网络安全、新一代移动通信、信息软件服务等产业。支持面向行业、领域的应用软件以及数据加工处理、软件测试等研发和产业化。“十四五”规划中，南充将电子信息列入五大战略性新兴产业之一，提出打造“3+5”现代工业集群，加快电子信息制造业、软件及信息技术服务业配套集群发展，培育发展信息安全、智能传感器及终端、集成电路、云计算、大数据等产业，到2025年，电子信息产业实现产值200亿元。

广安市。“十三五”期间，将电子信息列为八大重点产业之一，提出以构建智能终端、新型显示、LED照明为支柱，以电子元器件及电子材料为支撑，以应用电子、软件和信息服务等为新兴增长点的现代电子信息产业体系。“十四五”时期则将电子信息产业列为三大支柱产业之一，提出完善“芯屏器核网”全产业链，构建以手机、计算机、显示屏、汽车电子为支柱的电子信息产业体系，形成“3+4”（“三园四集群”：“三园”指华蓥智能终端产业园、经开区电子元器件产业园、邻水汽车电子产业园，“四集群”指手机、计算机、显示屏、汽车电子四个产业集群）产业布局，打造500亿级电子信息产业集群。

达州市。“十三五”期间，达州将电子信息列为新兴产业，重点发展新型显示材料和器件、物联网设备、计算机零部件、智能终端配套等信息产业，打造成渝经济区电子信息配套产业基地。“十四五”时期，达州将电子信息产业作为其战略性主导产业之一，重点发展新型显示、智能终端、计算机零部件三大产业，提质增效新型显示产业，围绕面板、背光源、光学膜等领域，延伸做大智能终端产业核心配套产业。加快发展计算机零部件产业，瞄准5G、物联网、消费电子、VR及AR等领域，促进电子元器件产品高端化发展，力争到2025年实现电子信息产业产值500亿元。主要电子信息企业：兆纪光电、乐仕达、淇韵电子、国信达、天宝锦湖、胜发电子、德铭电子。

宜宾市。“十四五”规划中，宜宾重点聚焦智能终端产业，提出打造“5+1”千亿级产业集群，提出要形成以制造为主、研发设计为辅的产业发展格局。重点发展以智能手机、平板电脑、智能可穿戴设备等为主的消费终端，以智能家电、智能安防等为主的智能家居，以汽车电子、医疗电子等为主的行业应用电子设备，力争到2025年智能终端产业营业收入突破2000亿元。

巴中市。“十四五”时期，提出大力发展电子信息产业，发展以石墨为原材料的高技术含量、高附加值的电子专用材料制造业，发展石墨烯触摸屏、柔性石墨显示器件、光电高频显示器件产业。发展手机晶片、电子仪表设备、LED等劳动密集型的电子元器件制造业。培育壮大云计算产业规模，大力发展云计算产业，打造大数据产业生态体系，软件与信息技术服务业、5G应用。预计到2022年，产值超过100亿元；到2027年，发展电子信息企业100家，产值超过300亿元。主要电子信息企业：泰美克、罡正电子、龙海威电子、特兴智能、思广益科技等。

内江市。巩固笔记本外壳、通信电缆、连接器、液晶显示屏等电子信息配套制造产品市场优势，吸引一批集成电路关联企业落户内江。巩固数据恢复产业行业优势，深入开展数据恢复、数据销毁、数据提取、数据分析、电子取证、视频侦查等技术攻关与产品研发。积极培育云计算、工业物联网、数据灾备、区块链、软件服务外包等新一代信息技术服务产业。到2025年，将大数据及电子信息产业分别打造为500亿级产业集群。

装备制造产业。规划建设以航空航天、核能及核技术应用、新一代轨道交通、清洁能源装备、节能环保装备等为引领的高端装备产业集群（见附专栏2-2）。“十四五”期间，发展发电输变电与储能装备、节能环保与资源综合利用装备、航天与卫星应用装备、智能制造与基础制造装备、油气化工与海洋工程装备、工程与矿山冶金装备、民生用机械等领域装备，加快发展航空与燃机、轨道交通、智能装备等高端装备制造业，培育壮大新能源与智能汽车产业，打造世界级装备制造产业集群，规划到2022年产业规模突破1.2万亿元，到2025年产业规模突破1.5万亿元。

附专栏2-2　四川省装备制造产业布局情况

成都市。到2020年，装备制造规模达到8000亿元。“十四五”时期提出打造航空装备、汽车、智能制造、轨道交通、能源环保五大装备制造产业领域，全力打造装备制造世界级产业集群，加快建设15个产业功能区；到2022年，力争产业规模达到10000亿元，成为具有国际影响力和竞争力的高端装备制造产业基地。

德阳市。“十四五”时期，提出建设装备制造产业和通用航空产业集群，打造竞争能力强、辐射带动面广、科技含量高的世界级重大装备制造基地、世界级装备制造产业集群。做优发电装备、冶金装备、石化装备等传统领域，做强通用航空装备、轨道交通装备、应急救援装备等特色领域，加快培育网联汽车、工程机械、智能制造、储能装备、节能环保等细分产业。通用航空产业，重点发展航空材料、航空零部件、运营服务、通航体验、配套服务等领域，壮大国家级“德阳通用航空创新型产业集群”。强化无人机整机研制运营，推动大中型飞机航空结构件、航空发动机零部件、飞机系统件研制和产业化运用，探索发展轻、小型通用飞机生产组装。规划到2025年，装备制造产业与通用航空产业规模分别达到5000亿元和500亿元。主要装备制造和通用航空产业企业：国机重装、东电、东汽、天域航通等。

自贡市。“十四五”时期，提出打造千亿级装备制造产业。节能环保装备产业，重点发展节能环保装备制造产业，打造国际节能环保制造业集群。发展高效清洁燃烧技术装备、生物质发电锅炉、智能化装备、“三废”治理装备、节能绿色输送机械等，建设国家级绿色产业示范基地。发展通航与无人机产业。招引布局航空与燃机零部件、航电航材、无人机制造等优势产业项目，打造全国首个5G网联无人机行业应用测试及示范基地，创建全国通用航空产业发展综合示范区。发展泵阀产业，促进泵阀产业集群化、智能化、成套化、网络化发展。规划到2025年，产业规模达到1000亿元。主要装备制造企业：东方锅炉、华西能源、运机集团飞球阀门、凯茨阀门、工业泵、大禹密封等。

泸州市。将装备制造列入优势特色产业，“十四五”时期，提出大力发展汽车及零部件、工程机械及液压元件、油气钻采装备、智能装备等产业，打造全国领先的智能制造基地。到2025年，装备制造产业主营业务收入预计达到500亿元。主要装备制造企业：泸州容大、泸州浩宇、四川海科等。

绵阳市。“十四五”时期，发展汽车产业和高端装备制造重点产业，建设国家级电子信息产业基地和四川第二大汽车产业基地，发展新能源汽车、智能网联汽车、专用车、中高端传统整车、汽车零部件制造、汽车服务业等领域，推进动力锂电池、智慧车联网系统、电动汽车专用可靠电源系统等关键技术产业化。以航空发动机与燃机、北斗卫星应用、智能制造装备等为重点，重点培育航空电子、无人机、北斗卫星运营服务、增材制造、激光器件等产业，加大在气象应急监测无人机、智能控制系统及设备、精密仪器仪表、微机电系统、高速连接器等项目研发与应用方面的投入，着力将绵阳建成西部高端装备基础配套零部件制造基地。到2025年，规划高端装备制造与汽车产业总产值达到2000亿元。加快打造3000亿级电子信息、2000亿级汽车、1000亿级新材料和节能环保等产业集群。主要装备制造企业：威马汽车等。

广元市。“十四五”时期，提出大力培育以智能终端、智能家电、装备制造等为引领的机械电子产业集群，加快推进汽车零部件制造、电梯生产等项目。重点发展专用车及汽摩零配件、机械装备、智能终端及零配件等。到2025年，力争实现规模以上工业产值240亿元。

遂宁市。打造机械和装备制造产业支柱产业，突破发展汽车与零部件产业，支持新能源与智能汽车产业发展，积极发展工程机械产业。加快发展中卡和新能源轻卡、重工工程机械，发展配套零部件，支持农业机械、矿山机械等专业机械产业转型升级。到2025年，力争机械与装备制造产业实现营业收入300亿元。主要装备制造企业：四川江淮、成工、飞亚曲轴、富士电机、德爱鑫玛等。

内江市。提出发展机械汽配产业。做优做精曲轴、减震器、后视镜等拳头产品。发展高端发动机曲轴、智能后视镜系统等中高档车零部件和动力电池、车载诊断系统等新能源汽车、智能网联汽车零部件，发展汽车再制造产业。培育新装备产业，重点发展高速、重载铁路扣件系统及磁浮列车弹条扣件系统，开发新型摩擦材料产品，发展个性化、定制化特种零部件，继续发展高端矿山装备、水利水电成套设备等。鼓励发展智能数控液压机、特种工业机器人等智能装备。到2025年，新装备及机械制造产业成为500亿级产业集群，高端零部件制造产业为100亿级产业集群。

南充市。汽车汽配产业，坚持整车带动、沿链配套，围绕新能源汽车、汽车零部件总成等主攻方向，到2025年，汽车汽配产业实现产值1700

亿元。高端装备制造产业，重点发展专用设备、真空设备、特种装备、精密智能制造等，到2025年，高端装备制造产业实现产值180亿元。节能环保产业，重点发展高效节能装备、先进环保装备、资源循环利用装备、绿色船舶制造及节能服务产业。到2025年，节能环保产业实现产值100亿元。

眉山市。提出建设机械及高端装备制造产业集群，以眉山天府新区、眉山高新区、青神经开区、丹棱经开区、甘眉园区南区等区域为核心，大力发展以轨道交通装备、新能源汽车、高档数控机床及机器人为主的高端装备产业。到2025年，机械及高端装备制造产业达到500亿元规模。

宜宾市。发展新能源及智能汽车产业千亿级产业集群。聚焦于锂电池和整车两条主线，打造较完整的全产业链体系。推进动力电池、电池级氢氧化锂、正极材料、光原锂电正极材料前驱体、金贝新材料等项目建设。发挥宁德时代的龙头带动引领作用，引入电池组件、锂电池正负极材料及前驱体、基础锂盐和镍盐、动力电池回收利用等行业龙头企业。高端装备制造千亿产业集群。重点发展轨道交通、智能、动力、石油石化、航空等装备产业。以智能轨道快运系统为主导产业，形成具有竞争力的轨道交通战略性新兴产业集群。发展航空航天、工程机械、新能源发电、石油石化、特高压输变电等先进装备制造产业。主要装备制造企业：四川时代和时代吉利、天宜锂业、宜宾锂宝、凯翼汽车、奇瑞新能源汽车等。

广安市。做强装备制造支柱产业，建设成渝先进制造业协作基地，构建“1+4”产业体系（“1”指汽摩产业集群，“4”指模具、机器人应用集成、城市轨道交通、输变电四个特色产业），打造1000亿元世界级装备制造产业集群。

达州市。将智能装备产业列为其六大产业之一。提升智能化专用车、汽车零配件研发设计能力，强化成渝地区双城经济圈北翼地区汽摩配产业协作配套，打造汽车零配件制造中心。整链引进阀门、电子器械、绿色照明等行业，打造中国西部（万达开）绿色精密铸造产业中心，建成表面处理产业园。主要发展汽车及零配件制造，主要发展专用车、发动机缸体、汽车油管、新能源大巴电机座等产品，发展数控机床、工业机器人等新技术装备，发展阀门、电子器械、绿色照明产品。到2022年，力争实现产值150亿元。

雅安市。装备制造为四大优势产业之一，坚持走“整车+零部件”“传统+新能源”发展路径，推动汽车整车及零部件、电线电缆等产业发展壮大。到2025年，装备制造规模以上工业总产值超过100亿元。主要装备制造企业：建安工业、新筑通工锂电等。

攀枝花市。将装备制造产业列为其四大支柱产业，大力发展冶金机械、轨道交通、节能环保、康复器具、汽车零部件及新能源汽车等高端装备。到2025年，总产值达到300亿元。

资阳市。将装备制造列为五大优势产业，提出大力发展新制式轨道交通、新能源汽车、专用车及零部件制造，积极拓展航空制造领域，培育发展新兴产业。力争到2025年实现产值300亿元。

先进材料产业。规划建设全国重要的以钒钛、稀土、光伏、特种电子材料、石墨烯等为主导的先进材料产业集群（见附专栏2-3）。重点发展先进化工材料、新型建筑材料、钒钛钢铁稀土材料、先进有色金属材料、先进轻纺材料、先进无机非金属功能材料等领域，推进新材料规模化应用，加快建设国家重要的新材料产业基地，到2022年产业规模达到1.1万亿元。

附专栏2-3　四川省先进材料产业布局

成都市。提出做大做强新材料战略性新兴产业集群，到2020年，全市新型材料产业主营业收入突破1500亿元。到2022年成为国内知名的新型材料研发制造基地。建设“四大特色材料+四大优势材料”的新型材料产业体系。

自贡市。高分子合成材料，打造氟材料上下游一体化协同发展的产业集群。加大有机氟、聚酰亚胺、芳纶等高性能材料研发创新、成果转化、产业化力度，提升关键材料自主保障能力。金属及复合材料，着力提升硬合材料研发水平。新型碳材料，发挥特种炭黑领域技术与产品优势，提升石墨烯产业化水平，培育具有特色竞争优势的新型碳材料产业链。新型建材，引导太阳能玻璃、陶瓷等行业绿色集约发展，加快装配式建筑部品部件、新型墙体材料、新型防水密封材料等细分领域发展壮大，布局打造川渝地区新型建材产业集群。到2025年，建设千亿级产业集群。主要先进材料企业：晨光院、硬合公司、大西洋公司、中昊黑元化工、凯盛太阳能等。

德阳市。先进材料产业为五大支柱产业之一，重点围绕先进功能材料、先进化工材料、新型建筑材料等领域，推进化工材料、建筑材料升级换代，发展特种金属材料、玄武岩纤维及复合材料、锂电池材料、石墨烯材料，推动新材料规模化应用，延伸锂电池材料产业链，加快发展三元锂正极材料，补齐负极材料、隔膜材料和电解液等环节，拓展高性能纤维及其复合材料发展空间。到2025年，打造千亿级产业集群。主要先进材料企业：川纤集团等。

绵阳市。新材料，重点发展新型功能材料、先进结构材料和高性能复合材料，大力发展新型膜材料、高端磁性材料、功能玻璃及光学材料、高品质特钢材料、工程塑料、精细化工新材料等高技术产品。到2025年，新材料产业实现产值500亿元。主要先进材料企业：东材科技、龙华薄膜、西磁磁电、旭虹光电、攀长钢、六合特材等。

广元市。新（型）材料产业，重点发展铝基材料、电池材料、高分子材料等，完善锰系新材料产业链，建设电池级四氧化三锰产能基地。到2025年，力争实现规模以上工业产值350亿元。

遂宁市。聚力实施锂电及新材料产业发展“一号工程”，做强做响中国锂业之都。做大做强基础锂盐，规模化生产高纯碳酸锂、电池级氢氧化锂、纳米级磷酸铁锂等产品。发展动力锂电池组件、电池管理系统等应用产品。推进新能源汽车、电池材料回收项目建设，形成从关键材料生产到废旧电池回收的全生命周期产业链。加快纳米材料、石墨烯材料、稀土永磁材料、生物基材料等战略前沿材料的研制和生产。力争锂电及新材料产业实现营业收入1000亿元。主要先进材料企业：天齐锂业、盛新锂能、四川新锂想、四川裕能、蜂巢能源、绿鑫电源、鸿鹏、苏博特、晨光博达等。

内江市。发展冶金建材产业。发展新型超高强韧汽车用钢、高速/重载轨道交通用钢等，促进产业向价值链高端发展。培育新型包装材料产业，建设隆昌酒类包装材料特色产业园。开发玻陶工艺品等高附加值产品。发展新材料产业。生产高档钛材等高端产品。研发生产特种水泥、新型建筑陶瓷、节能玻璃等新型建筑材料。发展以高强玻璃纤维、碳纤维及混杂纤维等为增强材料的树脂基复合材料。支持发展高性能膜材料、新型显示材料、第三代半导体材料等前沿新材料产业。到2030年，将冶金建材和新材料产业集群打造为1000亿级产业集群。

乐山市。建设全国重要的先进材料产业集群。壮大光电信息产业集群，构建晶硅光伏全产业链，并向高端领域进军，积极发展电子级晶硅及电子材料，打造千亿光伏产业集群，形成“一园集聚、区域布局”的“大硅谷”承载体系，建成“中国绿色硅谷”，力争2025年全市晶硅光伏产业产值超过2000亿元。壮大先进材料产业集群。大力发展高技术战略性新材料，推进先进钢铁、先进建筑材料、碳纤维、玄武岩、高性能纤维及复合材料等新材料规模化应用，加快推进传统材料新型化，打造千亿级先进材料产业集群，建成四川省重要新材料产业基地，力争2025年营业收入达到1000亿元。

南充市。促进新材料产业链纵向延伸、横向拓展，建设四川省重要新材料研发和生产基地。到2025年，新材料产业实现产值200亿元。

眉山市。打造新能源新材料产业集群，以眉山天府新区、眉山高新区、甘眉园区、彭山经开区等为核心，壮大发展以金属新材料、化工新材料、无机非金属新材料为主的先进基础材料产业，创新发展以光伏新能源、电子信息新材料、高性能纤维及制品为主的新能源及关键战略材料产业。到2025年，新能源新材料产业率先突破千亿元规模。

宜宾市。新材料及精细化工产业。全力打造四川省纺织新材料产业集聚区。重点发展以特种工程塑料为主的氯碱化工、以新型钛白粉为主的氯钛化工、以油樟精深加工为主的林化工等新生态。引入特种陶瓷、半导体、电子材料领域企业，拉长磁性材料下游产业链，着力打造全国重要磁性材料产业基地。加快发展高强度、轻质化、节能型金属复合材料。大力发展新材料及精细化工产业，打造世界级生物基材料基地、西南地区绿色化工基地，建成化工新材料、新型建筑材料、电子专用材料3个新材料省级特色产业园区。到2025年，打造新材料及精细化工产业千亿级产业集群。

广安市。做大先进材料优势产业。发挥龙头企业带动作用，加强上下游产业链协同发展，打造华蓥市玄武岩纤维产业功能聚集区、武胜县节能环保产业功能聚集区、邻水县装配式建筑产业功能聚集区，建设广安经开区先进化工材料产业基地，推动先进材料产业向加工精细化、产品多元化、生产智能化、产业集群化方向发展，打造500亿级先进材料产业集群。

达州市。新材料产业，坚持“三纤”发展方向，突破发展玄武岩纤维，延链发展微玻纤新材料，提升发展苎麻纤维，打造“中国纤谷”。充分发挥资源优势，大力推进铜基新材料建设，延链发展锂电等新材料。转型发展高强度抗震建筑钢材、钒钛合金等新材料，打造千亿级产业集群。

雅安市。聚力打造先进有色金属材料、先进轻纺材料、新型能源材料、先进电子材料、先进矿物功能材料、新型建筑材料、优质合金、先进化工材料等特色产业集群。重点发展以碳酸钙粉体材料、有色金属材料、玄武岩非金属材料等先进材料产业。到2025年，打造成为500亿级产业集群。

巴中市。新材料，加快石墨资源开发，大力发展以石墨负极材料为代表的新能源材料、以石墨乳或胶体石墨为代表的导电润滑材料、以特种石墨为基础的特碳材料、以氟化石墨为代表的石墨复合材料。积极推进霞石精深加工。到2025年，新材料产业产值达到100亿元。

攀枝花市。重点发展先进材料产业，打造2000亿级产业集群。钒钛及钒钛材料产业：积极开发航空航天、能源化工、医疗康养等领域高端钒钛材料。到2025年，钒钛产业总产值达650亿元，世界钒钛产业基地初步建成。钢铁及钢铁材料产业：发展绿色矿业经济，提升资源综合利用水平，做大矿产业集群，实现资源集约高效利用。进一步提升汽车、家电、建筑、能源领域高端钢材产品市场竞争力。到2025年，力争钢铁产业产值达到850亿元。石墨及石墨材料产业：发展先进石墨材料，积极发展冶金、能源、电子等领域用石墨，力争实现产值100亿元。稀贵金属材料：大力发展镍铁合金、钴合金、金属硅、多元铁合金等先进金属材料。到2025年，力争先进稀贵金属产业产值达到50亿元。主要先进材料企业：攀钢、钢城等。

食品饮料产业。规划建设以优质白酒、生物医药及大健康（药食同源）、绿色食品及农产品精深加工等为代表的食品饮料产业集群（见附专栏2-4）。重点发展粮油加工、肉制品加工、饮料制造、调味品制造、果蔬加工、精制茶加工、乳制品制造等领域，推动优质白酒、精制川茶、医药健康（药食同源）创新发展，建设全国重要的白酒生产基地和农产品精深加工基地，到2022年产业规模达到1.4万亿元。

附专栏 2-4 四川省食品饮料产业布局情况

成都市。以成都川菜产业城、中德（蒲江）产业新城、简阳临空经济产业园、邛崃绿色食品产业功能区等产业功能区为重要载体，重点发展川菜及调味品、名优酒、方便休闲食品、健康饮料四大领域。到2025年，产业规模突破4000亿元。

自贡市。500亿级消费品工业：食品饮料产业，重点发展多品种盐、调味品、肉制品、白酒、粮油、精制茶、果蔬加工及饮料制造等特色优势产业，依托西南（自贡）食品产业园集聚发展盐帮特色食品产业和现代食品工业，依托富顺长滩工业园培育特色产业集群，依托自贡井盐产业园打造现代食品饮料产业集群。到2025年，产业规模突破500亿元。

泸州市。做大做优白酒产业，发挥浓香型和酱香型唯一叠合区产区优势，协同遵义建设世界优质酱香白酒产业集群，建设全国著名的白酒生产基地和智能酿造基地，联合周边区域建设世界级优质浓香白酒产业集群。强力推进酒类企业做大做强，推动整合资源、集聚发展，推动原粮种植、设计包装、仓储物流、文化旅游等白酒关联产业、延伸产业集聚发展、融合发展，构建世界级白酒产业集群。到2025年，白酒产业营业收入突破1500亿元。主要白酒企业：泸州老窖、郎酒、川酒集团等。

德阳市。食品产业，提升烟草、白酒、饮料、农副产品加工等传统领域竞争力，培育功能性和养生保健食品、动物食品、中央厨房等新兴领域，联合医药产业打造千亿级产业集群。主要食品企业：绵竹剑南春、东圣酒业、绵春酒业、九乡春酒业、碧毯春酒业、四川蓝剑等。

资阳市。发展食品饮料优势产业，重点发展航空食品、绿色食品、特色食品、营养保健食品等产业，发展果蔬、粮油、肉食品原产地初加工、精深加工及标准化生产，发展绿色食品生产加工及冷链物流配送、安岳红薯安岳柠檬加工产业。到2025年，形成200亿级产业集群。

绵阳市。食品饮料为其六大重点产业之一，重点以酒类酿造、屠宰及肉类加工、调味及发酵制品制造、饮料制造等为主攻方向，提高产品附加值，延伸产业价值链，实施品牌战略，大力发展地方名优特食品。推进食品饮料产业高端化智能化绿色化发展，着力将绵阳建成西部知名的食品精深加工基地。到2025年，总产值达到1000亿元。

广元市。七大产业集群之一，大力提升食品饮料产业集群，培育引进一批饮用水、食材及调味品、肉制品加工等龙头企业，建设川渝火锅绿色食材产业城、七盘关调味食品城等食品产业园。到2025年，力争实现规模以上工业产值500亿元以上。

遂宁市。五大支柱产业之一，多元发展酒类及饮料、肉类罐头、休闲食品、食用植物油等产品。打造成渝地区绿色食品供给基地。到2025年，力争食品饮料产业实现营业收入300亿元。主要食品企业：舍得酒业、高金食品、美宁食品等。

内江市。食品饮料产业为传统优势产业，鼓励发展特色果蔬加工、粮油加工、肉类加工等优势产业。稳定优质食用酒精生产。培育本土白酒品牌，开发生态果酒产品，引进啤酒、饮料等产业。到2025年，打造新医药及食品饮料产业500亿级产业集群。

乐山市。壮大食品饮料产业集群，充分利用生态和水资源优势，依托茶叶、饮料、洋酒、药材等特色产业，大力培育壮大食品饮料产业集群，做大做强“一杯茶、一瓶酒、一桶水、一朵花”四大绿色食品饮料产业链，力争到2025年营业收入达到500亿元。主要食品企业：百岳茶业、新天下酒业、马边德顺源食品等。

眉山市。农产品及食品加工产业集群，大力发展以泡菜、调味品、竹加工为主的三大领军产业，提升发展以粮油、畜产品、乳制品、糖果糕点为主的四大优势产业，加快发展以饮料水、茶叶、白酒为主的特色产业。到2025年，农产品及食品加工产业力争突破千亿元规模。

宜宾市。白酒食品产业，大力发展以优质白酒为主的白酒食品产业，加快推进肉类、豆制品、茶叶、竹食品等绿色食品精深加工企业集聚发展，推进竹食品园区、德康集团肉食品精深加工及冷链等项目建设，建成绿色食品全产业链生态系统。加大茶食品、茶饮料、茶保健品等下游产品的开发利用，做优做强做大绿茶、红茶产品。加快推动宜宾燃面、宜宾芽菜、南溪豆腐干等特色食品的工业化、标准化、规模化、品牌化发展。到2025年，产业规模突破1000亿元。主要食品企业：五粮液等。

广安市。食品饮料产业为其四大优势产业之一。食品饮料，构建“321”食品饮料产业体系（粮油、肉制品、果蔬三大农副食品加工业，休闲及方便食品、调味品两大食品制造业，酒类饮料制造业），打造400亿级食品饮料产业集群，建设川东北食品饮料加工承载地、全国农产品加工业示范基地。

雅安市。食品医药产业为其四大优势产业之一，加快发展精制茶、农副食品加工、饮料制造等特色产业，提升品牌知名度和产品附加值。到 2025 年，力争规模以上工业总产值突破 100 亿元。

巴中市。食品饮料，（深度开发特色农产品、畜禽肉食品、白酒及软饮料，推进特色农产品深加工，深度开发畜禽肉食品。）培育乳酸菌、富硒茶叶饮料等生产企业，突出产品研发、品质提升、品牌打造。提升巴中白酒知名度和市场占有率。培育乳酸菌、富硒茶叶饮料等生产企业。到 2025 年，食品饮料产值达到 600 亿元。主要食品企业：江口醇酒业、小角楼等。

攀枝花市。食品饮料产业为四大支柱产业之一，大力推动粮油、果蔬、茶酒、蚕桑、中药材等深加工，围绕康养需求开发保健医药产品。到 2025 年，食品饮料产业产值达到 50 亿元。

能源化工产业。规划建设以精细化工、生物化工、高分子化工等为重点的绿色化工产业集群（见附专栏 2-5）。重点发展清洁能源、节能环保和绿色化工，有序开发水电，稳步发展风力和太阳能发电，支持建设风光水一体化清洁能源互补调节系统，加快开发天然气（页岩气），促进大宗化工原料向精细化工转型，积极发展盐化工、硫磷钛化工等，加快建设国家重要的优质清洁能源基地和绿色化工产业基地，到 2022 年产业规模突破 1 万亿元。

附专栏 2-5　四川省能源化工产业布局情况

自贡市。新能源产业，成链发展动力电池产业，着力完善页岩气勘探开采、综合利用产业链条，积极融入“气大庆”建设，培育发展氢能产业示范应用，建设成渝地区重要的氢能装备制造基地和示范应用基地，到 2025 年打造成为百亿级产业。绿色化工产业，充分发挥丰富的盐卤资源优势，依托中国化工集团的龙头带动作用，打造上下游一体化协同发展格局。提升沿滩省级高新区和富顺晨光省级经开区的承载能力，优化全市化工产业布局，打造 100 亿级产业集群。主要能源化工企业：朗星达科技、泰威科技、东方锅炉、中昊黑元化工、中国化工集团等。

页岩气勘探开发和综合利用，推进能源化工产业转型发展，助力全省打造中国“气大庆”，打造高效复合肥产业链、化工新材料产业链，延链补链发展聚碳酸酯、纤维素醚、有机硅等高附加值产品，建设全国重要的能源化工产业基地。到2025年，能源化工产业营业收入达到1000亿元。主要能源化工企业：泸天化等。

广元市。壮大以天然气开发为主的清洁能源综合利用产业集群，支持苍溪、剑阁、青川和广元经济技术开发区积极发展以天然气为燃料和原料的综合利用产业。发展清洁能源综合利用产业，重点推进天然气开发和综合利用、煤炭清洁加工利用。到2025年，力争实现规模以上工业产值230亿元。

遂宁市。加快发展绿色化工产业，加快建设天然气综合利用产业园。培育石油炼化与新材料一体化产业链、盐化工产业链、环氧乙烷产业链等，发展高分子材料、生物蛋白等深加工产品。到2025年，力争绿色化工产业实现营业收入500亿元。主要能源化工企业：盛马化工、美青化工、久大蓬莱盐化等。

内江市。电力能源产业，巩固火力发电行业基础地位，提高劣质煤及可燃固废掺烧清洁高效利用水平。全面推动“煤改气”火电转型，加快建设白马2×475兆瓦燃气轮机发电示范项目，打造成渝电力保障调峰中心。发展新能源产业，建设页岩气产业园区，重点培育LNG加工、页岩气提氦、页岩气脱碳制氢、页岩气精细化工等产业。充分利用工业副产氢和页岩气资源优势，以威远县、市中区为重点，全产业链布局氢能源产业。到2030年将新能源产业打造为1000亿级产业集群。

乐山市。壮大绿色化工产业集群，加快基础化工清洁化改造，推动精细化工高端化延伸，推动产业链条循环化发展，提升产品附加值和环境友好度，打造千亿级绿色化工产业集群，初步建成全国一流的产业基地和循环经济示范区，力争到2025年营业收入达到1000亿元。

南充市。油气化工产业。以南充经济开发区为载体，以石油化工（PTA及下游）、精细（医药）化工、化工新材料三大细分领域为主导，到2025年，油气化工产业实现产值1000亿元。

眉山市。打造绿色化工产业集群，以眉山高新区、眉山天府新区青龙片区、彭山经开区、洪雅经开区、丹棱经开区等区域为核心，重点发泸州市。能源化工产业，发挥全国优质页岩气资源富集地优势，加快展以日用化学品、天然气化工、有机化工品、特色钙芒硝资源化工为主的精细化工产业，到2025年，绿色化工产业达到500亿元规模。

广安市。发展能源化工产业，以基础和精细化工、清洁能源产业链和生物化工为重点，延链补链拓链，形成“1+3”能源化工产业体系（“1”指基础化工，“3”指精细化工、清洁能源、生物化工），打造1000亿级绿色化工产业集群。

达州市。发展能源化工产业，以三聚氰胺纤维、食品级磷酸盐、工业级不溶性硫磺等天然气终端化工品衍生应用为突破方向，延展传统天然气化工产业链。谋划发展以二硫化碳、盐酸等为原料的湿电子化学品，拓展医药级氯化钾、碳酸氢钾、硫酸钾镁肥等化工产品。大力推进锂钾资源综合开发，建设全国首个深部卤水锂钾综合开发示范产业园。到2025年，力争能源化工产业产值达到1000亿元。

雅安市。发展清洁能源产业，稳步推进水电、风电等资源综合开发利用，积极培育氢能等产业。到2025年，力争规模以上工业总产值突破200亿元。

巴中市。建设天然气调峰电站和天然气分布式能源项目，建设西南地区最大的LNG生产配送中心。有序开发水电项目。推广无氧碳化技术，发展循环产业，加大秸秆回收利用，积极发展生物颗粒燃料。发展新一代非粮燃料乙醇和生物柴油，推进纤维素制乙醇高附加值新产品研发。加快建设川东北清洁能源基地。到2025年，清洁能源产业产值达到100亿元。

攀枝花市。打造能源化工产业集群，积极发展水电、风能、光伏等清洁能源产业，大力发展氢能源产业，发展锂电池、钒电池、燃料电池等新能源材料，提升煤及煤焦化、硫酸、氯碱等产业配套能力和生产效益。到2025年，能源化工产业实现产值700亿元。

数字经济产业。打造数字经济发展高地，做大做强大数据产业，加快发展人工智能产业，促进5G产业突破发展，发展超高清视频产业以及数字文创产业（见附专栏2-6）。到2022年，数字经济总量超过2万亿元。

附专栏 2-6 四川省数字经济布局情况

成都市。建设国内领先的数字经济发展高地，加快发展 IPv6、5G、数字终端等下一代信息网络产业，加快发展大数据、云计算、物联网、移动互联网、人工智能、网络信息安全等新兴软件服务产业，加快发展集成电路、新型显示、传感控制、智能硬件等电子核心产业，加快数字技术与实体经济深度融合，提升工业、农业、服务业等各行业各领域信息化水平。大力拓展数字技术与城市各领域融合的深度和广度，形成协同高效的电子政务体系、方便快捷的民生服务体系和智慧精细的城市治理体系。到 2022 年，数字经济重点领域产业规模超过 3000 亿元。

德阳市。数字经济产业，大力发展大数据、电子信息、人工智能、电子竞技、软件信息服务等产业，引进新型电子元器件、智能终端龙头企业和配套企业，培育壮大电子元器件、配套零部件和终端产品等电子信息产品。积极发展数字文创，优化数字媒体、数字出版、3D 动漫等数字内容供给产业，建设全国一流的“5G+”工业互联网先导区。积极布局区块链产业，加快数字农业发展，推进农业生产、加工、仓储、流通、销售等环节数字化改造，创建现代智慧农业产业园。推进服务业数字化升级，培育网络体验、智能零售、共享经济、平台经济等新模式新业态。重点发展电子元器件、配套零部件和终端产品等基础层，工业互联网平台、大数据平台等平台层，产业数字化、数字化治理、数据价值化等应用层，力争到 2025 年，数字经济产业集群规模达到 1000 亿元。

资阳市。加快布局数字产业。聚焦于数字制造业和信息服务业，加快引进大数据、人工智能、超算中心、5G 等数字产业项目，重点发展智能物联网汽车、电子器件制造、数字终端、软件和信息技术服务业、云计算、物联网、VR/AR、人工智能、区块链等产业。突破发展大数据安全，布局建设大数据产业园。围绕数字生活、数字消费升级，推动大数据、云计算等新一代信息技术与商贸、物流、文旅等服务业融合发展。大力推广农业数字技术应用，优化育种选种、环境监测和病虫害管理。

内江市。大数据产业，巩固笔记本外壳、通信电缆、连接器、液晶显示屏等电子信息配套制造产品市场优势。巩固数据恢复产业行业优势，深入开展数据恢复、数据销毁、数据提取、数据分析、电子取证、视频侦查等技术攻关与产品研发。积极培育云计算、工业物联网、数据灾备、区块链、软件服务外包等新一代信息技术服务产业。到2025年，建设大数据以及信息产业500亿级集群。

雅安市。大力发展大数据存储服务、大数据分析应用、大数据预处理、大数据算力供应及关联产业。到2025年，打造大数据500亿级产业集群。

医药健康产业。重点发展中药曲类、小包装等产品，推动基于古方、名方、验方和秘方的中（藏）药新药（院内制剂）以及中（藏）药、保护品种的研发；发展中药提取物产业，重点发展药食同源植物提取物及其产品和植物提取粉剂、液体等剂型；重点推动川芎、川贝母等道地中药材及濒危药材人工培育和林下仿野生种植，到2022年产值达到2500亿元（见附专栏2-7）。

附专栏2-7　四川省医药健康产业布局情况

成都市。聚焦于生物医药、医疗健康、医药商贸等重点领域，打造全球知名的生物医药创新创造中心。打造生物技术药中国创新中心，重点发展新型抗体、免疫治疗、基因治疗、干细胞治疗、抗衰老药、肿瘤疫苗、感染性疾病疫苗等创新药物。重点发展生物活性涂层、人工骨及关节、牙种植体、心脏瓣膜、血管支架、3D打印、血液透析等技术及产品，打造国内领先的生物医学材料高新技术产业化基地。支持发展基因检测、生化检测等体外诊断设备和快检产品，积极发展医护机器人、高端医学影像等大型医疗设备，培育发展仿生假肢等康复辅助器具，打造国内领先的医疗器械高新技术产业化基地。大力发展脑科学及人机交互研究，加强脑机接口、生肌电控、影像诊断、移动医疗、可穿戴设备、家庭医疗监测设备等研制，打造全国知名的医疗人工智能聚集区。围绕恶性肿瘤等重大疾病、罕见病、地方病，支持开发小分子药创新品种，打造国内领先的原创小分子药创新高地。打造高质量道地药材种植基地，加快打造全国一流的现代中药研制基地，鼓励发展药食同源植物提取物及其产品，支持发展中药保健品，延伸发展特医食品、健康食品和功能型化妆品，做大做强中药材衍生品产业。

泸州市。推动现代医药产业加快发展，培育壮大中药、化学药、生物制药、医疗器械等产业，健全完善医药流通体系，推进医药、医疗、医养融合发展，打造国家级医药产业基地。到 2025 年，建设百亿级现代医药产业集群。

德阳市。深耕防护用品、医疗器械及设备、现代中药、功能性化妆品、药用原辅料等细分行业，加强原研药、首仿药、新型制剂研发，积极开发现代创新中药，发展壮大医药健康产业。积极发展治疗设备、穿戴设备、移动医疗设备、家庭健康产品等智慧医疗产品。力争到 2025 年，医药产业集群规模达到 500 亿元。

资阳市。打造“产学研销医养”全产业链国际口腔装备材料产业基地。重点发展口腔 X 射线机、口腔数字印模仪等口腔设备，口腔车针、钻，手术刀等诊察和治疗器具，以及口腔正畸材料及制品、口腔植入及组织重建材料等口腔材料。创新发展生物技术药，加快发展化学药、中成药，重点发展生物技术药、中成药、首仿药等产业，大力引进培育高端生物技术药产业项目和一批知名医疗美容机构及其关联企业，力争规模以上企业总产值 2025 年达到 400 亿元。

广元市。做大以中药饮片加工、中成药生产、配方颗粒、中药材提取物为主的现代中药产业集群。重点发展现代中药、兽药、医疗器械、中药大健康产品等，到 2025 年，力争实现规模以上工业产值 80 亿元。

内江市。医药化工产业，发展特色、高效原料药，提升化学制剂、化学合成类原料药生产能力，巩固 VD2 等传统原料药市场优势，引进优质原料药生产项目。发展医用诊断 X 射线机、测温仪、康复机器人、医疗机器人等医疗器械，开发适用于家庭或个人的健康检测、监测产品以及自我保健、功能康复等穿戴设备。新医药产业，重点发展针对恶性肿瘤、免疫系统疾病等生物药，建设生物医药产业园区。大力发展中医药产业，促进小包装、曲类、袋泡、中药微米药材等中药饮片规模化生产，引进中药提取（植物提取）成熟技术。鼓励发展新型兽用抗菌药物、抗生素、兽用疫苗、绿色无残留中兽药等新型兽药。到 2025 年，新医药及食品饮料产业成为 500 亿级集群，化学制剂和原料药产业成为 100 亿级集群。

南充市。打造生物医药产业集群，重点发展中医药产业，培育发展高级医药中间体、化学原料药等化学合成药产业。到 2025 年，生物医药产业实现产值 260 亿元。

眉山市。建设医药产业集群，以眉山高新区、洪雅经开区等区域为核心，巩固发展现代中药产业，全力打造“西部药谷”，跨越发展以化学新药、临床短缺药物为主的化学药产业，布局发展以新型疫苗、抗体药物等为主的生物制药产业，加快发展以高端医疗器械、大健康产业等为主的医药配套产业，构建“研发+制造”协同发展的产业生态圈。到2025年，医药产业力争达到500亿元规模。

宜宾市。医疗器械产业，引导地方企业协同发展卫生用品及关联产业，培育发展特色医疗器械产业。突出南溪经开区作为全市发展医疗器械产业和仓储物流的核心地位，带动相关配套园区协同发展。夯实宜宾市口罩、防护服和消杀用品等现有产业基础，延伸产业链，引导康佳、中兴等智能终端企业将自身的医疗器械产品在宜宾建立生产基地。支持丝丽雅集团公司、五粮液集团、川意龙、普瑞斯等医疗器械相关产业转移到南溪医卫基地，大力发展医疗器械产业，打造国家医用卫生应急产业示范基地和物资储备基地。到2025年，打造千亿级产业集群。

广安市。发展生物医药产业，加快成都研发孵化基地、岳池生产基地、中药材种植基地“三基地”建设，构建化学药、中药、医疗器械三大产业集群。推进中药材种植向大健康用品深加工拓展，积极发展生物医药服务产业，加快推动医药中间体、原料药传统合成工艺向酶法合成、生物模拟合成等绿色合成工艺转变，发展家用领域相关医疗器械，打造500亿级生物医药产业集群。

达州市。医药健康产业，以中医药、中药饮片、植物药提取等为重点，推动道地中药材资源优势转化为产业优势，打造秦巴地区中药材深加工中心、秦巴地区中药材仓储物流中心。以中药材产地初加工、精深加工为基础，拓展功能饮品、中药天然精油、医用面膜等日用品。打造集医药制造、医疗保健品、医用美妆及医疗器械为一体的医药大健康产业集群。到2025年，产值达到100亿元。

巴中市。发展生物医药产业，积极开发中成药、化学药制剂、保健品、中药日化品，推进医疗器械和防疫应急防护物资研发制造。加强丹参、芍药、杜仲、黄精等道地药材开发利用，积极开发中药创新药、中药颗粒、中药制剂、中药保健品等新产品。到2025年，全产业链综合经济总产值实现200亿元。

未来产业。加快布局生物工程、精准医疗、前沿新材料、卫星互联网、氢燃料电池、智能网联汽车、高端农业装备等未来产业集群。重点围绕智能技术、智能产品、智能服务、应用场景等四个维度，前瞻布局“云大物智”关键技术、工业控制关键技术、安全保障关键技术、芯片与模块、智能硬件、终端与装备、工业软件、无人系统、大数据服务、人工智能服务等十大技术产业领域，聚焦于工业互联网、机器人、无人机、卫星定位、智慧城市等五大应用场景，着力实施载体建设、创新发展、企业培育、人才建设四大生态工程，推动智能经济可持续发展。到 2022 年，智能经济产业规模达到 5000 亿元，其中核心产业达到 2000 亿元。

3. 工业空间布局

四川贯彻主体功能区战略，着力构建“一干多支、五区协同”工业发展格局。

成都平原经济区重点培育先进制造业产业集群。聚焦于“5+1”现代工业体系，以特色优势产业和战略性新兴产业为主攻方向，打造电子信息、装备制造万亿级产业集群，培育发展生物医药、航空航天、先进材料、食品饮料等千亿级产业集群。成都重点打造世界级新一代信息技术、高端装备产业集群，建设全国重要的先进制造业基地。环成都经济圈与成都形成产业协同配套，重点打造高端装备制造、电子信息产业集群，培育国内领先的清洁发电设备、轨道交通装备、核技术应用、医药健康、新能源、先进材料等产业集群。

川南经济区重点打造世界级白酒产业集群，培育国内领先的食品饮料、节能环保装备、智能终端、信息安全、工程机械、轨道交通、精细化工、新材料、通用航空和航空发动机研发制造等产业集群。

川东北经济区重点培育国内领先的绿色化工、机械汽配、绿色食品、丝纺服装、建材家居等产业集群。

攀西经济区重点打造世界级钒钛、稀土等产业集群。

川西北生态示范区、大小凉山地区重点发展清洁能源、民族工艺、生态经济等，充分发挥生态屏障功能。

4. 重点工业园区

四川省国家级开发区和工业园区见附表 2-1。

附表 2-1　四川省国家级开发区和工业园区

序号	工业园	类型	获批时间	产业方向
1	天府新区	国家级新区	2014 年 10 月	电子信息、汽车制造、新能源、新材料、生物医药、金融六大领域
2	成都经开区	国家级经开区	2000 年 2 月	发展以乘用车为龙头的整车制造及关键零部件制造产业、工程机械制造产业和航天装备制造产业
3	德阳经开区	国家级经开区	2010 年 6 月	新能源、新装备、新材料产业和现代服务业
4	广安经开区	国家级经开区	2010 年 6 月	电力能源、天然气化工、盐化工、有色金属、机械加工、新型材料等六大产业
5	绵阳经开区	国家级经开区	2012 年 10 月	电子信息、化工环保、食品医药及机械制造等特色产业
6	遂宁经开区	国家级经开区	2012 年 7 月	新一代电子信息产业、高端装备制造、现代服务业、科研创意产业
7	广元经开区	国家级经开区	2012 年 12 月	电子机械、有色金属加工、食品饮料、生物医药和现代服务业等五大产业
8	宜宾临港经开区	国家级经开区	2013 年 1 月	先进装备制造、新材料两大主导产业
9	内江经开区	国家级经开区	2013 年 11 月	机械汽配、电子信息、生物医药、信息安全产业和现代服务业
10	成都高新区	国家级高新区	1991 年	新一代信息技术、生物、高端装备、节能环保产业和生产性服务业“4+1”主导产业
11	绵阳高新区	国家级高新区	1992 年	电子信息技术、汽车及零部件、新材料、生物医药等主导产业
12	自贡高新区	国家级高新区	2011 年	节能环保装备制造和新材料两大主导产业
13	乐山高新区	国家级高新区	2012 年 8 月	半导体材料、机械电气、新医药、农产品精加工
14	德阳高新区	国家级高新区	2015 年 9 月	以油气装备与服务、生物医药两大传统产业为主导，积极培育通用航空、新材料新能源和现代服务业三大新兴优势产业
15	泸州高新区	国家级高新区	2015 年 2 月	以智能电网、大数据、高端装备、现代医药、新能源新材料、汽车关键部件为主导产业
16	攀枝花钒钛高新区	国家级高新区	2015 年 9 月	钒钛、化工、有色、电冶、钢铁等五大产业

续表

序号	工业园	类型	获批时间	产业方向
17	内江高新区	国家级高新区	2017年2月	新一代信息技术、节能环保、新材料、高端装备制造、生物医药工业产业
18	成都临空经济示范区	国家级临空经济示范区	2017年	航空制造、电子信息、生物医药等高端制造业和以航空枢纽服务、航空物流、航空维修、口岸贸易等为代表的临空服务业产业

（二）服务业发展和布局

自西部大开发以来，随着工业化城镇化进程加快推进，西部地区对外开放程度不断深入，四川服务业持续发展，产业体系不断优化，到目前基本建立起“4+6”现代服务业体系。

1. *总体发展情况*

“十一五”时期，四川加快发展现代服务业，全省服务业质量和水平有了一个较大提高。提出做大做强旅游业，建设旅游经济强省，推动以连锁经营、现代物流、电子商务为代表的现代流通业的发展，发展为生产环节服务的金融、信息、商务等服务业，积极充实房地产、餐饮、社区服务业。到“十一五”末，四川服务业体系初步形成，交通运输、批发零售业等传统服务业改造提升步伐加快，现代物流、金融服务等现代服务业快速发展，文化创意、服务外包、电子商务等新兴服务业态蓬勃发展。四川服务业增加值由2005年的2837亿元增加到2010年的6030.4亿元，总规模扩大了1.1倍，5年累计完成服务业增加值22812.1亿元，比“十五”时期翻了一番。

“十二五”时期，四川提出构建与全省生产力水平多层次性和消费需求多样性相适应的服务业发展体系，形成市场化程度较高、产业化能力较强、国际化趋势较快的服务业发展局面，基本建成西部物流中心、西部商贸中心、西部金融中心。立足四川“7+3”优势工业和战略性新兴产业，优先发展生产性服务业，加快提升生活性服务业。到2015年全省实现服务业增加值1.3万亿元，首次超过工业增加值，较“十一五”期末又翻了一番。

“十三五”时期，四川强调以服务业与工业协同发展、服务业与农业融合发展、服务业与新型城镇化同步发展为导向，推进服务业提速增量、提质增效发展，优先发展电子商务、现代物流、现代金融、科技服务、养老健康五大先导型服务业，巩固提升现代旅游、商贸流通、文化体育、房地产四大支柱型服务业，基本建成“西部现代服务业强省”。其间，在原有“5+4+4”服务业体系的基础上，四川提出建设商业贸易、现代物流、金融服务、文体旅游等四大支柱型服务业和科技信息服务、商务会展服务、人力资源服务、川派餐饮服务、医疗康养服务、家庭社区服务等六大成长型服务业。2019 年，四川服务业规模居全国第八位、西部第一位，较 2015 年翻了一番，四大支柱型服务业超 1.1 万亿元、六大成长型服务业突破 5000 亿元。

2. 重点产业发展情况

“十四五”时期，四川将加快构建以商业贸易、现代物流、金融服务、文体旅游四大支柱型服务业，科技信息服务、商务会展服务、人力资源服务、川派餐饮服务、医疗康养服务、家庭社区服务六大成长型服务业为主体的“4+6”现代服务业体系。

商业贸易。提出加快建设贸易强省，实施商业贸易创新转型发展工程，开展高标准商品市场体系建设行动，打造优势产业交易和服务平台，推动品牌化连锁化智能化发展，大力发展新零售。

现代物流。提出推进物流大数据中心、物流金融服务平台、地方电子口岸、国际物流服务平台等建设，打造全国物流高质量发展示范区。

金融服务。提出加快建设西部金融中心，促进区域性金融功能总部集聚发展，支持开展私募股权投资基金和创业投资基金创新试点，大力发展科技、绿色、供应链等特色金融，打造金融科技发展高地。

文体旅游。提出深化文化和旅游融合发展，打造大九寨、大峨眉、大熊猫、大遗址等十大文旅精品，构建巴蜀文化旅游、藏羌彝文化、茶马古道、长征红色旅游“四大”走廊。高水平建设巴蜀文化旅游走廊，提升环成都文旅圈国际化发展水平，做优蜀道文化旅游带，做强沿长江休闲度假旅游带，贯通川东北渝东北生态文化旅游带，培育南方丝路文化旅游带。

科技信息服务。推进科技服务业集聚区建设，建立完善跨领域、跨区域、全过程的技术转移集成服务体系。构建与国际接轨的商务服务体系，培育壮大会计审计、法律服务、安全环保等服务机构。

商务会展服务。“十四五”时期，实施会展品牌提升工程，打造西博会、科博会、农博会等国家级品牌，培育旅博会、酒博会、丝博会等省级品牌，发展智慧会展、云展览等新业态。

人力资源服务。实施人力资源服务提升工程，建立成渝地区双城经济圈人力资源服务产业园联盟，打造成德眉资人力资源协同发展示范区；推进国家级、省级人力资源服务产业园建设。深化校企合作，支持培训及实训基地建设，打造一批产教融合发展示范区。

川派餐饮服务。发展振兴老字号川菜，实施川菜菜品及品牌文化创新工程，发展绿色、智能餐饮，促进川派餐饮与商业贸易、文体旅游等融合发展。打造一批特色商业街、美食街、川菜小镇、酒镇酒庄。

医疗康养服务。推动医疗康养产业创新发展，打造西部医疗康养高地。建设省统筹区域全民健康信息平台。培育智慧医疗等新业态。加强公共卫生体系建设，打造省级公共卫生综合临床中心。建立细胞产业公共技术服务平台。

家庭社区服务。推动家庭社区服务向特色化、标准化、信息化发展，鼓励发展无人售货等便民新业态，发展用餐、保洁等多样社区服务，完善医疗保健等新功能。

3. 服务业空间布局

在四川“十三五”服务业发展规划中，提出构建“一核两带五区”新格局。

一核引领。围绕成都建设国家中心城市，以成都市中心城区和天府新区为中心，扩大核心区域服务功能的辐射半径，引领带动周边区域服务业发展。支持成都建设具有国际影响力和区域竞争力的运筹决策中心、具备国际辐射力和区域集散力的商贸物流中心和西部地区最具活力和创新能力的金融服务中心，着力打造世界旅游目的地和国际购物天堂、美食之都、国际会展名城、赛事名城、文化创意名城，强化高端服务功能和首位城市导向，充分发挥“成都服务”的核心功能和中心城区综合性服务功能，把成都建设成为成都平原经济区和成渝城市群的生产服务中心，形成有利于区域内横向分工、协调互动的发展格局。加快天府新区和成都天府国际机场临空经济区建设，推动战略性新兴产业、现代制造业及高端服务业集聚发展，打造服务业和工业协同发展、服务业和新型城镇化同步发展的创新引领区，承接国际国内服务转移的国际高端服务业新区，促进现代产业、现代都市、现代生活三位一体协调发展。

两带崛起。加快推进成渝城市群高端服务业发展带、长江通道绿色服务经济带崛起。成渝城市群高端服务发展带，依托成渝交通大通道，以成都为中心，沿东南连接遂宁、资阳、内江等区域性服务节点城市，构建成都高端服务产品向外溢出的主要廊道，着力发展商贸会展、金融保险、现代物流、电子商务、科技研发、信息服务、养老健康等辐射能力较强的服务领域；沿西北经都江堰向若尔盖和马尔康两个方向延展，大力发展以观光度假、生态休闲和文化体验为主的现代旅游业。长江通道绿色服务经济带，以长江黄金水道和沿江高速公路、铁路为纽带，连接乐山、宜宾、泸州等区域性服务节点城市，打造长江经济带服务业发展的重要通道。强化长江流域省（市）互联互通，深化区域服务业合作，提升沿线节点城市服务业集聚水平，打造服务业通道经济走廊。建设以信息及软件服务业为重点的国家级高技术产业基地。建立现代物流体系，形成以交通枢纽、区域中心城市和大型商品集散地为依托，推动建设一批物流平台和区域性商贸物流中心。

五区拓展。加快推进成都平原高端服务业引领区、川南生产性服务业创新示范区、川东北多元服务功能扩展区、攀西运动康养服务特色区、川西北生态旅游服务集聚区，努力构建区域服务经济协调发展的示范基地。

4. 重点园区（集聚区）

四川省省级步行街、主要物流园区、AAAAA 级景区见附表 2-2～附表 2-4。

附表 2-2　四川省省级步行街

序号	步行街名称
1	成都市春熙路步行街
2	成都市文殊坊步行街
3	成都市望平坊步行街
4	南充市美宇白马湖水街
5	德阳市文庙步行街
6	泸州市水井沟步行街
7	绵阳市绵阳记忆步行街
8	达州市大小北街商业步行街
9	遂宁市中央商务区步行街
10	宜宾市南溪古街
11	南充市阆中西街民俗文化休闲街
12	内江市六段锦步行街
13	达州市紫天大世界商业街
14	成都市凤凰里水街
15	成都市音乐坊步行街

附表 2-3 四川省主要物流园区

序号	物流园区名称	备注
1	中国西部现代物流港	国家级示范物流园区
2	南充现代物流园	国家级示范物流园区
3	成都航空物流园区	
4	成都国际集装箱物流园区	
5	成都青白江物流园区	
6	成都新津物流园区	
7	成都新都物流中心	
8	成都龙泉物流中心	
9	成都天府物流中心	
10	中国科技城（绵阳）科技物流产业园	
11	德阳黄许物流园区	
12	广元现代物流园区	
13	巴中盘兴现代物流园区	
14	广安枣山物流园区	
15	达州秦巴物流园区	
16	资阳物流中心	
17	内江渤商西部物流中心	
18	自贡板仓加工制造业物流园区	
19	泸州临港物流园区	
20	宜宾临港物流园区	
21	眉山青龙物流园区	
22	乐山绵竹物流园区	
23	雅安物流园区	
24	攀枝花金江物流园区	

附表 2-4 四川省 AAAAA 级景区

序号	名称	所在市（州）
1	青城山—都江堰旅游景区	成都市
2	峨眉山风景名胜区	乐山市

续表

序号	名称	所在市（州）
3	九寨沟风景名胜区	阿坝州
4	乐山大佛景区	乐山市
5	黄龙国家级风景名胜区	阿坝州
6	汶川特别旅游区	阿坝州
7	北川羌城旅游区	绵阳市
8	邓小平故里旅游区	广安市
9	阆中古城	南充市
10	剑门蜀道剑门关旅游景区	广元市
11	朱德故里景区	南充市
12	泸定海螺沟冰川森林公园	甘孜州
13	碧峰峡旅游景区	雅安市
14	巴中市光雾山景区	巴中市
15	甘孜州稻城亚丁景区	甘孜州

（三）农业发展和布局

1. 总体发展情况

四川为全国农业大省，党的十一届三中全会后，率先推行农业经营体制改革，农业劳动生产率和土地产出率迅速提升，基本解决了农民的温饱问题。伴随农村社会主义市场经济体制的逐步确立和完善，四川农业生产取得较快发展。

“十一五”时期，提出加快发展现代农业，严格保护耕地，努力稳定粮食生产，确保粮食播种面积基本稳定，大力推进良壤、良种、良灌、良制、良法配套，实施优质粮食产业工程，建设国家大型商品粮基地，建立稳定粮食生产的长效机制，努力把全省粮食生产总量保持在3500万吨左右。2010年，四川实现农业增加值2482.9亿元，年均增长3.3%。粮食连续4年增产，油菜籽产量连续9年创历史最高水平，肉类总产量年均增长1.54%。

“十二五”时期，提出大力实施“现代农业千亿增收工程”，加快发展蔬菜（食用菌）、水果、茶叶、林竹、道地中药材等优势产业，积极发展蚕桑、花卉、烟叶、苎麻、糖料、生物质能源和桢楠等珍稀树种等特色产业，加快国家优质商品猪战略保障基地、生态渔业基地和渔业资源养护体系建设。支持发展无公害农产品、绿色食品和有机农产品。力争实现农业增加值3800亿元，粮食总产量增长3%，生猪出栏增长15%。到2015年，全省粮食产量增长6.8%，茶叶产量增长46.6%，蔬菜产量增长25.8%，肉（猪牛羊禽）、蛋、奶产量分别增长6.78%、1.59%、-3.3%，水产品产量增长31.9%，马铃薯产量和杂交水稻制种面积居全国第一位，油菜产量居全国第二位，蔬菜产量居全国第五位，茶叶产量居全国第四位，生猪、水禽、兔、蜂群养殖规模均居全国第一位，核桃、橄榄油、花椒、三木药材产量位居全国前列。

“十三五”时期，提出深入推进农业供给侧结构性改革，加快构建现代农业产业体系、生态体系和经营体系，主要农产品供给能力稳步增强，耕地保有量不低于588.8万公顷，粮食播种面积稳定在9000万亩以上，综合生产能力在400亿千克以上，肉蛋奶、蔬菜和水产品产量保持稳定增长，农产品质量安全水平全面提升。到2020年，这3个体系率先在现代农业园区落地。“10+3”产业体系初步构建，农业优势特色更加凸显。粮食安全保障能力稳步提升，2020年，全省粮食播种面积为9468.9万亩，粮食总产量为3527.4万吨，油菜籽产量突破300万吨、保持全国第一位。生猪出栏数量保持全国第一位，茶产业综合实力稳居全国第二位，形成全国最大的晚熟柑橘产业带，川芎、川贝母等大宗药材人工种植面积全国第一位，竹林面积居全国第一位。

2. 重点产业发展情况

“十四五”时期，四川推进川粮油、川猪、川茶、川菜、川竹、川果、川酒、川药、川牛羊、川鱼十大优势特色产业全产业链融合发展，夯实现代农业种业、现代农业装备、现代农业烘干冷链物流三大先导性产业支撑，培育形成“10+3”现代农业体系。

粮油产业。连片建设一批粮食生产功能区，布局发展一批现代粮油园区，建设国家优质粮油保障基地。持续推进粮食生产功能区和重要农产品保护区建设，实施优质粮油基地提升工程，开展优质粮食工程和“天府菜油”行动，建设一批“鱼米之乡”。实施高原油菜及青稞基地提升工程。预计到2022年，全省粮油综合产值达3700亿元。

生猪产业。加快生猪产业转型升级，落实生猪生产扶持政策举措，高标准推进生猪标准化规模养殖，加快推动国家优质商品猪战略保障基地建设。完善现代生猪良繁体系，重点支持部、省级生猪核心育种场建设，加强地方猪遗传资源品种保护。提升优质饲料保障能力。提升猪肉精深加工能力，创建一批国家级、省级标准化屠宰场。预计到2022年，全省生猪产业综合产值达到3900亿元。

茶叶产业。培育形成特色鲜明、结构合理、链条完整、全国领先的现代农业产业体系。加大雅安、乐山、宜宾、广元和巴中等茶叶主产区低产低效茶园基地改造和品种改良力度，做强川西南名优茶产业带和川东北富硒茶产业带。预计到2022年，全省茶叶产业综合产值达到1000亿元。

蔬菜种植。做优盆地外销加工蔬菜、盆周山区高山蔬菜、川南早春蔬菜和攀西冬春喜温蔬菜，打造优质蔬菜产业带。预计到2022年，全省蔬菜产业综合产值达到3000亿元。

竹种植。预计到2022年，竹产业综合产值达到1000亿元。

水果种植。建设晚熟柑橘、柠檬、红心猕猴桃、晚熟芒果、晚熟荔枝龙眼等五大优势水果产业带，优质甜樱桃、枇杷、石榴、苹果、梨、桃、葡萄、奶油果等八大特色水果生产区，川中北、川南、攀西三大蚕桑产业带。到2022年，产值达到1800亿元。

白酒产业。重点支持川南建设酿酒专用粮生产基地。到2022年，川酒产业规模在3800亿元以上。

药材种植。（建设四川盆地大宗药材、秦巴乌蒙山区特色药材、川西北高原民族药材等优势种植区。）到2022年，预计产值达到1200亿元。

畜牧养殖。打造全国领先的牛羊（畜禽饲草）生产基地，建设西南禽兔产业基地，做强川西北高原牦牛、藏猪、藏绵羊产业。到2020年，预计产值达到3900亿元。

水产养殖。到2020年，预计产值达到1200亿元。

3. 农业空间布局

茶叶种植。加大雅安、乐山、宜宾、广元和巴中等茶叶主产区低产低效茶园基地改造和品种改良力度，做强川西南名优茶产业带和川东北富硒茶产业带。

白酒产业。以成都、德阳、泸州、宜宾“四大产区”为核心，重点支持川南建设酿酒专用粮生产基地。

桑果产业。重点支持建设晚熟柑橘、柠檬、红心猕猴桃、晚熟芒果、晚熟荔枝龙眼等五大优势水果产业带，优质甜樱桃、枇杷、石榴、苹果、梨、桃、葡萄、奶油果等八大特色水果生产区，川中北、川南、攀西三大蚕桑产业带。

药材、烟叶种植。建设四川盆地大宗药材、秦巴乌蒙山区特色药材、川西北高原民族药材等优势种植区。打造平原区、丘陵区、盆周山区和攀西地区优势水产产业带。支持建设攀西全国重要的战略性优质烟叶基地。实施林草生态"三业"工程，加快推进林草"1+10"特色生态产业体系建设，重点支持竹产业"一群两区三带多点"高质量发展和核桃、油橄榄、油茶三大木本粮油优势生产区建设。

花卉种植。支持成都市、凉山州、攀枝花市等花木主产区基地提质增效，建设优质盆花、川派盆景、食药用花卉和彩叶树种等特色花卉产业带，以成都市、西昌市为核心打造全国花卉产业发展高地。

四川省重点农业园区见附表2-5。

附表2-5　四川省重点农业园区

序号	园区名称	类型
1	眉山市东坡现代农业园区	国家现代农业园区（第一批）
2	峨眉山市现代农业园区	国家现代农业园区（第二批）
3	浦江县现代农业园区	国家现代农业园区（第二批）
4	苍溪县现代农业园区	国家现代农业园区（第三批）
5	广汉市现代农业园区	国家现代农业园区（第三批）
6	邛崃市现代农业园区	国家现代农业园区（第三批）
7	安岳县现代农业园区	国家现代农业园区（第三批）
8	乐山国家农业科技园区	国家农业科技园区
9	雅安国家农业科技园区	国家农业科技园区
10	广安国家农业科技园区	国家农业科技园区
11	宜宾国家农业科技园区	国家农业科技园区
12	内江国家农业科技园区	国家农业科技园区
13	南充国家农业科技园区	国家农业科技园区
14	巴中国家农业科技园区	国家农业科技园区
15	遂宁国家农业科技园区	国家农业科技园区
16	绵阳国家农业科技园区	国家农业科技园区
17	德阳国家农业科技园区	国家农业科技园区
18	成都国家农业科技园区	国家农业科技园区

三、制约四川省发展的主要因素、矛盾和问题

一是农产品市场竞争力不足，“川字号”品牌特色不强。四川土地、劳动力、环境保护、质量安全成本的显性化和不断提高促使四川农业生产跨入成本快速上涨阶段，主要农产品综合成本上涨速度超过了全国平均水平，农业微利性和亏损性重挫了农民生产积极性。产业经营分散、产业链条短、加工率低，农产品区域同质化现象严重，众多“川字号”农产品仅停留在鲜销或初加工水平，很难在全国市场中占有一席之地。

二是制造业产业能级不高，结构层次偏低。四川制造业产业整体竞争力在全国产业发展格局中缺乏综合竞争优势。制造业结构层次偏低，传统资源型工业、重化工业比重大，缺乏在全国具有领先优势的先进制造业，电子信息、汽车制造等领域呈现“高端产业低端化”的特点。市场主体不强。龙头企业较少且在品牌产品、产业技术、创新能力与先进水平等方面存在较大差距。地级市基本处在价值链的低端，劳动密集型产业较多且各地市同质化竞争较为严重。

三是服务业结构不优，区域发展不平衡较为突出。产业结构调整缓慢，全省生产性服务业发展滞后，生活性服务业改造升级步伐缓慢，有效供给不足；五大新兴先导型服务业的引领带动作用有待进一步加强。区域结构分化突出，成都服务业增加值占比较大，超过全国、全省平均水平，其他地市州服务业 GDP 比重与全省比重均比较小。

四、有关建议

一是继续做强“长板”。重点做强电子信息和装备制造产业两大集群。加快现有优势领域升级步伐。加快 5G、人工智能等技术应用，实施创新融合发展工程。支持开展先进制造业与现代服务业融合发展试点，全面推广智能制造，着力突破智能制造装备、工业控制软件等核心技术壁垒，培育一批系统解决方案供应商，加速构建智能制造产业生态。深入实施绿色制造。聚焦于生产过程清洁化、能源利用高效低碳化、高耗水行业节约化、基础制造工艺绿色化等方面，开展材料、设备、技术、工艺协同攻关。

二是加快弥补“短板”。加快重大创新平台布局，支持成都创建综合性国家科学中心，显著提升科技集聚和基础创新能力。协同打造区域性创新载体。支持以成都科学城、绵阳科技城、国家级新区、国家自主创新示范区为核心

载体建设西部科学城，建设成德绵科技创新走廊。促进科技成果转移转化。完善成果转化支撑服务体系。着力打造四川品牌，推动农业和服务业提质增效。

三是加强川渝合作。推动重庆主城、成都市“双核”合作。发挥重庆主城、成都市科创、人才和公共服务优势，加快引进培育一批公共服务平台及平台型企业。加强成渝主轴合作。积极承接好重庆主城、成都市产业转移和创新孵化成果转化，积极融入重庆主城、成都市供应链体系，通过“大项目+大集群+大基地”发展方式，快速做大电子整机、汽车整车、成套装备等产业规模。

参考文献

［1］中共中央　国务院印发《成渝地区双城经济圈建设规划纲要》［J］. 中华人民共和国国务院公报，2021（31）：13-33.

［2］四川省人民政府关于印发四川省国民经济和社会发展第十四个五年规划和2035年远景目标纲要的通知［J］. 四川省人民政府公报，2021（4）：1-74.

［3］四川省人民政府关于印发《四川省"十四五"推进农业农村现代化规划》的通知［J］. 四川省人民政府公报，2021（15）：4.

［4］四川省人民政府关于印发《四川省"十四五"服务业发展规划》的通知［J］. 四川省人民政府公报，2022（1）：12.

［5］四川省人民政府关于印发《成都平原经济区"十四五"一体化发展规划》等5个规划的通知［J］. 四川省人民政府公报，2021（15）：3.

［6］中共四川省委　四川省人民政府关于加快构建"5+1"现代产业体系推动工业高质量发展的意见［J］. 四川日报，2018（11）：29.

［7］中共四川省委　四川省人民政府关于推动制造业高质量发展的意见［J］. 四川日报，2020（7）：28.

［8］四川省"十四五"制造业高质量发展规划［J］. 四川省人民政府公报，2020（7）：28.

［9］成都市国民经济和社会发展第十四个五年规划和二〇三五年远景目标纲要［J］. 成都市人民政府公报，2021（2）：7.

［10］攀枝花市国民经济和社会发展第十四个五年规划和二〇三五年远景目标纲要［J］. 攀枝花市人民政府公报，2021（11）：17.

［11］绵阳市国民经济和社会发展第十四个五年规划和二〇三五年远景目标纲要［J］. 绵阳市人民政府公报，2021（11）：22.

［12］达州市国民经济和社会发展第十四个五年规划和二〇三五年远景目标纲要［EB/OL］. http：//www. dazhou. gov. cn/xxgk-show-17649. html.

［13］广安市国民经济和社会发展第十四个五年规划和二〇三五年远景目标纲要［EB/OL］. http：//www. gard. gov. cn/news/2021-08-27/3713. html.

［14］遂宁市国民经济和社会发展第十四个五年规划和二〇三五年远景目标纲要［J］. 遂宁市人民政府公报，2021（11）：22.

［15］关于资阳市国民经济和社会发展第十四个五年规划和二〇三五年远景目标纲要的决议［EB/OL］. http：//www. ziyang. gov. cn/_ ziyang/detail. aspx? id=176618.

［16］巴中市国民经济和社会发展第十四个五年规划和二〇三五年远景目标纲要［EB/OL］. http：//www. cnbz. gov. cn/xxgk/bzyw/13047521. html.

［17］雅安市国民经济和社会发展第十四个五年规划和二〇三五年远景目标纲要［EB/OL］. https：//www. yaan. gov. cn/gongkai/show/996b40642a4e3665e6a0577347c1ef59. html.

［18］宜宾市国民经济和社会发展第十四个五年规划和二〇三五年远景目标纲要［J］. 宜宾市人民政府公报，2021（11）：18.

［19］眉山市国民经济和社会发展第十四个五年规划和二〇三五年远景目标纲要［EB/OL］. http：//www. ms. gov. cn/xxgk/xxgk_ content. jsp? urltype=news. NewsContentUrl&wbtreeid=5437&wbnewsid=1110061.

［20］乐山市国民经济和社会发展第十四个五年规划和二〇三五年远景目标纲要［EB/OL］. https：//sfgw. leshan. gov. cn/fgwa/yjdt/202107/5cbb4396cdc74400902aeb8df35a7510. shtml.

［21］四川省内江市国民经济和社会发展第十四个五年规划和二〇三五年远景目标纲要［EB/OL］. https：//h5. drcnet. com. cn/docview. aspx? version=edu&docid=6192692&leafid=13&chnid=1007.

［22］广元市国民经济和社会发展第十四个五年规划和二〇三五年远景目标纲要［EB/OL］. https：//www. cngy. gov. cn/govop/show/20210322155645-46210-00-000. html.

［23］德阳市国民经济和社会发展第十四个五年规划和二〇三五年远景目标纲要［EB/OL］. http：//www. deyang. gov. cn/gk/gsgg/bmgg/1531521. htm#.

［24］四川省泸州市国民经济和社会发展第十四个五年规划和二〇三五年远景目标纲要［EB/OL］. https：//h5. drcnet. com. cn/docview. aspx? version=edu&docid=6189011&leafid=13&chnid=1007.

［25］南充市国民经济和社会发展第十四个五年规划和二〇三五年远景目标纲要［EB/OL］. http：//fzggw. nanchong. gov. cn/html/jryw/2021-4-6/2146829355134591. html.

［26］自贡市国民经济和社会发展第十四个五年规划和二〇三五年远景目标纲要［J］. 自贡市人民政府公报，2021（2）：7.

附录三

贵州省产业发展和布局调研报告

贵州省地处我国西南内陆地区腹地，是长江经济带上游地区重要组成部分。准确把握贵州省总体发展定位，全面梳理贵州省产业发展现状、空间布局和规划方向，清醒研判贵州省产业与周边地区的联动情况和存在问题，对于优化长江经济带上游地区产业布局，推动长江经济带上游地区产业高质量发展，具有重大意义。

课题组通过实地走访、座谈会议、文案调查、电话视频以及专家咨询等多种方式开展前期调研，基于国家出台的涉及贵州的系列规划文件、贵州“十三五”“十四五”规划纲要、贵州近年来政府工作报告以及产业领域重要规划政策等，从国家层面对贵州的战略定位出发，在分析贵州工业、服务业、农业三大产业中细分产业的发展现状、空间布局、规划方向、重点平台等基础上，研究当前全省产业发展面临的主要问题并提出相关建议，为长江经济带上游地区高质量发展及产业空间布局优化研究提供支撑。

一、贵州省总体发展定位

2021 年伊始，习近平总书记到贵州视察调研，对贵州发展提出了“在新时代西部大开发上闯新路，在乡村振兴上开新局，在实施数字经济战略上抢新机，在生态文明建设上出新绩”的总体要求。

贵州“十四五”规划纲要提出了“一二三四”的总体发展思路。“一”就是以高质量发展统揽全局，把高质量要求贯穿经济社会发展各领域。“二”就是牢牢守好发展和生态两条底线，坚持生态优先、绿色发展。“三”就是深入实施乡村振兴、大数据、大生态三大战略行动，加快推进农业农村现代化，深挖大数据“钻石矿”，把“绿色+”融入生产生活各领域。“四”就是大力推动新型工业化、新型城镇化、农业现代化、旅游产业化，实现“四个轮子一起转”。

关于省会贵阳，贵州“十四五”规划提出要构建以贵阳主城区和贵安新区为中心，周边1小时通勤范围城市组成的贵阳—贵安—安顺都市圈，支持贵阳做大，实施“强省会”五年行动，努力将都市圈打造成为全省高质量发展更具带动力的火车头、西南地区更具影响力的重要增长极。贵阳“十四五”规划提出要以大力实施“强省会”五年行动为工作主线，加快推进经济体量大能级城市、创新型中心城市、内陆开放型城市、生态文明城市、共建共治共享城市建设。

二、贵州省产业发展及布局

贵州省保持十年全国领先的经济增速，经济增速持续跻身全国前三，地区生产总值从“十二五”末的全国排名第25位上升了5个位次，人均地区生产总值从第29位上升到第25位。2020年，全省地区生产总值17827亿元，三次产业结构占比为14.3∶34.8∶50.9。当前主导产业主要包括能源、烟酒、建材、食品、化工；重点培育的未来产业包括山地特色旅游业、山地特色高效农业、材料、装备、医药，以及战略性新兴产业大数据电子信息。

（一）工业发展和布局

1. 总体发展情况

2018年，贵州省印发《贵州省十大千亿级工业产业振兴行动方案》，明确要将基础能源、清洁高效电力、优质烟酒、新型建材、现代化工、先进装备制造、基础材料、生态特色食品、大数据电子信息、健康医药等十大产业打造成为引领发展、拉动增长、融合创新的支撑性、示范性、带动性核心产业。在贵州“十四五”规划纲要中，提出要加快发展优质烟酒和生态特色食品产业、基础能源和清洁高效电力产业、现代化工、基础材料和新型建材产业、先进装备制造和大数据电子信息产业、健康医药等特色产业。“十大产业”已经成为近几年以及未来5年贵州省工业经济发展的重点产业。

分产业来看，2020年，清洁高效电力总产值为1866.39亿元、优质烟酒总产值为1780.69亿元、新型建材总产值为1595.48亿元、生态特色食品总产值为1400.85亿元、大数据电子信息总产值为1400.07亿元、基础材料总产值为1358.91亿元、先进装备制造总产值为1281.47亿元、基础能源总产值为1279.56亿元、现代化工总产值为1188.91亿元、健康医药总产值为1164.67亿元（见附图3-1）。

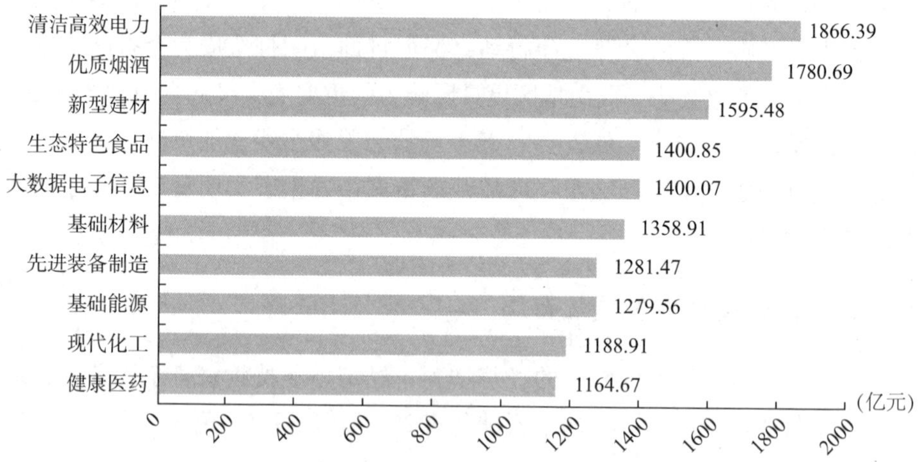

附图 3-1　2020 年贵州省重点工业产业产值对比

从企业数量来看。2020 年，全省十大工业产业中规模以上工业单位数为 4266 个，其中年产值 10 亿元以上的企业数为 121 个。规模以上工业企业在十大工业产业中行业分布集中度高，其中，新型建材产业 1260 个、先进装备制造 702 个、生态特色食品 634 个、现代化工 435 个、基础能源 420 个，五个行业合计占比超过 72. 4%。

从营业收入来看。2020 年，全省十大工业产业合计实现营业收入 11384. 62 亿元。其中，规模以上工业实现营业收入 8748. 97 亿元。十大工业产业营业收入分别是：优质烟酒实现营业收入 1770. 89 亿元、清洁高效电力实现营业收入 1708. 08 亿元、新型建材实现营业收入 1287. 83 亿元、基础材料实现营业收入 1186. 07 亿元、先进装备制造实现营业收入 1070. 26 亿元、现代化工实现营业收入 1010. 69 亿元、基础能源实现营业收入 959. 81 亿元、大数据电子信息实现营业收入 945. 26 亿元、健康医药实现营业收入 763. 79 亿元、生态特色食品实现营业收入 681. 94 亿元。

值得一提的是，在“千企改造”工程和十大工业产业促进下，全省制造业增加值占规模以上工业增加值比重持续提升，2020 年达到 73. 1%，较 2018 年提升 2. 5 个百分点。2018—2020 年，全省规模以上高技术制造业增加值年均增长 5. 4%。其中，2020 年，航天、航空相关设备制造，光纤、光缆制造及锂离子电池制造，智能消费设备制造，医疗仪器设备及器械制造增加值分别比上年增长 36. 5%、46. 5%、108. 7% 和 35. 1%，增速分别比上年提高 28. 5 个、65. 7 个、92. 7 个和 22. 5 个百分点。

2. 主要产业概况

白酒产业。贵州的酒企超过了2.7万家，仅名列四川之后，主要布局在遵义、毕节、贵阳、安顺等地。从2016年开始，贵州白酒产量逐年下降，2019年贵州白酒产量为27.39万千升，比2018年白酒产量减少3.48万千升，同比下降11.3%。2020年，贵州白酒产业完成增加值1207.5亿元，增加值占全省工业的比重达到30%，产量已占全国白酒行业的30%，实现了全国白酒行业40%以上的利润。规划到2025年，白酒产量达到60万千升，白酒产业产值达到2500亿元。白酒产业重点企业有6家，上市1家。贵州茅台集团（上市企业）2020年利润约160亿元、市值约2500亿元，力争把茅台集团打造成为省内首家“世界500强”企业、万亿级世界一流企业。此外，还有习酒、国台、金沙、珍酒、董酒等骨干企业。截至2020年底，贵州白酒企业共获茅台、金沙、国台、珍酒、董酒、安酒等14枚中国驰名商标。

生态特色食品产业。主要包括农副食品加工、食品制造、饮料、精制茶加工、天然饮用水产业等，主要分布在遵义、铜仁、黔南、黔东南、黔西南等地区，拟打造全国绿色食品工业基地。2020年，全省生态特色食品产业完成产值为1400.85亿元，同比增长12%；规模以上特色食品企业为727家，实现主营收入626亿元，实现利润总额36亿元。规划到2025年，生态特色食品产业产值达到2000亿元。该产业当前重点企业有30家，其中，2020年，老干妈完成工业产值76.46亿元，南方乳业完成产值10.95亿元，五福坊食品完成产值4.31亿元。

基础材料产业。主要包括黑色金属材料、有色金属材料和以玄武岩纤维、镍钴锰三元、功能性薄膜等为代表的新材料三类，主要分布在遵义、铜仁、黔南、黔东南、黔西南等地区，拟打造国家级新型功能材料产业基地。其中，电解金属锰产能为50.9万吨，居全国第一位；以硅锰合金为主体的铁合金产能为387万吨，居全国第三位。全省矿产资源丰富，锰矿、铝土矿、锑矿、钛矿、镍矿、铝矿探明储量分别排全国第一位、第三位、第四位、第六位、第七位、第九位。2020年，贵州省基础材料产业工业总产值为1358.91亿元，规模以上工业增加值为250亿元。规划到2025年，基础材料产业产值达到1600亿元。当前重点企业有20家，其中遵义铝业、中伟新材料、安达科技能源3家已经上市。另有首钢水城钢铁集团、独山金孟锰业、华锦铝业、时代沃顿科技、国电投遵义产业、容百锂电材料等企业，六盘水双元铝业、首钢贵阳特殊钢有限责任公司实力较强。

现代化工产业。全省化工产业主要分布在贵阳市、安顺市，已经形成以磷化工、煤化工、钡盐、汞回收、橡胶加工等为主体的产业基础，以磷矿采选、磷酸、磷肥、合成氨、乙二醇、醇醚、钡盐及其下游加工系列产品为主的产品结构体系。其中，磷化工产业在国际国内具有重要影响，煤化工产业在我国南方地区具有重要地位，钡盐、汞回收和橡胶加工产业规模位居全国前列，当前拟打造世界级磷化工产业基地。2020 年，全省规模以上化工企业有 435 家，平均用工人数为 6. 89 万人；全行业完成工业总产值 1188. 91 亿元；行业实现利润 55. 01 亿元，税金总额为 34. 33 亿元。规划到 2025 年，现代化工产业产值达到 2000 亿元。当前省内化工重点企业有 10 家，上市 3 家。贵州磷化集团的生产规模排名全球前三、国内第一，2020 年营业收入为 630 亿元；贵州轮胎（上市公司，营业收入为 68 亿元）、天能焦化、川恒化工（上市公司，营业收入为 18 亿元）、金正大、贵州芭田、西洋实业（营业收入为 14 亿元）、桐梓化工（营业收入为 15 亿元）、红星发展（上市公司，营业收入为 14 亿元）、黔希煤化工（营业收入为 12 亿元）、宏泰钡业、安达科技、威顿晶磷等成为省内骨干企业，具有较强实力。

先进装备制造业。主要涵盖航空、航天、汽车、电力装备及器材、工程机械及能矿装备、数控机床及智能装备、农业机械等门类。贵阳经开区、安顺民用航空产业基地、贵阳高新区、遵义经开区等国家级产业园区，以航空航天、汽车等为主导；红果、丹寨、惠水、长顺等以能矿机械、数控机床、特色装备为主导。2020 年，全省先进装备制造业实现工业总产值 1281. 47 亿元。规划到 2022 年，先进装备制造业产值突破 1600 亿元。到 2025 年，航空航天、汽车产值分别达到 630 亿元、800 亿元。该产业全省重点企业有 21 家。包括中车贵阳车辆、玉蝶控股集团、贵州航天电器、贵州长江汽车、贵州吉利汽车制造有限公司、贵州浙黔钢结构、詹阳动力重工、贵州机电（集团）、贵州长征电气、贵州西南工具集团、中煤盘江重工、贵州高峰石油机械股份有限公司、贵阳高原矿山机械、贵州永贵机电制修有限公司、奇瑞万达贵州客车等。

健康医药产业。2020 年，贵州省健康医药总产值为 1164. 67 亿元，全省中药材累计种植面积为 711 万亩，产量为 206 万吨。基本形成以乌当、修文、清镇、龙里为辐射点的“环贵阳医药产业带”。规划到 2025 年，健康医药产业产值达到 1400 亿元，拟打造全国中药生产加工基地。医药制造业以中药民族药为主，2020年销售额过亿元的药品单品达43个，其中，银丹心脑通软胶囊、肺力咳合剂、艾迪注射液、舒肝宁注射液、斑蝥酸钠维生素B6注射液5个单品年销售额超5亿元。在中药生产方面，当前全省规模化标准化基地有1296个，面积为72万亩；天麻、石斛、太子参、黄精等15个重点单品面积达459万亩；通过国家中药材GAP认证的种植基地有5个，“定制药园”有37个，获得地理标志保护产品有56个；大方天麻、赫章半夏、施秉太子参、剑河钩藤等一批区域公共品牌基本形成。在企业方面，全省拥有药品生产企业163家，医疗器械生产企业有90家，其中：规模以上企业有149家。全国医药工业百强企业有1家（益佰，总资产超过50亿元，年产值超过30亿元），全国中药企业百强有8家（益佰、百灵、景峰、神奇、三力、新天、威门、信邦），年产值亿元以上企业有42家，主板上市企业有8家（益佰、百灵、景峰、信邦、神奇、圣济堂、新天、三力）。

大数据电子信息产业。2020年，大数据电子信息产业总产值为1400.07亿元，电子信息制造业完成产值同比下降19.4%；软件和信息服务业收入（500万元口径）增长26.3%；电信业业务收入同比增长5.6%。数字经济增速达22.1%，连续5年排名全国第一。规划到2025年，大数据电子信息产业主营业务收入突破1600亿元，拟打造“中国数谷”电子信息产业发展核心区。该产业的重点企业约30家，上市企业2家。贵阳朗玛信息技术股份有限公司（上市）四度蝉联“中国互联网企业100强”排行榜，2020年营业收入37亿元；贵广网络（上市）2020年营业收入为346亿元；满帮集团（货车帮）全国市场占有率超过80%，连续两年入选“独角兽”企业榜单，估值超65亿美元。

现代能源产业。主要包括煤炭、电力、非常规天然气产业。其中，全省有煤矿280处，产能15452万吨/年；全省电力装机容量达到7478万千瓦、居全国第14位，其中，火电3560万千瓦、水电2281万千瓦、光伏1057万千瓦、风电580万千瓦，非化石能源装机占比52.9%，非水可再生能源装机占比22.4%。根据2018年自然资源部最新评价，全省页岩气地质资源储量达到9.28万亿立方米、居全国第5位，2020年底，全省煤层气、页岩气年产能各1亿立方米。煤炭产业布局集中在毕节、六盘水、黔西南、遵义、安顺，正推动铜仁、黔东南2个资源贫瘠区退出煤炭产业。2020年，贵州省清洁高效电力总产值为1866.39亿元，基础能源总产值为1279.56亿元。规划到2025年，基础能源产业产值达到1600亿元，发电装机容量突破1亿千瓦，发电量超过

3000亿千瓦·时，清洁高效电力产业产值超过2000亿元，拟打造全国重要的能源基地。该产业重点企业有4家，上市企业有3家。4家重点企业包括乌江水电开发公司（资产规模622亿元）、贵州金元集团、乌江能源集团（资产总额为363.6亿元）、盘江煤电集团（盘江集团现有职工5万多人，总资产为800亿元，营业收入为400亿元）；3家上市公司包括黔源电力、盘江股份、贵州燃气，2020年营业收入分别为263亿元、630亿元、407亿元。

新型建材产业。全省新型建材产业包括七大行业、12个产品门类、1000余个产品规格、1260家规模以上企业，已基本形成以水泥及制品、墙体材料、装饰石材、建筑陶瓷制造为主导，玻璃、化学建材、保温材料、防水材料、耐火材料等建材深加工以及新材料快速成长的产业发展体系，主要分布在毕节、六盘水等地区。2020年，全产业完成总产值1595.48亿元，规模以上企业工业增加值与上年同期基本持平，全行业规模以上企业有1260户，从业人数为10.06万人。规划到2025年，建材产业产值达到2000亿元。该产业全省重点企业有10家，包括毕节明钧玻璃（上市公司、总资产68.7亿元）、贵州西南水泥（总资产170亿元）、贵州石博士科技（总资产5.3亿元）、中建西部建设贵州公司（注册资本4亿元）、贵州长通装配式建材（注册资本1亿元）、兴达兴建材（总资产2.2亿元）、皇冠陶瓷科技（总资产1亿元）、贵州玉林石材（总资产0.7亿元）、遵义汉丰装饰材料（总资产0.37亿元）等。

3. 重点产业集群

酱香型白酒产业集群。以赤水河流域的仁怀、习水、金沙等地为核心，以原料种植及仓储、白酒收储、包装印务、酒类销售、现代物流、酒旅融合为支撑的白酒产业生态圈，打造世界级酱香型白酒产业基地核心区。

精细磷化工产业集群。依托息烽—开阳—瓮安—福泉优质磷矿资源，建成贵阳、黔南磷化工基地，支持磷化集团推动磷化工产业精细化发展，打造世界级磷化工产业集群。

电子信息和高端装备制造产业集群。以贵阳—贵安—安顺都市圈为核心，重点布局发展大数据电子信息、先进装备制造、信息安全等产业，加快建设国家级大数据信息产业基地和高端装备制造业基地，着力打造以高新技术为引领的创新型电子信息和高端装备制造核心区。

新型功能材料产业集群。以大龙经开区、碧江经开区等重点园区为载体，依托铜仁生态环境和锰资源优势，重点布局发展锰及锰加工新型功能材料产业，打造国家级新型功能材料产业集群。

特色农产品加工产业集群。在贵阳、遵义、六盘水、毕节、黔东南、黔南重点发展生态特色食品加工，打造绿色生态的产业体系，建设全国农副产品、绿色食品加工基地。

中药与民族药产业集群。重点在贵阳、安顺、黔南、黔东南、铜仁发展民族制药、健康医药产业，加快推进贵阳—安顺医药康养产业基地、安顺现代中药与民族药产业基地、黔东南大健康医药产业基地建设，巩固提升中药民族药，持续做好“贵州良药”，加快形成现代中药与民族药产业集群。

4. 工业空间布局

贵州工业布局主要包括 4 个板块：黔中地区包括贵阳市全部和遵义市、毕节市、安顺市、黔东南州、黔南州部分地区，该地区区位优势、大数据先发优势、人才技术集聚优势突出，重点产业包括大数据电子信息、先进装备制造、生物制药、现代化工等。黔北地区主要包括桐梓、正安、道真，该地区资源优势和特色产业基础深厚，重点产业包括优质烟酒、先进装备制造、基础材料、生态特色食品等。毕水兴地区主要包括毕节市、六盘水市、兴义市，该地区能矿资源优势明显，重点产业包括基础能源、清洁高效电力、新型煤化工、基础材料和新型建材等。“三州”等民族地区主要包括黔西南、黔南、黔东南“三州”少数民族地区，该地区生态和资源优势突出，重点产业包括民族医药、生态特色食品、民族特色轻工和基础材料等。

5. 重点工业园区

贵州工业园区分为千亿级、500 亿级、百亿级 3 个梯队。

五大千亿级重点工业园区。贵阳经济技术开发区、贵州仁怀经济开发区、贵阳国家高新技术产业开发区、贵州龙里经济开发区、贵州荀江（和平）经济开发区，拟于“十四五”期间打造成为综合产值超过千亿元的园区。

十大 500 亿级重点工业园区。黔南高新技术产业开发区、贵州双龙航空港经济区（龙洞堡工业园区）、贵州西秀经济开发区、贵州清镇经济开发区、兴义市清水河—威舍工业园区、贵州修文经济开发区、黔西南高新技术产业开发区、遵义经济技术开发区、贵安综合保税区（电子信息产业园区）、六盘水水月工业园区，拟于“十四五”期间打造成为综合产值超过 500 亿元的园区。

50 个百亿级重点工业园区。毕节、遵义、黔东南、碧江、六盘水、安顺、铜仁、娄山关高新技术产业开发区，安顺、乌当、惠水、习水、白云、盘北、红果、昌明、瓮安、七星关、开阳、金沙、大龙、纳雍、水城、息烽、独山、湄潭、兴仁、威宁、织金、思南、新蒲、松桃、黔西、赤水、万山、德江、印江、大方、普定、正安、绥阳、台江经济开发区，长顺威远、盘南、都匀绿茵湖、独山麻尾、贞丰、安龙、水城发耳工业园区和贵阳综合保税区，拟于“十四五”期间打造成为综合产值超过百亿元的园区。

（二）服务业发展和布局

1. 总体发展情况

近年来，贵州省服务业发展速度显著加快，成为经济增长的主引擎。2020年，服务业增加值占全省GDP比重已超过50%，服务业税收占全省税收的55.6%。“十三五”期间，全省服务业增加值从4872.31亿元增加至9075.07亿元，年均增速达到8.9%。

值得一提的是，在实施服务业创新发展十大工程推动下，新兴服务业发展质效稳步提升。2020年，在全省规模以上文化企业中，新业态特征明显的文化企业实现营业收入95.07亿元，占比同比提升11.0个百分点，其中，网络搜索服务、可穿戴的智能设备制造、网络文娱平台的营业收入分别比上年增长481.8%、364.4%、203.5%。2020年，全省软件和信息技术服务业软件业务收入比上年增长26.3%，增速高于全国水平13.0个百分点，高于西部地区11.7个百分点。

《贵州省国民经济和社会发展第十四个五年规划和二〇三五年远景目标纲要》《贵州省“十四五”现代服务业发展规划》提出，到2025年，贵州服务业增加值要达到13050亿元，年均增长7.5%左右，固定资产投资年均增长10%左右，企业数达到90万户，就业人员达到700万人，税收收入达到1420亿元。

2. 重点产业发展情况

贵州服务业以大旅游、大数据、大健康为主导。

（1）大旅游

近年来，贵州省全面深化文旅融合，持续提升“山地公园省·多彩贵州风”品牌影响力，形成全域旅游发展新格局。拟进一步打造国际一流山地旅游目的地、国内一流度假康养目的地，建设多彩贵州旅游强省。2016—2019年，全省接待外省入黔游客人次、旅游总收入年均增长30%以上。2019年，全省旅游总收入跃居全国第三位，旅游产业增加值占全省 GDP 的比重增至 11.6%。截至 2021 年 6 月，贵州省已成功打造 AAAAA 级旅游景区 8 个（见附表 3-1），AAAA 级旅游景区 126 个。年末全国重点文物保护单位有 81 个，省级以上乡村旅游重点村有 189 个，乡村旅游扶贫重点村有 2422 个。年末全省客房数为 78.14 万间，客房床位数为 121.14 万张。“十四五”期间，将实施旅游“1+5 个 100 工程”。“1”即每年旅游投资 1000 亿元以上，“5”即建设提升 100 个精品旅游景区、扶持 100 家优强旅行社、培育 100 家特色酒店（民宿、客栈）、培育 100 家旅游商品生产（销售）示范企业、打造 100 条精品旅游线路。到 2025 年，旅游产业增加值由 2020 年的 900 亿元增长到 1500 亿元，营业收入超亿元的旅游企业超过 20 家。

附表 3-1　贵州省 AAAAA 级景区

城市	AAAAA 级景区名称
安顺	龙宫景区
安顺	黄果树大瀑布景区
毕节	百里杜鹃景区
贵阳	花溪青岩古镇景区
铜仁	梵净山旅游景区
黔南州	荔波樟江景区
黔东南州	镇远古城旅游景区
遵义	赤水丹霞旅游区

（2）大数据

贵州省作为国家重点打造的大数据综合试验区，深耕多年，数据产业链已逐步完备，也奠定了发展数据融合新业态的良好基础优势。2020 年，全省大数据电子信息总产值为 1400.07 亿元，电子信息制造业完成产值同比下降 19.4%；软件和信息服务业收入（500 万元口径）增长 26.3%；电信业业务收入同比增长 5.6%。数字经济增速 22.1%，连续 5 年排名全国第一。《贵州省“十四五”现代服务业发展规划》提出，到 2025 年，大数据电子信息产业主营业务收入突破 1600 亿元。全省数字经济增加值突破万亿元，年均增长 15% 左右，成功打造全国大数据信息产业创新高地。

（3）大健康

贵州省近年来加快发展大健康产业，2017 年产值已超过 1000 亿元。2018

年，出台了《贵州省大健康产业发展新一轮六项行动计划（2018—2020年）》，明确提出要重点发展健康医药医疗、健康养老、健康运动、健康管理、健康旅游、健康食材等“六大产业”。2021年上半年，贵州省大健康产业经济运行情况良好，其中，医药产业总产值累计增速9.6%，累计增加值增速8%，产销率84.7%，同比增长6.1%；健康养生养老产业有序推进，全省健康养老小镇、养老产业集聚区共计44个，其中已建成和在建部分已完工项目27个；健康体育产业经济迅速恢复，体育规模以上企业营业收入21142.4万元，同比增长35.46%；全省中药材累计种植面积703.2万亩、产量35.48万吨、产值47.55亿元，分别同比增长10.3%、70.18%、78.26%，全省29个林下及木本中药材总面积464.79万亩、产量23.02万吨、产值39.42亿元。《贵州省“十四五”现代服务业发展规划》提出，到2025年，全省大健康产业增加值达到1500亿元，年均增长15%左右，成功打造国内一流的康养旅游目的地和中国避暑胜地。

（三）农业发展和布局

1. 总体发展情况

近年来，贵州持续推进山地特色高效农业发展，加快推动农业规模化、产业化，农业增加值增速长期保持西部第一、全国领先。2020年，贵州农业增加值达到2539.88亿元，农林牧渔业总产值达到4358.62亿元。

“十四五”期间，将进一步调整优化农业产业结构，大力发展特色优势农业、林特产业和林下经济。打造培育辣椒、食用菌、中药材、竹、刺梨等5个产值超100亿元产业集群，将茶产业建成产值超300亿元产业集群。到2025年，第一产业增加值由2020年的2540亿元增加到3250亿元。

在2021年省重大工程项目名单及推进计划中，12个农业特色优势产业项目194个、计划投资272.6亿元，农业产业项目数量占比达到13.5%，项目投资占比达到12.4%，支撑了农业持续壮大发展态势。

2. 重点产业发展情况

贵州省农业以畜牧业和种植业为主。2020年，种植业总产值2781.80亿元，林业总产值293.66亿元，畜牧业总产值1019.01亿元，渔业总产值61.09亿元。近年来，不断优化种养殖结构，形成了十二大农业特色优势产业。2020年贵州省农林牧渔业总产值及其增长速度见附表3-2。

附表 3-2　2020 年贵州省农林牧渔业总产值及其增长速度

指标名称	绝对数（亿元）	比上年增长（%）
农林牧渔业总产值	4358.61	6.5
种植业	2781.8	7.7
林业	293.66	8.2
畜牧业	1019.01	2.8
渔业	61.09	6.4
农林牧渔专业及辅助性活动	203.05	5.8

2019 年初，贵州发布《省委省政府领导领衔推进农村产业革命工作制度》，确立了要重点发展的 12 个农业特色优势产业，成立产业领导小组并由省领导挂帅推进产业发展。2020 年初，贵州根据一年来工作推进情况，将特色优势产业及其发展目标任务进行了部分调整，调整后，计划发展：蔬菜 1800 万亩、食用菌 55 万亩、生猪 2100 万头、生态家禽 2 亿羽、生态渔业 30 万吨、牛 230 万头、羊 350 万只、茶叶 750 万亩、特色林业（竹 500 万亩、油茶 330 万亩、花椒 200 万亩、皂角 100 万亩等）、水果 900 万亩、中药材 700 万亩、刺梨 230 万亩、辣椒 500 万亩。

配套农业发展，贵州大力完善冷链基础设施配套建设。截至 2019 年底，全省冷库库容已超过西部平均值，累计达到 160 万吨，每万人的冷库保有量也仅次于重庆，位列西南地区第二。冷链运输车辆达到 1420 辆，省内建成了一批集冷链产业“供、储、运、销、配”全链条无缝衔接的物流园区。通过逐步优化全省冷链基础设施布局，联通各级冷链流通节点和末梢，省内十大蔬菜生产基地县、32 个蔬菜生产大县的冷库库容总量从 2016 年底的 19.22 万吨提升至 2019 年的 92.39 万吨，同比增长 368%。在 2019 年外销生鲜蔬菜类产品中，通过冷链运输的占比超过 68%。全省肉禽类、果蔬类冷链流通率分别从 2016 年的 25%和 13%，提高到 2019 年的 30%和 18%。省内蔬菜损耗率从 2016 年的 37.8%降低至 2019 年的 18.3%，按贵州 2019 年蔬菜产业产量 2600 万吨产值 1000 亿元计算，农产品损耗降低了 195 亿元。与此同时，农产品销售半径也得到了大幅提高，贵阳、六盘水、毕节、黔南、黔东南、黔西南 6 个地区获批粤港澳大湾区“菜篮子”工程二级配送中心，省内 21 个生产基地获批粤港澳大湾区直供基地，6 个基地获上海外延基地授牌。

3. 重点农业园区

截至2021年底，贵州成功打造国家级农业现代产业园5个，分别是水城县现代农业产业园、湄潭县现代农业产业园、修文县现代农业产业园、安龙县现代农业产业园、麻江县现代农业产业园。建成16个省级现代农业产业园，其中：2019年省级现代农业产业园6个，包括盘州市刺梨现代农业产业园、息烽县省级现代农业产业园、凤冈县现代农业产业园、松桃自治县现代农业产业园、威宁自治县迤那现代农业产业园、余庆县江北现代农业产业园；2020年省级现代农业产业园5个，包括习水县省级现代农业产业园、平坝区省级现代农业产业园、榕江县省级现代农业产业园、晴隆县省级现代农业产业园、纳雍县省级现代农业产业园；2021年省级现代农业产业园5个，包括都匀市省级现代农业产业园、碧江区省级现代农业产业园、六枝特区省级现代农业产业园、丹寨县省级现代农业产业园、红花岗区省级现代农业产业园。

三、贵州省产业发展面临的主要问题

总体而言，贵州仍以资源开发及初加工为主导产业，产业层次低，技术水平不高，产业关联度不高。

（一）能源产业竞争压力大且附加值较低

一是煤炭行业受国外同质化竞争冲击，近年来在越南等拥有优质煤炭资源的东南亚国家开始加大开采力度后，贵煤竞争力下降。二是电力市场收窄，面临云南水电、珠三角核电等竞争，外送市场进一步收窄。三是附加值低，贵州能源工业延伸到化工行业的不多，仍以销售煤炭和电力两种初级产品为主。

（二）资源加工业产业链短且以粗加工为主

磷矿石仍然是贵州的主要出口产品之一，磷矿利用到化肥后就基本止步，缺乏产业链条后续开发。科技含量不高，长期以来都以资源开采和粗加工为主，除磷化工以外，其他资源利用的技术水平有限。能耗水平在西部地区偏高，生态环保压力较大。

（三）装备制造业的军民融合度不高且规模小

贵州国防科技工业始建于20世纪60年代中期，经过近60多年的建设和发展，如今以航空、航天、电子和航空发动机为主要板块的国防科研生产体系已经构建。在国家军事现代化等因素的影响下，军工企业转向民用的意愿不高，其技术装备受各种因素制约难以向民用领域延伸。装备制造业缺乏领头羊企业，产业集群规模不大，航空航天和电子装备两大行业在国内市场上的份额极小。

（四）新经济规模较小且受新冠肺炎疫情影响较大

2018—2020 年，贵州现代高效农业、先进制造业、新型服务业发展虽然取得一定进展，但新经济活动在三次产业及大部分行业中占比仍然较低，部分新兴行业增长势头乏力、呈现回落趋势，支撑全省经济较快发展的新动能尚须增强。2020 年，受新冠肺炎疫情影响，全省高技术制造业增加值呈负增长态势，比上年减少 1.3 个百分点，增速低于全国水平 8.4 个百分点，低于全省规模以上工业增加值 6.3 个百分点。部分行业虽实现较快增长，但规模依然较小，且未形成链式发展，支撑能力较低。2020 年，全省电子及通信设备制造业增加值比上年下降 14.4%，计算机及办公设备制造业增加值下降 18.2%。

（五）科研创新能力较低制约产业升级发展

近年来，贵州坚持加大研发经费投入，但由于起步较晚、基础较差，创新研发能力低于全国平均水平。尤其缺少高水平创新平台引领，科研机构及高校创新能力不足，高精尖人才稀缺，企业参与研发创新较少，研发活动不够活跃。2020 年，全省发明专利授权 2268 件，占全国发明专利授权量的 0.4%，仅为四川省全年发明授权量的 1/6。2019 年，全省科学研究与试验发展（R&D）经费投入 144.7 亿元，研发经费投入强度为 0.9%，低于全国水平 1.3 个百分点。

四、对策建议

大力实施创新驱动发展战略，持续推动产业结构升级，强化生产要素支撑，加强与四川、重庆、湖南等周边省份产业联动。具体到上述产业问题，建议如下：

（一）能源产业加快推动融合化、清洁化、国际化

积极争取国家支持，打破煤炭省属和民营、电力国属的条块限制，加快组建一批国地共有、多种所有制共存的股份制能源企业。落实碳达峰、碳中和要求，改进能源生产技术和提高资源利用率，力争在煤层气、煤制天然气上有新的突破。在稳定国内市场的同时，以东南亚和南亚为重点积极开拓新兴经济体和欠发达国家市场，发挥在采掘技术和装备上的优势。

（二）资源加工业加快推进精细化、高端化、定制化

大力发展精细磷化工和精细铝加工，推动磷化工向食品级、药品级、电子级等环节发展，争取在新能源电池材料、水处理剂等领域有所突破。积极发展符合企业需要、产品组装需求的铝加工定制化构件，重点运用3D打印等现代技术发展整体构件。以更大力度引进国际一流磷化工和铝加工企业合资合营，大力发展高端产业链条的精深加工产品，培育自有品牌。

（三）装备制造业重点加快推进军民融合

利用贵州在航空航天、机械设备等领域的产业基础和技术积累，特别是贵州军工企业的技术储备和人才优势，促进工业化、信息化融合发展，大力发展航空航天、工程机械、数控机床等高端、智能装备，着力提高装备制造业的本地化配套水平。利用大数据方面优势，提高系统集成研发设计能力，加快推动装备制造业智能化水平提升。

（四）加快推动产业转型升级和集群化发展

继续坚持以12个特色优势农业产业、十大工业产业、十大服务业创新发展工程为核心，以关注产业发展全流程为抓手，严格落实项目储备、落地及企业研发、生产、销售各个环节，持续巩固壮大新兴产业。鼓励企业运用高新技术和先进实用技术提升传统产业，以技术创新、工艺创新和产品创新为手段，推动构建高质量产业发展体系。全力推动开发区建设，注重全产业链招商，引进龙头企业、独角兽企业，盯准配套企业、研发企业，全面提升产业竞争力。

（五）强化科研平台打造和创新能力提升

加强科研投入力度，通过金融、财政等政策措施为企业开展研发活动提供支撑，持续激发企业研发热情，鼓励高技术产业扩大投入规模，加强创新成果转化和科技推广。加强创新平台建设，抢抓国家“新基建”和新一轮西部大开发等机遇，加强大数据、物联网等信息基础设施建设，全力打造一批产业创新中心、重点实验室等创新平台，深入推动贵州国家大数据综合试验区建设，夯实贵州在西部地区的信息枢纽地位。加强人才培养引进力度，推动省内高校建设，提升高校高精尖人才培养能力，不断完善人才引进机制，提高人才服务水平。

参考文献

［1］贵州省国民经济和社会发展第十四个五年规划和二〇三五年远景目标纲要［N］. 贵州日报，2021-02-27.

［2］中国共产党贵阳市第十届委员会第十次全体会议决议［N］. 贵阳日报，2021-01-01.

［3］贵州省统计局，国家统计局贵州调查总队 . 贵州省 2020 年国民经济和社会发展统计公报［N］. 贵州日报，2021-04-02.

［4］李秋秋 . 新时代贵州民族地区发展大健康产业的现实困境与对策［J］. 凯里学院学报，2019，37（4）：56-59.

［5］王淑宜 . 今年贵州省重大工程项目计划完成投资 7400 亿元［N］. 贵州日报，2021-02-22.

［6］杨静 . 冷链物流保驾黔货出山“鲜”行天下［N］. 贵州日报，2020-06-27.

附录四

云南省产业发展和布局调研报告

云南省作为西南地区的沿边省份，分别与老挝、越南、缅甸接壤，是长江经济带各省（市）走向东南亚、南亚的重要战略支点。系统把握云南省产业发展现状、空间布局、重点方向，深入研判云南省产业与周边地区的联动基础，对于优化长江经济带上游地区产业布局，推动面向东南亚、南亚开放，意义重大。调研报告相关数据资料主要来源于国家出台的系列规划文件以及云南省已出台和即将出台的系列规划。调研报告从国家层面对云南战略定位出发，在分析云南省制造业、服务业和农业三大产业中细分产业的发展现状、空间布局、规划方向、重点平台等基础上，研究提出制约全省产业发展的主要因素、矛盾和问题，并提出相关建议，为《长江经济带上游地区高质量发展及产业空间布局优化研究》的深入开展提供前期研究支撑。

主要参考的资料包括：一是国家出台的规划意见，主要包括《关于依托黄金水道推动长江经济带发展的指导意见》《西部大开发“十三五”规划》《中共中央　国务院关于新时代推进西部大开发形成新格局的指导意见》《西部陆海新通道总体规划》《推动共建丝绸之路经济带和21世纪海上丝绸之路的愿景与行动》《中华人民共和国国民经济和社会发展第十四个五年规划和2035年远景目标纲要》。二是云南省已出台或即将出台的规划意见，主要包括《云南省国民经济和社会发展第十四个五年规划和二〇三五年远景目标纲要》《云南省“十四五”新材料产业发展规划》《云南省“十四五”信息产业发展规划》《云南省“十四五”区域协调发展规划》《云南省“十四五”产业园区发展规划》《云南省“十四五”战略性新兴产业发展规划》《云南省“十四五”现代服务业发展规划》《云南省“十四五”高原特色现代农业发展规划》《滇中城市群发展规划》《关于加快构建现代化产业体系的决定》等规划文件。

一、云南省总体发展定位

（一）党中央赋予云南的目标定位

1. 党的十八大前

2009年，胡锦涛同志指出，云南要“拓展对外开放广度和深度，推动对外贸易、利用外资、企业走出去上水平，尤其要充分发挥云南作为我国通往东南亚、南亚重要陆上通道的优势，深化同东南亚、南亚和大湄公河次区域的交流合作，不断提升沿边开放的质量和水平，使云南成为我国向西南开放的重要‘桥头堡’”。2011年，国务院印发《关于支持云南省加快建设面向西南开放重要桥头堡的意见》，对云南的战略定位做了进一步明确：我国向西南开放的重要门户；我国沿边开放的试验区和西部地区实施“走出去”战略的先行区；西部地区重要的外向型特色优势产业基地；我国重要的生物多样性宝库和西南生态安全屏障。

2. 党的十八大以来

2015年，习近平总书记考察云南，对云南的发展提出了“一个跨越”“三个定位”“五个着力”的要求。2020年1月，习近平总书记再次亲临云南考察，殷切希望云南正确认识和把握在全国发展大局中的地位和作用，坚持新发展理念，不断增强边疆民族地区治理能力，保障和改善民生，践行初心使命，努力在建设我国民族团结进步示范区、生态文明建设排头兵、面向南亚东南亚辐射中心上不断取得新进展，谱写好中国梦的云南篇章。

（二）国家重大战略规划赋予的定位

1. 长江经济带战略

2014年，国务院印发《关于依托黄金水道推动长江经济带发展的指导意见》，要求增强云南面向西南开放重要桥头堡功能。提升云南向东南亚、南亚开放的通道功能和门户作用。推进孟中印缅、中老泰等国际运输通道建设，实现基础设施互联互通。推动孟中印缅经济走廊合作，深化参与中国—东盟湄公河流域开发、大湄公河次区域经济合作，率先在口岸、边境城市、边境经济合作区和重点开发开放试验区实施人员往来、加工物流、旅游等方面的特殊政策。将云南建设成为面向西南周边国家开放的试验区和西部省份“走出去”的先行区，提升中上游地区向东南亚、南亚开放水平。

2. “一带一路”倡议

2015 年，《推动共建丝绸之路经济带和 21 世纪海上丝绸之路的愿景与行动》指出，中国将充分发挥国内各地区比较优势，实行更加积极主动的开放战略，加强东中西互动合作，全面提升开放型经济水平，发挥云南区位优势，推进与周边国家的国际运输通道建设，打造大湄公河次区域经济合作新高地，建设成为面向南亚、东南亚的辐射中心。

3. 西部大开发战略

2017 年 1 月印发的《西部大开发“十三五”规划》，将滇中区域定位为次级增长区域，提出要将昆明打造成为内陆开放型经济高地，推动云南面向南亚、东南亚开放，深化与周边国家毗邻地区合作。同时，在“五横两纵一环”总体空间格局中，曲靖和昆明是“五横”之二沪昆通道西段和珠江—西江通道西段节点城市，楚雄和昆明是“两纵”之二的包昆通道节点城市，勐腊（磨憨）、瑞丽、腾冲、河口、孟定沿边重点地区是“一环”的节点城市；还提到了打造包括 7 座云南特色小城镇——剑川县沙溪镇（旅游休闲型）、保山市板桥镇（健康疗养型）、昆明市呈贡区（科技教育型）、贡山县丙中洛镇（文化民俗型）、个旧市大屯镇（特色制造型）、师宗县雄壁镇（能矿资源型）、河口县河口镇（边境口岸型）。在传统产业方面，西南水电基地是开发水电的重点，在战略性新兴产业方面，建设昆明等地的电子信息产业、风电装备、光伏产品研发生产基地；在新材料方面，提出建设云南稀贵金属材料及催化材料、光电子材料基地。2020 年印发的《中共中央国务院关于新时代推进西部大开发形成新格局的指导意见》，明确提出积极参与和融入“一带一路”建设，提升云南与澜沧江—湄公河区域开放合作水平。

4. 西部陆海新通道战略

2019 年，《西部陆海新通道总体规划》提出，加快推进 G5615 墨江至临沧段运输干线重点项目；加快推动云南河口滇越货场升级改造，昆明南亚国际陆港物流园区公铁联运项目等交通枢纽重点项目；培育云南腾俊国际陆港（昆明）国家级示范物流园区；建设昆明经济技术开发区陆港经济区、昆明长水临空经济区等枢纽经济区；建设云南河口边境经济合作区、临沧边境经济合作区、瑞丽边境经济合作区、畹町边境经济合作区；支持昆明等城市跨境电商综合试验区发展；做好与澜沧江—湄公河、中越陆上基础设施等合作机制衔接，按照东、中、西三个方向，积极做好跨境交通基础设施改造提升，重点建设中老铁路，推动与境外交通设施互联互通。

5.《中华人民共和国国民经济和社会发展第十四个五年规划和 2035 年远景目标纲要》

《中华人民共和国国民经济和社会发展第十四个五年规划和 2035 年远景目标纲要》提出，要优化区域开放布局，推动沿边开发开放高质量发展，加快边境贸易创新发展，支持云南建设面向南亚东南亚和环印度洋地区开放的辐射中心，培育发展滇中城市群，推动城市群一体化发展，加快形成全国“两横三纵”城镇化战略格局。

6.《国家综合交通运输规划》

《国家综合交通运输规划》提出，要把京津冀、长三角、粤港澳大湾区和成渝地区双城经济圈 4 个地区作为极，长江中游、山东半岛、海峡西岸、中原地区、哈长、辽中南、北部湾和关中平原 8 个地区作为组群，呼包鄂榆、黔中、滇中、山西中部、天山北坡、兰西、宁夏沿黄、拉萨和喀什 9 个地区作为组团，要以提升对外连通水平为导向，强化门户枢纽功能，构建一体化综合交通运输体系。

（三）云南省自身确立的战略定位

云南“十四五”规划纲要提出努力成为民族团结进步示范区、生态文明建设“排头兵”、面向南亚东南亚辐射中心三大发展定位（见附表 4-1）。

附表 4-1 云南部分相关规划定位

规划	定位	目标
云南省“十四五”规划纲要	成为民族团结进步示范区、生态文明建设“排头兵”、面向南亚东南亚辐射中心	到 2025 年，全省经济总量力争达到全国中位水平，人均地区生产总值超过 1 万美元，工业增加值占 GDP 比重、常住人口城镇化率、中等收入群体比重大幅提高。现代产业体系框架基本形成，民族团结进步示范区建设达到新水平，生态文明建设“排头兵”建设取得新进展，面向南亚东南亚辐射中心建设迈出新步伐，社会文明程度得到新提高，边疆治理能力实现新提升
云南省“十四五”信息产业发展规划	促进新技术、新产品、新业态和新模式发展，为数字经济发展提供核心支撑，实现云南省信息产业发展重大突破	到“十四五”末，全省信息产业主营业务收入力争突破 4000 亿元，年均增速 19%。其中，软件和信息技术服务业突破 900 亿元，年均增速 17%；电子信息制造业突破 1700 亿元，年均增速 25%。力争实现“十百千”的“外引内培”计划，即建设十个具有行业影响力的产业创新能力平台，培育百户主营业务收入亿元以上的市场主体，力争打造千亿级半导体材料产业集群，将智能硬件、软件与信息技术服务业打造成为 500 亿级产业集群，为推动全省高质量发展提供有力支撑

续表

规划	定位	目标
云南省“十四五”产业园区发展规划	将开发区打造成为产业强省的主引擎、改革开放的先行区、创新驱动的引领区和产城融合的示范区	到2025年，开发区工业总产值占全省工业总产值比重提高10个百分点以上，开发区营业收入年均增长15%左右。培育打造营业收入超5000亿元开发区2家、超2000亿元的5家、超1000亿元的12家。规模以上工业企业数量、上市企业数量实现翻番。新增1家国家级高新技术产业开发区、1家国家级经济技术开发区
云南省“十四五”新材料产业发展规划	形成具有较强自主创新能力、富有特色和竞争力的新材料产业发展体系，推动云南省新材料高端、集聚、协同发展，为建设产业强省提供有力支撑	到2025年，建立自主创新能力较强、成果转化率较高、产业配套齐全的新材料产业体系，培育一批具有核心竞争力的领军企业，形成一批布局合理、特色鲜明、产业集聚的新材料产业基地，全省新材料产业规模达到千亿级，产业链明显优化，创新水平显著提升，集聚效应充分发挥。到2035年，形成优势突出、绿色循环、自主创新的新材料产业体系，支撑工业结构调整和升级换代，新材料产业成为全省国民经济的先导产业
云南省“十四五”战略性新兴产业发展规划	形成布局合理、优势突出、要素完备的战略性新兴产业发展体系，把战略性新兴产业打造成为推动全省经济发展的重要引擎	到2025年，战略性新兴产业规模进一步扩大，产业布局更加合理，产业结构层次明显提高，产业技术创新能力大幅提升，若干领域达到国内先进水平，助力打好世界一流“三张牌”，培育全省高质量发展新动能。到2035年，形成一批国际国内先进水平的战略性新兴产业集群，建成立足全国、面向南亚东南亚的战略性新兴产业发展新高地
云南省“十四五”现代服务业发展规划	建设昆明区域性国际现代服务经济中心，建设滇中城市群国家级现代服务经济中心，提升区域现代服务经济中心辐射带动能力	到2025年，服务业增加值占GDP的比重、服务业对经济增长的贡献率保持在60%以上，现代服务业市场化、社会化、高端化、国际化水平明显提高；现代服务业成为强大国内市场与南亚东南亚国际市场之间重要的战略纽带，促进全省产业转型升级和经济高质量跨越式发展的重要支撑
中国（云南）自贸试验区“十四五”产业发展规划	努力建成辐射带动作用突出的高标准高质量自由贸易园区	到2025年，云南自贸试验区主营业务收入力争在“十三五”末的基础上实现翻两番，开放型产业聚集度和辐射力全省领先，对缅、对越以及对南亚东南亚贸易在全国占比大幅度提升，高水准推动由商品和要素流动型开放向规则等制度型开放转变。到2035年，云南自贸试验区实现从资源驱动型向制度引领型产业高质量发展阶段跃升，产业综合竞争实力达到全国自贸试验区前列，形成要素集聚、功能复合、特色凸显、开放融合的多元产业发展格局

二、云南省产业发展及布局

2020年，云南实现地区生产总值24521.9亿元，比上年增长4.0%，高于全国1.7个百分点（见附图4-1）。三次产业结构为14.7∶33.8∶51.5。第一产业增加值为3598.9亿元，比上年增长5.7%；第二产业增加值为8287.5亿元，比上年增长3.6%；第三产业增加值为12635.5亿元，比上年增长3.8%。全省人均地区生产总值达50299元，比上年增长3.3%。非公经济增加值11411.3亿元，比上年增长2.6%，占全省生产总值46.5%。主导产业多集中在重要产业园区、服务业集聚区内，形成了“一核、一带、多点”的产业空间布局，“一核”主要发展新材料、新能源材料、生物医药、先进装备制造、绿色食品加工、卷烟及配套、电子信息、现代物流、金融服务、文化旅游等产业；“一带”主要发展进出口贸易加工、消费品制造等外向型产业；“多点”主要发展新材料、生物医药、化工、绿色食品加工、电子信息等产业。

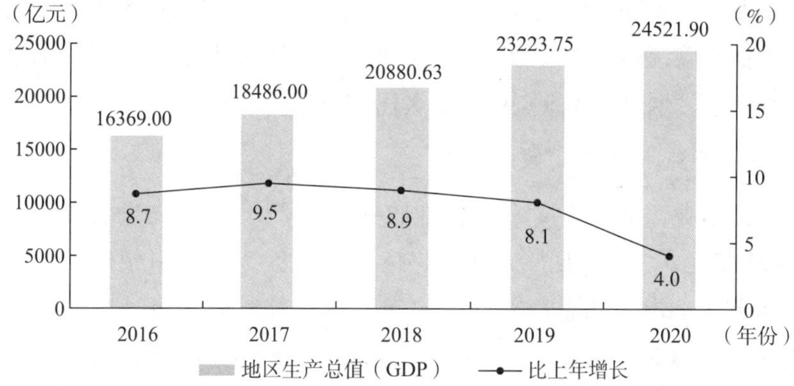

附图4-1　2016—2020年云南生产总值及其增长速度

资料来源：云南省统计局。

（一）工业发展和布局

1. 总体发展情况

从发展历程看。党的十八大以来，在习近平新时代中国特色社会主义思想的指引下，云南主动服务和融入国家发展战略，努力成为我国民族团结进步示范区、生态文明建设“排头兵”、面向南亚东南亚辐射中心。突出发展生物医药和大健康、旅游文化、信息、现代物流、高原特色现代农业、新材料、先进装备、食品与消费品八大重点产业，持续改造提升烟草、冶金、能源、建材、石油和化学工业、建筑业优势骨干产业，不断培育壮大新一代信息技术、高端装备、新能源汽车和新材料、生物产业等新兴产业。

从发展现状看。云南省工业经济实现快速发展，深入实施“工业强省”战略，持续推动工业转型升级，全省工业高质量发展基础不断夯实。2020 年，全省工业增加值实现 5457.96 亿元；2016—2020 年工业增加值年均增长 8%，增速连续 5 年位居全国前列；规模以上工业增加值年均增长 8%；规模以上工业企业累计实现利税 10974.59 亿元。先进装备制造业工业销售收入突破 1200 亿元，旅游文化产业实现 3822.55 亿元，现代物流业总收入达 5740 亿元，健康服务业主营业务收入年均增幅保持在 20%以上，绿色能源、数字经济、生物医药、新材料、环保等战略性新兴产业规模不断成长壮大。

从发展规划看。《云南省国民经济和社会发展第十四个五年规划和二〇三五年远景目标纲要》提出，在建设八大重点产业和“绿色能源”“绿色食品”“健康生活目的地”世界一流“三张牌”的基础上，重点培育以先进制造业、旅游文化业、高原特色现代农业、现代物流业、健康服务业等为重点的万亿级支柱产业和以绿色能源、数字经济、生物医药、新材料、环保、金融服务业、房地产业、烟草等为重点的千亿级优势产业。

2. 重点产业（集群）发展情况

先进制造业。2019 年，信息产业收入约 1220 亿元，先进装备制造业收入约 1195 亿元。“十四五”时期，将以滇中地区为核心引领区，重点发展先进装备制造、电子信息、新能源汽车、石化等产业，同时在产业基础具有比较优势的地区，发展有色金属及深加工、食品与消费品制造等先进制造业。

绿色能源产业。全省以水电为主的清洁能源装机占比超 85%，高出全国平均水平 40 个百分点；绿色电力发电量比重约 90%，高出全国平均水平 60 个百分点；清洁能源市场化交易电量比重 97%，多项指标领先全国，处于世界一流水平。“十四五”时期，将重点建设金沙江、澜沧江等国家水电基地，乌东德、白鹤滩、托巴水电站，旭龙、奔子栏、古水水电站。大力发展化工新材料、功能性化学品产业，打造特色石化产业基地。

生物医药产业。2019 年，云南生物医药产业营业收入约 2367.66 亿元，形成了以中药材原料种植养殖、中药和生物技术药、化学药、医疗器械等研发生产和流通为一体的生物医药产业体系。“十四五”时期，将依托昆明国家生物产业基地和昆明大健康产业示范区，重点围绕现代中药、生物疫苗、仿制药三大方向，打造以昆明生物医药产业集聚区为中心区，文山三七园、楚雄彝药园、玉溪生物制品园等园区协同发展的产业格局。

新材料产业。云南新材料产业保持快速增长，产业链供应链不断完善，产业规模不断扩大。2020 年主营业务收入 433.31 亿元，实现增加值 64.7 亿元。目前，云南省新材料领域拥有真空冶金国家工程实验室、稀贵金属综合利用新技术国家重点实验室等国家级创新平台 16 家，光电子微电子材料、先进有色金属材料、稀贵金属新材料等优势逐渐凸显。“十四五”时期，将按照新材料产业高端、集聚、协同发展的要求，构建特色突出、州市联动的“一核一环两带”新材料产业集群空间布局。

环保产业。2020 年，云南省环保产业规模以上产值约 460 亿元，初步形成了涵盖资源循环利用、节能环保产品制造、节能环保服务业的产业体系。资源循环利用逐步形成了以有色金属资源综合利用为主体的产业体系；节能型电机、变压器、特种泵，节能玻璃、小型污水处理设备等节能环保产品制造具备一定发展基础；在节能环保工程总承包方面形成了一定的产业规模。“十四五”时期，以市场需求大、工业基础好、科技人力资源集中的昆明、大理、曲靖、玉溪、楚雄、红河为重点，兼顾、带动和辐射全省其他州（市），打造滇中引水工程流域节能环保产业经济带。其他州（市）结合市场需求和产业优势，集中力量和资源，实现单点突破，打造具有地方特色的环保产业服务业和产业基地。

烟草产业。“十四五”时期，以云南五华产业园区、玉溪高新技术产业开发区、楚雄国家高新技术产业开发区、蒙自经济技术开发区为核心布局发展，重点发展全产业链数字烟草、新型烟草，建设生产设备网络化、生产数据可视化、生产过程透明化、生产决策智能化的“四化”智能工厂、数字企业。积极发展香精香料、印刷包装等卷烟配套产业。强化设计研发，促进产业链延伸，推动香精香料和印刷包装等绿色发展，积极向日用、食用、药用领域延伸拓展。

3. 工业空间布局

云南省围绕“滇中崛起、沿边开放、滇东北开发、滇西一体化”区域发展布局，以产业、城镇、人口协调发展为导向，以各类开发园区布局为载体，构建“一核、一带、多点”空间发展格局（见附专栏 4-1～附专栏 4～3）。

一核：以滇中城市群昆明市、曲靖市、玉溪市、楚雄州为载体，主要发展化工新材料、有色金属新材料、光电子微电子及半导体新材料、新能源材料、稀贵金属新材料，电子信息、先进装备制造、绿色食品加工、生物医药、卷烟及配套等产业。一带：以位于沿边州市（保山市、普洱市、临沧市、红河州、文山州、西双版纳州、德宏州、怒江州）为支撑，强化对外开放功能，主要发展进出口贸易加工、消费品制造等外向型产业。多点：以昭通市、大理州工业基础较好州（市）为引领，以丽江市、迪庆州等为支撑，主要以绿色硅、绿色铝为重点的新材料产业以及生物医药、化工、绿色食品加工、电子信息等产业进行布局，打造特色产业集群。

附专栏4-1 “一核”发展重点

昆明市。以昆明经济技术开发区、高新技术产业开发区为核心，嵩明杨林经济技术开发区、昆明综合保税区、云南官渡经济技术开发区、云南省数字经济开发区、云南五华产业园区、云南呈贡产业园区、云南安宁产业园区、云南宜良产业园区等为支撑，重点发展先进装备制造、新材料、电子信息、生物医药、绿色食品加工、卷烟及配套等产业。

曲靖市。以曲靖经济技术开发区、曲靖高新技术产业开发区、云南宣威经济技术开发区，云南陆良、罗平、富源、师宗等产业园区为支撑，重点发展新材料、先进装备制造、绿色食品加工等产业，打造先进制造基地和高端食品基地，为把曲靖建设成为云南副中心城市提供产业支撑。

玉溪市。以玉溪高新技术产业开发区，云南新平、通海、易门、澄江等产业园区为支撑，重点发展先进装备制造、新材料、卷烟及配套、生物医药、绿色食品加工等产业。

楚雄州。以楚雄国家高新技术产业开发区、云南禄丰产业园区、云南武定产业园区为支撑，重点发展先进装备制造、生物医药、化工、新材料、绿色食品加工等产业，打造全国重要的以绿色硅光伏、绿色钛、绿色钒钛为主的新材料产业基地，以生物技术药、现代中药、仿制药为重点的生物医药聚集区，为建设滇中崛起增长极提供产业支撑。

红河州北部七县（市）。以蒙自经济技术开发区、红河综合保税区、云南泸西产业园区为支撑，重点发展先进装备制造、新材料、保税加工、有色金属精深加工、化工、绿色食品加工等产业，打造有色金属及新材料产业和面向南亚东南亚的农产品加工基地。

附专栏 4-2 “一带”发展重点

保山市。以云南保山产业园区、云南腾冲经济技术开发区、云南龙陵产业园区为支撑，重点布局绿色食品加工、消费品制造、以绿色硅为主的新材料、电子信息等产业，打造全省绿色食品加工基地和绿色硅材产业集群。

普洱市。以云南思茅产业园区、云南景谷产业园区、云南孟连边境经济合作区为支撑，发挥孟连、勐康等口岸优势，重点布局和发展以林产业为主的消费品制造、进出口贸易加工、绿色食品加工、生物医药等产业，打造西南林浆纸一体化和林板家居一体化产业基地、全省绿色食品加工基地，为普洱市建设国家绿色经济试验示范区提供产业支撑。

临沧市。以云南临沧高新技术产业开发区、临沧边境经济合作区、云南凤庆产业园区、云南云县产业园区为支撑，发挥清水河、南伞等口岸通道优势，重点布局和发展进出口贸易加工、绿色食品加工、生物医药、电子信息、商贸物流、跨境电商等产业，打造世界一流茶产业、蔗糖产业基地以及全省绿色食品加工基地，为临沧市建设国家可持续发展示范区提供产业支撑。

红河州南部六县。以河口边境经济合作区为支撑，联动自贸区红河片区，充分发挥河口、金水河等口岸通道优势，重点布局和发展主要面向越南的外向型消费品制造、绿色食品加工等产业，加强与越南合作共建产业园区，打造泛亚东线重要的进出口加工基地。

文山州。以云南砚山产业园区、文山高新技术产业开发区、云南麻栗坡边境经济合作区为支撑，依托三七、有色金属等资源，重点布局和发展以绿色铝为重点的新材料、生物医药、绿色食品加工等产业，建设三七国际现货交易中心，打造世界一流“中国铝谷”核心区、全省绿色食品加工基地；发挥麻栗坡天保、富宁田蓬、马关都龙等口岸通道优势，培育进出口贸易加工、跨境电商，积极融入中越经济走廊建设，构建面向广西北部湾、越南的对内对外开放格局。

西双版纳州。以勐腊（磨憨）重点开发开放试验区、中国老挝磨憨—磨丁经济合作区为支撑，充分发挥区位和资源优势，重点布局和发展绿色食品（普洱茶等）加工、进出口贸易加工、商贸物流等产业，打造世界一流茶产业基地、天然橡胶全产业链集群，面向大湄公河次区域产业对接和合作前沿阵地、泛亚中线重要的进出口加工基地。

德宏州。以瑞丽国家重点开发开放试验区、云南芒市产业园区、云南盈江产业园区为支撑，联动云南自贸区德宏片区，充分发挥瑞丽、畹町等口岸通道优势，重点布局和发展进出口贸易加工、绿色食品加工、消费品制造、电子信息等产业，打造蔗糖、蚕丝绸、咖啡等产业集群，以及泛亚西线重要的进出口加工基地。

怒江州。以云南兰坪产业园区为支撑，重点布局和发展以铅锌有色金属为重点的新材料产业，依托丰富生物资源，发展生物医药、绿色食品加工等产业。

附专栏 4-3 “多点”发展重点

昭通市。以云南昭阳经济技术开发区、云南水富经济技术开发区和云南鲁甸产业园区为支撑，用好人力资源、能源优势，落实长江经济带负面清单，主动融入成渝地区双城经济圈建设，积极发展劳动密集型产业，重点布局以绿色硅、绿色铝为重点的新材料产业以及绿色建材、化工、绿色食品加工、电子信息等产业，为建设“滇东北开发开放新高地”提供产业支撑。

大理州。以大理经济技术开发区、云南祥云经济技术开发区和云南洱源、鹤庆、弥渡产业园区等为载体，以洱海保护为前提，推动开发区优化升级，重点布局电子信息、绿色食品加工、新材料、先进装备制造、生物医药等产业，打造全省绿色食品加工基地，积极参与世界一流“中国铝谷”建设，推动制造业振兴。

丽江市。以云南华坪产业园区为支撑，充分发挥毗邻四川攀枝花及攀西经济圈的区位优势，重点布局和发展以绿色硅为重点的新材料、绿色食品加工等产业。

迪庆州。以云南香格里拉产业园区为支撑，把生态文明建设摆在更加突出的位置，发挥打造世界一流“绿色食品牌”独特优势，重点布局和发展以酿酒工业为主的高端绿色食品加工业，打造高端有机食品重要产地，为建设世界的“香格里拉”提供产业支撑，助推全省唯一涉藏州（市）高质量发展。

4. 重点工业园区

云南省工业园区形成以昆明、曲靖、蒙自、嵩明杨林和大理 5 个国家级经济技术开发区为带动，以瑞丽、勐腊（磨憨）2 个国家级重点开发开放试验区为核心，以昆明、红河综合保税区和边境经济合作区为重点的全方位、立体化开放平台体系。园区成为全省产业发展的重要载体，集聚能力不断提升，绿色硅材聚集区渐成规模，中国铝谷初具雏形，新材料、生物医药、电子信息等新兴产业集群正在加快形成，以资源型产业为主的产业结构正在加速优化，滇中地区逐渐成为全省产业发展的核心载体。云南省重点工业园区见附表 4-2。

附表 4-2 云南省重点工业园区

开发区名称	批准时间	面积（公顷）	主导产业
昆明经济技术开发区	2000 年 2 月	980	装备制造、生物医药、食品饮料
嵩明杨林经济技术开发区	2013 年 1 月	511. 04	食品饮料、装备制造、精细化工
曲靖经济技术开发区	2010 年 6 月	1000	煤化工
蒙自经济技术开发区	2013 年 1 月	422. 8	冶金、钢铁、化工
大理经济技术开发区	2014 年 2 月	593	机械装备、食品饮料
昆明高新技术产业开发区	1992 年 11 月	900	生物医药、新材料、装备制造
玉溪高新技术产业开发区	2012 年 8 月	1312	装备制造
昆明综合保税区	2016 年 2 月	200	保税加工、保税物流、保税服务
红河综合保税区	2013 年 12 月	329	电子信息、装备制造、新能源、新材料
临沧边境经济合作区	2013 年 9 月	347	商贸物流、进出口加工、农产品加工
河口边境经济合作区	1992 年 9 月	402	边境贸易、边境旅游、口岸物流
中国老挝磨憨—磨丁经济合作区	2016 年 3 月	483	物流、商贸会展、农产品加工
畹町边境经济合作区	1992 年 9 月	500	仓储物流、加工制造、商贸
瑞丽边境经济合作区	1992 年 12 月	600	边境贸易、农副产品加工、边境旅游

（二）服务业发展和布局

1. 总体发展情况

“十三五”期间，云南省服务业增加值年均增长 7. 7%，比全国平均水平高出 1. 1 个百分点。2020 年，服务业增加值达到 12635. 45 亿元，占 GDP 比重达到51.5%，对全省经济增长的贡献率达到47.3%。“十四五”时期，将持续壮大旅游文化、现代物流、健康服务万亿级支柱服务业，着力打造金融服务、房地产千亿级优势服务业，培育数字服务、科技服务、电子商务等新兴服务业，推动服务业主导经济发展的地位有效巩固，现代服务业市场化、社会化、高端化、国际化水平明显提高，数字赋能能级全面提升，服务业数字化智能化加速发展，现代服务业成为促进全省产业转型升级和经济高质量跨越式发展的重要支撑。

从发展规划看，《云南省国民经济和社会发展第十四个五年规划和二〇三五年远景目标纲要》提出，要把做大做强现代服务业作为产业结构调整的重要方向，推动生产性服务业向专业化和价值链高端延伸、生活性服务业向高品质和多样化升级，加强服务业标准化、品牌化建设。《云南省“十四五”现代服务业发展规划》提出，围绕全省“滇中崛起、沿边开放、滇东北开发、滇西一体化”的空间布局思路，完善和优化服务业空间布局，聚焦于昆明区域性国际现代服务经济中心、滇中城市群国家级现代服务经济中心建设，提升区域现代服务经济中心辐射带动能力，构建特色鲜明、优势互补、体系健全的现代服务业发展新格局。

2. 重点产业发展情况

“十三五”期间，旅游文化产业营业收入突破万亿元，健康服务业主营业务收入年均增速保持在20%以上，体育健身、托育养老、家政服务等优质供给不断扩大，2020年现代物流业营业收入达到5866亿元。金融业实现增加值1500亿元，规模以上科技服务业、商务服务业企业数量年均增长均超过40%，全省规模以上软件和信息技术服务业年均增长28.3%，实物商品网上零售额年均增长42.9%，电子商务交易额突破5000亿元。2019年，国家发展改革委《关于支持云南省加快建设面向南亚东南亚辐射中心的政策措施》将旅游文化业和现代物流业纳入国际旅游集散地建设和区域跨境物流中心建设计划。

健康服务业。“十四五”期间，发挥云南省中药资源、生态资源、区位条件等优势，不断提高健康服务水平，加快建设普及健康生活、完善健康保障、建设健康环境、优化健康服务、发展健康产业的常态化机制。

旅游文化业。“十四五”期间，聚焦以“文、游、医、养、体、学、智”为主要内容的全产业链，以澜沧江沿岸休闲旅游示范区、大滇西旅游环线、沿边跨境文化旅游带、昆玉红旅游文化带为支撑，打造国际康养旅游示范区。建设大滇西旅游环线、滇中核心旅游圈和沿边开放旅游带等区域性整体旅游目的地。

现代物流业。“十四五”期间，将加强中国（云南）自由贸易试验区、海关特殊监管区、开发区、口岸等开放型平台物流载体建设，重点打造战略枢纽，完善内联外通纽带功能，推进出境通道沿线重要物流节点设施建设，推动形成内外互济、陆海联动的双向物流发展新格局。

金融服务业。“十四五”期间，推进区域性货币交易中心、金融服务中心建设，积极培育发展科技金融服务业，增加绿色金融供给，发展跨境金融和地方新金融等特色金融，扩大金融业双向开放。大力发展直接融资特别是股权融资，加强金融服务和产品创新，构建层次分明、结构合理的金融服务体系。

房地产业。“十四五”期间，坚持“房住不炒”的发展定位，坚持以人民为中心的发展理念，“一城一策”分类指导，着力稳地价、稳房价、稳预期，保障人民群众住有所居，同时不断提高人民群众的居住品质，有效满足有居、宜居、乐居的住房需求，让优质住房成为人民群众对美好生活向往的重要供给内容，助力打造世界一流“健康生活目的地”品牌。

新兴服务业。“十四五”期间，将促进数字服务、科技服务、电子商务等成长型新兴服务业的进一步发展，推动云计算、区块链、大数据等新一代信息技术应用，进一步推动科技服务与实体经济深度融合，加强跨境电子商务产业园区建设、加快电子商务模式和业态创新。

3. 服务业空间布局

云南省围绕昆明区域性国际现代服务经济中心建设和滇中城市群国家级现代服务经济中心建设，增强其他地区现代服务经济中心辐射带动能力，提升沿边口岸城市和中小城镇服务功能，建设特色鲜明、优势互补、体系健全的现代服务业发展新格局。

旅游文化业。以大滇西旅游环线（大理—丽江—迪庆—怒江—保山—德宏核心区）、昆玉红旅游文化带、澜沧江沿岸休闲旅游示范区、沿边跨境文化旅游带、金沙江生态旅游带为支撑，建设国际旅游文化示范区（见附专栏 4-4）。

附专栏 4-4 旅游文化重点工程

半山酒店建设工程：发挥高山峡谷、温泉热海、鲜花茶园、雨林梯田、雪山草甸等优质旅游资源优势，因地制宜建设50个以上“半山酒店”，打造具有国际水准、云南特色的高端化轻奢度假酒店。

特色小镇创建工程：聚焦“特色、产业、生态、易达、宜居、智慧、成网”七大要素，打造一批产业特色鲜明、服务设施完善、人文底蕴浓厚、生态环境优美的“云南省特色小镇”。

公共文化服务建设工程：公共文化建设发展重大项目，加快推进云南长征国家文化公园、中国植物博物馆、云南革命军事馆、云南自然博物馆、民族文化大剧院等重大文化基础设施和文化项目建设。基层公共文化设施补短板项目，推进州（市）中心城市新建和改造提升公共图书馆、文化馆、博物馆、剧院（场）10个以上，县级新建和改造提升公共图书馆、文化馆、博物馆50个以上，建设非遗馆（展示场所）、剧院（场）20个以上。

“一环、一区、三带”旅游文化发展新格局：建设大滇西旅游环线，突出世界的“香格里拉”、世界级高山峡谷旅游胜地、世界文化旅游名城等发展定位，依托“三江并流”世界自然遗产、丽江古城世界文化遗产、历史文化名城、5A旅游景区、特色小镇等载体，将重要景点景区串珠成链。建设澜沧江沿岸休闲旅游示范区，建设昆玉红旅游文化带、沿边跨境文化旅游带、金沙江生态旅游带，依托三江并流、大江大峡谷、金沙江梯级大电站及其形成的高峡平湖风光，科学引导水富、绥江、永善、巧家、东川、元谋、永仁等沿江城市建设打造一批临江特色小镇，打造以大型水电站参观等为重点的新业态产品和精品线路。

现代物流业。以昆明国家物流枢纽为中心，以中国（云南）自由贸易试验区为载体，以西双版纳（磨憨）、红河（河口）、德宏（瑞丽）三个陆上边境口岸型国家物流枢纽为支点，构筑以枢纽为核心、通道为引领、互相衔接高效、辐射带动地域广的多式联运物流体系。统筹推进昆明、大理等国家物流枢纽建设，建设文山、昭通等19个省级重点物流枢纽（见附专栏4-5）。准确把握“大循环、双循环”的物流切入点，围绕中老铁路开通后运输能力的大幅提升，前瞻性布局和拓展面向环印度洋沿岸地区的国际运输服务网络，建立高效安全跨境物流网。

附专栏 4-5　现代物流重点工程

四出省四出境：衔接“中老泰经济走廊”的国际物流通道——昆明—玉溪—普洱—西双版纳（磨憨），衔接“中缅经济走廊”的国际物流通道——昆明—大理—德宏（瑞丽）/保山（猴桥）/临沧（清水河），衔接“中越经济走廊”的国际物流通道——昆明—玉溪/弥勒—蒙自—河口，衔接“孟中印缅经济走廊”的国际物流通道——昆明—大理—保山（猴桥）/怒江（片马）；连接粤港澳大湾区的国内物流通道——昆明—文山（富宁）/曲靖（罗平），连接长三角地区的国内物流通道——昆明—曲靖（富源），连接成渝地区双城经济圈的国内物流通道——昆明—昭通（水富）/楚雄（永仁），连接西藏自治区的国内物流通道——昆明—楚雄—大理—丽江—迪庆（德钦）。

多式联运示范工程：连接粤港澳大湾区的国内物流通道项目，重点发展公铁海联运、公水联运。利用南昆线连接北部湾，打造西部陆海新通道滇桂海铁联运品牌，支撑全省铁海联运发展；利用公路连接南昆线百色站，发展公铁联运，支撑文山州工业发展；富宁港具备通航能力后，积极发展公水联运，畅通云南右江—珠江水运通道，充分发挥富宁港的枢纽港口作用。连接成渝地区双城经济圈的国内物流通道项目，重点发展公铁水联运、公铁联运。探索云南对接中欧班列（成渝）市场化运作模式；推广昆明、昭通、泸州三市建立港口物流发展合作机制的示范经验，提升港口群的区域竞争力。连接长三角地区的国内物流通道，重点发展公铁联运、铁海联运、公铁水联运。利用水富港连通长江、金沙江黄金水道，推广大宗物资“散改集”，开行煤炭、矿石等大宗物资直达专列。

物流枢纽建设工程：建设 7 个国家物流枢纽，陆港型——昆明；空港型——昆明；商贸服务型——昆明、大理（祥云）；陆上边境口岸型——红河（河口）、德宏（瑞丽）、西双版纳（磨憨）。建设 19 个省级重点发展物流枢纽，空港型——德宏（芒市）、丽江、保山（腾冲）、西双版纳；陆港型——曲靖、大理、红河、昭通；港口型——昭通（水富）；生产服务型——昆明、曲靖；商贸服务型——保山、楚雄、玉溪、普洱、文山、昭通；陆上边境口岸型——保山（猴桥）、临沧（清水河）。建设 11 个省级培育物流枢纽，空港型——保山、红河、迪庆；陆港型——临沧；港口型——文山（富宁）；商贸服务型——昆明（寻甸、宜良）、丽江、德宏；陆上边境口岸型——怒江（片马）、文山（天保）。

健康服务业。以滇中新区、昆明、玉溪、楚雄高新技术产业开发区和文山三七产业园、大理经济技术开发区、昭阳工业园区等生物医药和大健康产业集聚区为核心建设国际康养旅游示范区。同时，以昆明、丽江、泸西、富宁等为依托，打造运动项目训练基地，大力发展“健身游”，建设集健身康体、训练比赛、旅游、科研为一体的国际一流高原体育训练基地群（见附专栏 4-6）。

附专栏 4-6　健康服务重点工程

科创平台建设工程：建设生物医药和大健康产业领域的国家卫健委重点实验室 2 个、教育部国际科技合作基地 1 个、国家干细胞临床研究机构 6 个、教育部协同创新中心 1 个、省级重点实验室 48 个、省级科研创新平台 1 个、省级工程研究中心 20 个、省临床研究中心 15 个、院士专家工作站 120 个。

优质医疗资源优化整合工程：建设省区域性国际疾病预防控制中心，支持省三院建设省职业病医院、省传染病医院建设省结核病专科医院，促进省老年病医院、省中西医结合医院、云南中医药大学第二附属医院提质增效。

国门医院建设工程：总结新冠肺炎疫情的经验教训，加大资金扶持力度，在河口、金平、景洪、瑞丽、腾冲等 25 个沿边县，加快建设一批面向周边国家的国门医院，全面提升疫情防控能力与医疗服务能力。

健康产业示范区建设工程：加快昆明大健康产业示范区建设，依托各州（市）发展基础和优势特色，打造 10 个业态集聚、业态鲜明的省级健康产业示范区。

金融服务。以建设昆明区域性国际金融中心为龙头，以沿边金融综合改革试验区建设为动力，提升金融服务实体经济的保障水平，推进跨境人民币业务创新、人民币跨境融资和跨境使用先行发展，完善金融组织体系，加快多层次资本市场建设，完善保险服务体系和保险经济补偿机制，积极发展普惠金融，加快与南亚东南亚地区金融互通、货币流通、资金融通。着力发展绿色金融，引导金融机构发行绿色金融债券、绿色信贷资产证券化产品，拓宽绿色信贷资金来源。着力发展科技金融，支持建立专业化的科技金融服务中心。

数字服务。围绕城市管理精细化、科学化和规范化要求，加快推进昆明、曲靖、玉溪等地的智慧城市建设。培育发展面向南亚东南亚的数字技术服务业，推进研发设计外包、专业技术外包等高端知识型外包服务。发展以大数据应用为基础的新业务与新服务，发展面向工业、医疗、金融、物流、安防等重点领域及产业集群的大数据软硬件系统解决方案。同时，以跨境电子商务、康体养生、智慧旅游、绿色食品、小语种同步翻译、智慧教育等为重点，加强基础软件技术和产品研发，重点发展嵌入式软件开发平台、操作系统、工具软件和行业应用软件，强化高端软件的供给能力（见附专栏4-7）。

附专栏4-7　数字服务重点工程

数据资源体系建设工程：加快世界一流“三张牌”与生物、生态、民族文化等特色优势资源数字化进程，建设大数据交易试点。

“互联网+”行业应用示范工程：开展“5G+”等应用建设，建立重点行业“互联网+”基础信息服务平台、重点软件产品和综合性解决方案，面向重点行业、在重点区域重点企业及组织实施“互联网+”示范。

市场主体培育工程：加大国内外数字服务业龙头企业的招引，遴选一批发展潜力巨大的企业，加大政策扶持，着力培育一批创新能力强、规模效应好、市场竞争能力强的数字服务业骨干企业；建立健全“微成长、小升高、高壮大”的数字服务业企业培育发展。

产业载体建设工程：以滇中城市群为核心，整合呈贡信息产业园、昆明经开区、昆明高新区、嵩明杨林经开区、滇中产业新区等的数字服务资源，按照“五通一平”，通线上线下融合发展的新零售、通满足个性化和定制化需求的新制造、通支持中小企业和创业者的新金融、通共享共用云平台和云计算的新技术、通促进应用加快落地的新数据，打造支撑全省数字服务业聚集发展的多个示范片区。

4. 重点园区（集聚区）

云南省服务业园区形成以昆明滇池国家旅游度假区、昆明综合保税区、中国老挝磨憨—磨丁经济合作区、河口边境经济合作区、畹町边境经济合作区、瑞丽边境经济合作区等国家级开发区，以及数字经济开发区省级开发区为核心布局发展，重点面向南亚东南亚开展物流、边境旅游、行业应用软件、数据中心建设等服务。同时，打造中央商务区、现代物流园、科技创业园、创意产业园、信息软件园和大型专业市场等多种类型的现代服务业集聚区。云南省重点服务业园区见附表 4-3。

附表 4-3　云南省重点服务业园区

开发区名		批准时间	面积（公顷）	主导产业
国家开发区	昆明滇池国家旅游度假区	1992 年 1 月	1000	观光、体育训练、度假旅游
	昆明综合保税区	2016 年 2 月	200	保税加工、保税物流、保税服务
	河口边境经济合作区	1992 年 9 月	402	边境贸易、边境旅游、口岸物流
	中国老挝磨憨—磨丁经济合作区	2016 年 3 月	483	物流、商贸会展、农产品加工
	畹町边境经济合作区	1992 年 9 月	500	仓储物流、加工制造、商贸
	瑞丽边境经济合作区	1992 年 12 月	600	边境贸易、农副产品加工、边境旅游
省级开发区	云南省数字经济开发区	2019 年	2071. 2	软件信息服务、数据中心、超算中心、云计算平台

（三）农业发展和布局

1. 总体发展情况

从发展现状看，2020 年，云南第一产业增加值达 3599 亿元，在全国的位次由 2015 年的第 14 位提升至第九位，占全国第一产业增加值的比重由 2015 年的 3. 56%上升到 4. 63%。科技装备水平不断提高。全省农业科技进步贡献率达到 60%，耕种机械化率达 50%，比 2015 年提升 5 个百分点。新型经营主体不断壮大。全省家庭农场 2. 86 万家，全省农民合作社 5. 8 万家、农业龙头企业 4440 家，分别比 2015 年增长 35%、57%。发展质量效益不断提升。主要农作物化肥、农药利用率均达 40%，达到全国平均水平；畜禽粪污资源化利用率达 80. 7%，高于全国平均水平；全省主要农产品监测合格率连续稳定在 97%以上，农产品成为全省第一大出口商品。

从发展规划看，“十四五”期间，云南将促进农产品生产端精耕细作，优化农业生产结构和区域布局，以确保粮食安全和重要农产品有效供给为前提，以做特“绿色食品牌”为引领，全面提升农业规模化、科技化、信息化水平。到 2025 年，全省农林牧渔业总产值达到 2 万亿元，到 2030 年，达到 3 万亿元，高原特色现代农业占 GDP 比重达到 10%。到 2035 年，成为全国绿色农产品生产基地和面向南亚东南亚特色农业创新发展辐射中心。

2. 重点产业发展情况

2020 年，云南省粮食总产量达 1896 万吨，创历史新高，居全国第 14 位；全省猪牛羊禽肉总产量达 416 万吨，在全国位次由 2015 年的第 11 位上升至第六位；蔗糖、茶叶产量稳居全国第二位。“绿色食品牌”重点产业产值占全省农林牧渔业总产值比重由 2015 年的 52.35%提高到 59.86%，畜牧业产值占农业总产值比重由 30.5%提高到 39.1%，粮经饲统筹发展更加协调。“十四五”期间，云南将加强农业种质资源保护，努力建成全国农业种质资源保护体量最大的省份。同时，瞄准高品质水稻、马铃薯、花卉、蔬菜及肉牛、肉羊、蛋鸡等特色品种，提升优良品种选育能力，并加快建设杂交玉米、优质水稻、十字花科蔬菜、花卉种球等一批制种基地。围绕设施化，将积极引进国际一流的节水灌溉、水肥一体化、玻璃温室、专业采收、智能化生产管护的核心设施设备，分产业打造一批设施农业的标杆示范。同时，结合云南地形地貌和产业实际，加大适宜农业机械的研究、开发和推广。围绕有机化，加快推进水果、坚果、花卉、咖啡、蔬菜、中药材等产业绿色有机化发展。围绕数字化，重点打造一批数字农业示范基地，支持一批经营主体新建、改建、扩建智能化设施设备，实现优质、高产、高效，产品质量可追溯，以数字化驱动特色产业提质增效和提档升级，助推世界一流“绿色食品牌”打造。

3. 农业空间布局

云南将全力稳定粮食综合产能，确保粮食种植面积稳定在 6250 万亩左右，在 93 个稻谷、玉米、小麦等粮食生产重点县（市、区）集中连片建设粮食生产核心区（见附专栏 4-8）。在“九湖两江”流域大力推广“水稻+”综合种养模式，探索水稻田保护和农业绿色生态发展路径。努力挖掘粮食生产潜能，大力发展晚秋粮食生产和冬季农业开发，扩大小杂粮、小杂豆、马铃薯、鲜食玉米等粮食作物面积。巩固临沧市、普洱市、德宏州、西双版纳州等适宜区种植面积，加快中低产蔗田改造，加强适宜丘陵山地机具的研发和推广应用。促进橡胶产业转型升级。扩面增产、强质提特、辐射全国，西双版纳州、普洱市等地区加快发展特种胶园，因地制宜发展生态胶园，打造国内天然橡胶生产供应主基地（见附专栏 4-9）。云南省重要农产品生产重点县（市、区）见附专栏 4-10。

附专栏 4-8　云南省粮食生产重点县（市、区）

稻谷（65 个）：宾川县、昌宁县、楚雄市、大理市、大姚县、洱源县、凤庆县、富宁县、耿马县、广南县、鹤庆县、红河县、建水县、剑川县、金平县、景东县、景谷县、景洪市、澜沧县、梁河县、临翔区、龙陵县、芒市、隆阳区、陇川县、泸西县、陆良县、禄丰市、罗平县、绿春县、马关县、马龙区、蒙自市、勐海县、勐腊县、弥渡县、弥勒市、墨江县、牟定县、宁洱县、屏边县、麒麟区、丘北县、瑞丽市、石屏县、腾冲市、巍山县、文山市、武定县、西盟县、祥云县、新平县、宣威市、寻甸县、盐津县、砚山县、盈江县、永德县、永胜县、元谋县、元阳县、沾益区、镇沅县、孟连县、云县。

玉米（81 个）：宾川县、沧源县、昌宁县、楚雄市、大关县、凤庆县、富宁县、富源县、耿马县、广南县、鹤庆县、会泽县、建水县、江城县、玉龙县、金平县、景东县、景谷县、景洪市、开远市、澜沧县、梁河县、临翔区、禄劝县、龙陵县、隆阳区、陇川县、泸西县、鲁甸县、陆良县、禄丰市、罗平县、麻栗坡县、马关县、马龙区、芒市、蒙自市、动海县、勐腊县、孟连县、弥勒市、墨江县、南润县、宁洱县、宁范县、麒麟区、巧家县、丘北县、师宗县、施甸县、石林县、双江县、思茅区、腾冲市、威信县、巍山县、文山市、武定县、西盟县、祥云县、新平县、宣威市、寻甸县、盐津县、砚山县、宜良县、彝良县、盈江县、永德县、永平县、永善县、永胜县、元江县、元阳县、云龙县、云县、沾益区、昭阳区、镇康县、镇雄县、镇沅县。

小麦（9 个）：凤庆县、富源县、弥勒市、丘北县、威信县、宣威市、砚山县、玉龙县、镇雄县。

附专栏 4-9　云南省重要农产品生产重点县（市、区）

油菜（47 个）：罗平县、师宗县、腾冲县、广南县、富源县、威信县、马关县、临翔区、镇雄县、盐津县、隆阳区、凤庆县、峨山县、丘北县、昌宁县、彝良县、红塔区、江川区、楚雄市、禄丰市、文山市、宾川县、巍山县、牟定县、弥渡县、云县、施甸县、鲁甸县、永善县、水富县、华宁县、易门县、元江县、南华县、姚安县、武定县、漾濞县、祥云县、洱源县、绥江县、龙陵县、双柏县、大姚县、永仁县、大理市、剑川县、鹤庆县。

糖料蔗（40个）：耿马县、陇川县、永德县、富宁县、勐海县、澜沧县、盈江县、云县、镇康县、沧源县、昌宁县、龙陵县、芒市、广南县、双江县、新平县、景谷县、孟连县、凤庆县、隆阳区、金平县、元江县、元阳县、麻栗坡县、梁河县、施甸县、红河县、马关县、瑞丽市、西畴县、临翔区、石屏县、弥勒市、个旧市、墨江县、景东县、镇沅县、江城县、西盟县、勐腊县。

天然橡胶（26个）：景洪市、勐腊县、耿马县、江城县、金平县、勐海县、绿春县、墨江县、孟连县、西盟县、澜沧县、景谷县、镇康县、沧源县、河口县、芒市、思茅区、瑞丽市、元阳县、宁洱县、镇沅县、永德县、双江县、景东县、盈江县、临翔区。

附专栏4-10　云南省养殖生产重点县（市、区）

生猪（69个）：宾川县、昌宁县、楚雄市、大关县、大理市、大姚县、凤庆县、富宁县、富源县、个旧市、广南县、鹤庆县、红河县、红塔区、会泽县、建水县、景东县、景谷县、澜沧县、龙陵县、隆阳区、泸水市、泸西县、鲁甸县、陆良县、禄丰市、禄劝县、罗平县、麻栗坡县、马关县、马龙区、蒙自市、弥渡县、弥勒市、墨江县、牟定县、南华县、宁洱县、麒麟区、巧家县、丘北县、师宗县、施甸县、石屏县、双柏县、思茅区、腾冲市、文山市、武定县、祥云县、新平县、宣威市、寻甸县、盐津县、砚山县、姚安县、宜良县、彝良县、永德县、永善县、永胜县、玉龙县、元阳县、云龙县、云县、沾益县、昭阳县、镇雄县、镇沅县。

肉牛（68个）：宾川县、昌宁县、楚雄市、大姚县、洱源县、凤庆县、富宁县、富源县、个旧市、广南县、鹤庆县、红河县、华宁县、会泽县、建水县、剑川县、景东县、澜沧县、芒市、龙陵县、隆阳区、泸西县、鲁甸县、陆良县、禄丰市、禄劝县、罗平县、麻栗坡县、马关县、马龙区、蒙自市、弥渡县、弥勒市、南华县、南涧县、麒麟区、丘北县、瑞丽市、师宗县、施甸县、石屏县、双柏县、腾冲市、通海县、巍山县、文山市、武定县、西畴县、香格里拉市、祥云县、新平县、宣威市、寻甸县、砚山县、漾濞县、姚安县、彝良县、盈江县、永德县、永平县、永胜县、玉龙县、元阳县、云龙县、云县、沾益区、昭阳区、镇雄县。

肉羊（33个）：宾川县、昌宁县、楚雄市、大姚县、洱源县、富源县、鹤庆县、会泽县、建水县、剑川县、龙陵县、隆阳区、泸西县、陆良县、禄劝县、罗平县、马龙区、弥渡县、麒麟区、巧家县、丘北县、师宗县、石林县、腾冲市、巍山县、武定县、宣威市、寻甸县、永仁县、永胜县、云龙县、云县、沾益区。

奶牛（13个）：大理市、洱源县、个旧市、鹤庆县、剑川县、晋宁区、石林县、陆良县、弥渡县、弥勒市、嵩明县、香格里拉市、宜良县。

水产品（20个）：景洪市、双江县、勐海县、景谷县、思茅区、凤庆县、陆良县、会泽县、富宁县、云县、墨江县、宜良县、耿马县、景东县、芒市、弥渡县、宁洱县、富源县、隆阳区、麒麟区。

4. 重点农业园区

云南省积极推进农业产业化示范基地建设，着力建设一批以规模化、标准化基地为依托的特色农产品精深加工示范园区等各类农业示范园区，以洱海流域100万亩高效生态农业示范区、红河百万亩高原特色农业示范区、砚山现代农业科技示范园、石林台湾农民创业园等为重点，建设一批配套设施完善、产业集聚融合发展的现代农业示范园区。同时，积极面向周边国家和地区开展农业科技交流合作，打造面向南亚东南亚的农业技术推广枢纽。云南省重点农业园区见附表4-4。

附表4-4　云南省重点农业园区

园区名称	批准时间	面积	主导产业
红河百万亩高原特色农业示范区	2013年12月	100万亩	生物药业种植、传统中药材原料种植
洱海流域100万亩高效生态农业示范区	2015年1月	100万亩	绿色水稻、油菜、蓝莓、食用玫瑰、车厘子、休闲农业
石林台湾农民创业园	2008年12月	5.4万亩	蔬菜基地、珍稀食用菌生产基地、园林花卉种植基地等
砚山现代农业科技示范园	2012年2月	—	粮食、蔬菜、三七、畜牧、种子

三、制约云南省产业发展的主要因素、矛盾和问题

（一）自然地理的空间差异导致地区的产业发展不平衡

从自然地理的角度来看，云南省是我国典型的边境省份，省内各市（州）间资源禀赋差异较大，各地区产业基础和经济结构时空分异特征较为明显。一是自然地理环境的复杂性和封闭性导致产业发展结构较为不平衡。例如，处于滇西北横断山区的迪庆州以及怒江州，地形地势复杂且交通闭塞，主要以种植业和旅游业为主，制造业发展水平不高；而位于滇中城市群核心区的昆明市地理条件优越，交通设施密集，对外开放水平较高，先进制造业、健康服务、文化旅游等产业聚集，产业门类齐全，结构丰富。二是自然地理环境带来的资源禀赋差异制约全省的协调发展。例如，滇西南、滇东北和滇西北地区资源较为稀缺，产业发展较为落后，以农业种植为主，产业结构优化升级难度较大；而地处平坝的滇中城市群，资源禀赋条件较好，传统产业基础积累雄厚，产业发展水平较高，产业结构优化调整难度较小。

（二）政策协调性不足导致地区产业协同发展水平不高

从制度供给的角度来看，云南省内市（州）政策的倾向性差别较大，进一步加剧了地区间产业发展结构差异。一是行政中心优势促进产业向昆明市集聚发展。昆明市作为云南省会城市，集云南省的经济、政治、文化和交通等优势于一体，行政中心优势进一步强化了地区的资源承载和发展能力，为产业发展提供了强大支撑，推动新材料、先进装备制造、生物医药和大健康、现代物流、旅游文化等重点产业向昆明布局发展。二是各地政府政策与滇中城市群规划不够协调，导致产业同质化、同构化明显。例如，在滇中城市群多数州市重点发展产业同质化严重，产业错位发展阻力较大，同业竞争甚至恶性竞争情况较多。另一方面，跨州（市）重大项目协同推进体制机制不完善，制约滇中城市群内各州（市）之间的产业分工和协作发展。

（三）周边国家的市场需求不足制约产业结构优化发展

从外部市场需求的角度来看，南亚东南亚市场的需求空间不足，制约云南产业结构的高度化发展。一是云南与周边国家的贸易结构集中在劳动密集型产品领域。当前云南对南亚、东南亚市场的出口仍以农产品、机电产品、纺织产品为主，如对云南的前两大贸易伙伴缅甸和越南，出口缅甸的产品主要是农产品和纺织产品，出口越南的产品主要为农产品和机电产品。云南与

周边国家的贸易结构与双方的产业结构和经济发展水平有关。一方面，缅甸、越南等国的经济发展水平较低，同时云南的技术密集型、资本密集型产业基础仍然不强。另一方面，开放合作的基础设施建设和交通运输条件仍需进一步改善。除磨憨、木姐、河口口岸等部分开放口岸外，云南大多数口岸的基础设施建设不够完善。同时，云南与南亚东南亚的主要贸易地区之间大部分采用陆路运输，部分周边国家的交通基础设施较为落后，与云南省的交通对接不够顺畅，与国内发达地区相比，运输缓慢、成本较高，云南边境地区的铁路建设仍有待提高。

四、相关建议

（一）因地制宜加快落后地区农业融合发展

科技是突破地理环境限制的关键，应大力运用新技术、新方法因地制宜发展高原特色农业，加强农业产业化经营和现代化转型，缩小省内地区尤其是较为落后地区与其他地区的经济发展差距。一是推动农产品生产端精耕细作。结合各地实际发展情况，推动“一县一业”特色产业大县和“一村一品”专业村建设，构建以花卉、茶叶、水果、坚果、蔬菜、咖啡、中药材、肉牛等为核心的特色优势产业，打造绿色农业生产基地。二是加强农产品终端精深加工。引导支持农业相关经营主体发展农产品加工业，积极打造高原特色农产品终端精深加工全产业链，同时，加快推进与现代制造业、服务业深度融合，积极打造产业融合发展示范区。三是加大现代农业设施建设力度。加快推进高标准农田建设，强化农业科技支撑，加快推进大中型灌区续建配套与节水改造，以及农产品仓储冷链物流工程建设，加强农村电子商务、大数据等信息化平台功能建设，加快5G、智慧气象、大数据等现代信息技术在农业领域的应用。

（二）构建政策协同体系推动产业合理布局

统筹大局观念和“一盘棋”思维，以全局眼光高位谋划，科学合理谋划云南产业发展布局，形成错位发展、相互支撑的产业格局。一是建立完善的政策协调机制。建立健全市（州）级政府层面的政策协调机制，在相关产业发展规划编制、产业政策制定等方面加强沟通协商，健全政策效应评价机制，完善政策反馈通道，强化产业政策协同，重点在金融、财税、研究开发、市场推广、人才建设、配套支撑等方面加快构建完整有效的产业协同发展政策体系。二是建立产业合理化分工的利益补偿和分享机制。探索建立“共建科技园”“共建产业园”“共建跨合区”等利益共享机制，加强与重点实验室、高等院校等国家级科研创新主体、重大科研平台的对接和科技资源的共享，优化重点产业项目区域布局，促进产业链上下游企业协作配套，构建大中小城市优势互补、协同发展的产业体系，推动产业链、供应链、价值链、创新链融合，加快现代产业体系构建，合力打造具有国际竞争力的优势产业集群。

（三）释放外部市场需求提升产业发展能级

通过提升通关便利化水平、完善基础设施提升互联互通水平等方式，加速释放外部市场需求，推动产业发展能级水平进一步提升。一是优化通关环境，提升通关便利化水平。加快推进国内外通关合作机制建设，创新口岸便利通关模式，加强检查验收相关配套设施建设，运用互联网、大数据等新一代信息技术，加快云南电子口岸建设，完善数据收集、交换、存储、共享信息库建设，强化与海关、检验检疫和边防等部门协同管理和提升口岸便利化通关程度。二是不断完善基础设施，提升互联互通水平。加强整合云南公路、铁路、航空、水运的优势，提升云南进入印度洋的出海大通道水平，建设面向南亚东南亚的国际区域交通枢纽。加快建设昆明国家级门户和枢纽机场，推进国际大通道转型升级，全面融入成渝、长三角、珠三角、南亚、东南亚经济圈。加强口岸设施建设，促进贸易自由化、便利化，建设通道经济，促进人流、物流、资金流、技术流、信息流的形成，使云南成为中国连接南亚东南亚的重要经济走廊。

参考文献

［1］云南省国民经济和社会发展第十四个五年规划和二〇三五年远景目标纲要［N］. 云南日报 . 2021-02-10.

［2］云南发布“十四五”产业园区发展规划［N］. 昆明日报 . 2022-09-06.

［3］推动云南实现高质量发展［N］. 云南日报，2021-02-18.

［4］云南省统计局，国家统计局云南调查总队 . 云南省 2020 年国民经济和社会发展统计公报［N］. 云南日报 . 2021-03-25.

［5］钱兴多，莫国芳 . 云南省产业结构时空格局演进研究［J］. 长江师范学院学报，2020，36（1）：59-68.

［6］孔垂炼 . “十四五”云南省属企业重点发展 12 个领域［N］. 云南经济日报，2021-10-25.

［7］李翕坚 . 全面推进云南旅游转型升级［N］. 云南日报，2021-10-12.